W0330965

MYTHEN
–visuell–

手力雄ノ命
天ノ鈿女命

MYTHEN

— visuell —

Neil Philip

Aus dem Englischen
von Margot Wilhelmi

Gerstenberg Verlag

Für Ruth und Michael

Die Deutsche Bibliothek – CIP-Einheitsaufnahme

Mythen visuell / Neil Philip. Übers. von Margot Wilhelmi. [Bearb. der dt. Ausg. von Eva Schweikart]. – Hildesheim : Gerstenberg, 1999
Einheitssacht.: Myths & legends <dt.>
ISBN 3-8067-4275-8

Die Originalausgabe erschien 1999 unter dem Titel *Myths & Legends* bei Dorling Kindersley, London
Copyright © 1999 Neil Philip
Lektorat: Antonia Cunningham, Anna Kruger
Bildredaktion: Sasha Howard, Heather McCarry, Tina Vaughan
Herstellung: Meryl Silbert, Manjit Sihra
Bildrecherche: Jo Walton

Aus dem Englischen übersetzt von Margot Wilhelmi, Sulingen
Bearbeitung der deutschsprachigen Ausgabe von Eva Schweikart, Bayreuth

Deutsche Ausgabe Copyright © 1999 Gerstenberg Verlag, Hildesheim
Alle Rechte vorbehalten

Satz: Gerstenberg Druck GmbH, Hildesheim
Printed in Italy
ISBN 3-8067-4275-8

Bellerophon
Ausschnitt aus einem Gemälde von Tiepolo (S.47)

INHALT

Osiris, Isis und Nephthys
Ausschnitt von S.17

Venus (S.32)

Voodoo-Symbole
Ausschnitt von S.91

Nordeuropa

Tristan tötet Mordred
Ausschnitt von S.82

Kelten

Westafrika

Karibik

Nordamerika

Mittelamerika

Australien

Lumaluma
Ausschnitt
von S.104

Polynesien

Indien

China

Japanischer Drache
Ausschnitt von S.120

Japan

EINFÜHRUNG

Geschichten zu erzählen liegt in der Natur des Menschen, und die Wurzel jeder menschlichen Kultur sind die Erzählungen, die wir Mythen nennen. Sie handeln vom Anfang und vom Ende der Welt, von der Erschaffung des Menschen, von Göttern und Helden. Mit der Weiterentwicklung einer Kultur können Mythen sich zu Aberglauben oder unterhaltenden Geschichten wandeln, doch sie sind mehr als das. Mythen sind Bilder der Seele, die oft in wunderbarer Dichtung zum Ausdruck kommen. Vom alten Ägypten über Griechenland und Rom, von Westafrika bis Sibirien, von der hinduistischen Vorstellung vom Brahman und dem endlosen Kreislauf der Schöpfung bis zur Traumzeit der australischen Ureinwohner: Immer wieder finden sich die gleichen Themen, die gleichen Motive, dreht sich letztlich alles um das Geheimnis von Leben und Tod. In ihren Mythen erzählen die Völker, was ihr Leben trägt und bestimmt: Mythen spiegeln die Seele eines Volkes.

WAS IST EIN MYTHOS?

Das Wort Mythos stammt aus dem Griechischen und bedeutet »Erzählung, Geschichte, Sage«. Je nachdem, ob man einen Mythos aus dem Blickwinkel eines Gläubigen, Ethnologen, Anthropologen, Psychologen oder Literaturkritikers betrachtet, hat er eine ganz andere Bedeutung. Es ist gleichermaßen unmöglich, einen Mythos auf eine eindeutige Aussage festzulegen wie eines von Shakespeares Sonetten in sachliche Prosa zu übersetzen. Wie Gedichte deuten Mythen die Welt in Bildern und Symbolen, und diese können je nach Erzähler und Zusammenhang unterschiedlich ausfallen. Mythen sind keine naturwissenschaftlichen Definitionen, keine Formeln und Lehrsätze, sondern wandelbare Symbolgeschichten.

Die ersten Menschen
Diese westafrikanische Schnitzerei zeigt die Welt in Form einer Kalebasse mit dem ersten Mann, der ersten Frau und der kosmischen Schlange. Die Fon nennen diese Schlange Aido-Hwedo. Sie trug bei der Erschaffung der Welt den Schöpfer im Maul und begleitete die ersten Menschen auf die Erde.

MYTHOS UND ZEIT

Viele Mythen setzen vor Anbeginn der Zeit mit einem Schöpfergott wie dem ägyptischen Re-Atum (S.12) ein. Beim Schöpfungsakt spielen Wort (»Namengeben«) und Tat (z.B. Formen des Menschen aus Erde oder Lehm) eine Rolle. Der mythologische Zeitlauf wird durch ein bestimmtes Ereignis in Bewegung gesetzt – in Ägypten ist dies der Ruf des Benu (Phönix) auf dem Urfelsen. Doch einmal begonnen, läuft die Zeit nicht geradlinig und unendlich weiter: Jedes Weltzeitalter endet eines Tages, und der Schöpfungszyklus beginnt erneut. Mircea Eliade nennt dies den »Mythos der ewigen Wiederkehr«.

Die Mythologie der Azteken, der Maya und der nordamerikanischer Indianer (z.B. der Navajo) beschreibt die gegenwärtige Welt als fünftes Weltzeitalter. Bei den Navajo lagen die vorherigen vier Welten unter der jetzigen; aus ihnen stieg die Menschheit empor. Für die Azteken hatten vier Sonnen vorherige Schöpfungen beschienen. Die heutige Welt ist die der Sonne Nahui Ollin, die vom Atem des Gottes Quetzalcoatl (»Gefiederte Schlange, Grünfederschlange«) über den Himmel geblasen wird.

Die Maya datierten den Beginn des gegenwärtigen Schöpfungszyklus auf den 13. August 3114 v.Chr. Zwar sagten sie Ereignisse bis ins Jahr 4772 n.Chr. voraus, doch sie hielten diese Welt nicht für ewig. In ihrem heiligen Buch *Chilam Balam* heißt es: »Alle Monde, alle Jahre, alle Tage, alle Winde finden Vollendung und schwinden dahin. Alles Blut findet Ruhe, wie es Macht und Thron erlangt. Bemessen die Zeit, in denen sie den Glanz der Dreifaltigkeit preisen konnten. Bemessen die Zeit, in der sie die Güte der Sonne kannten. Bemessen die Zeit, in der das Sternennetz auf sie herabblickte, durch das, achtend auf ihre Sicherheit, die zwischen den Sternen gefangenen Götter über sie nachsannen.«

Selbst die dualistische Philosophie des Zoroastrismus mit den »Gegenspielergöttern« Ahura Mazda (gut) und Ahriman (böse) fand ihren Anfang durch die Geburt der göttlichen Zwillinge aus Zurvan, der Gottheit der Ewigkeit. Die Zeit, wie wir sie ken-

Das ewige Rad der Zeit
Dieser aztekische Kalenderstein, den man unter der zentralen Plaza von Mexico City fand, ist ein Rad der Zeit, das an die fünf Schöpfungen erinnert, deren letzte unsere Welt ist. Die fünfte Sonne, Nahui Ollin, wurde von den Göttern in Teotihuacan geschaffen, das auch der Geburtsort der Götter selbst ist. Der Stein ist kein voll funktionsfähiger Kalender. Der komplizierte Aztekenkalender beruhte auf einem 52-Jahres-Zyklus, der die 260- bzw. 365-Tages-Jahre der beiden Aztekenkalender verband.

nen, die begrenzte Zeit der Schöpfung, ist nur ein Trick Ahura Mazdas, um Ahrimans Macht zu begrenzen. Am Ende aller Zeiten wird die Welt geläutert, und eine neue Schöpfung erwacht zum Leben – wie auch in der nordischen Mythologie.

DIE SINTFLUT

Viele Mythen, so auch die nordische Ragnarök (Götterdämmerung), erzählen vom Untergang dieser Welt. Ebensoviele berichten von einer Zeit, in der die Götter, erzürnt über die Menschen, diese mit einer großen Flut zu vernichten trachteten. Die biblische Geschichte von der Sintflut ist eine von vielen. Sie gründet im sumerisch-babylonischen Gilgamesch-Epos, in dem die Noach-Figur Utnapischtim (S.19) heißt.

Bei den alten Griechen wollte Zeus die Menschheit mit einer Flut vernichten, doch Prometheus (S.24) warnte Deukalion und Pyrrha. Der Hindu-Stammvater Manu wurde durch Vishnu in Gestalt seiner Fisch-Inkarnation Matsya (S.110) vor der Sintflut gerettet. Sintflut-Mythen findet man in Peru und China, bei den australischen Ureinwohnern und in vielen Indianerkulturen. Zu letzteren zählt der Mandanen-Mythos vom Lone Man (S.94). Noch im 19. Jahrhundert konnten Völkerkundler in Serbien einen Zyklus slawischer Mythen sammeln, der von der Sintflut berichtet, aus der als einziger Überlebender Kranyatz vom trickreichen Weingott Kurent gerettet wurde.

DER SCHÖPFER

In einem stimmen die Schöpfungsmythen aus aller Welt überein: Die Welt wurde nach dem Plan und Willen eines göttlichen Wesens erschaffen, und die Menschen wurden in die Welt gestellt, um in ihr zu leben.

Im Schöpfungsmythos der Mandanen lassen Erster Schöpfer und Lone Man (Einsamer Mann) eine Ente Sand für das Land vom Grund der Urflut holen. Bei den Ainu in Japan betraut der Schöpfergott Kamui eine Bachstelze mit der Erschaffung des Landes (S.120). Bei den Yoruba schüttete Obatala, Sohn des großen Himmelsgottes Olorun, Erde aus einem Schneckenhaus, und eine Taube und eine Henne verteilten sie. Die Hochgötter Afrikas ziehen sich wie Olorun meist aus ihrer Schöpfung zurück und überlassen weitere Aufgaben ihren Nachfolgern. Im ursprünglichen Schöpfungsmythos der Fon, den die Priester des sog. Himmelskultes in Dahome bewahrten, schafft der androgyne Gott Nana-Buluku die Welt und übergibt sie dann seiner Tochter Mawu und seinem Sohn Lisa (S.88–89); heute ist Nana-Buluku nahezu vergessen,

Noah und die Sintflut
Dieser Holzschnitt aus der Biblia Sacra Germanica *(Nürnberg 1483) zeigt Noahs Arche während der Sintflut. Gott beschloß, die verderbte Menschheit zu vernichten, doch dem frommen Noach gebot er, eine Arche zu bauen und von jedem Lebewesen ein Paar mit an Bord zu nehmen. Als die Arche auf dem Berg Ararat auf Grund lief, sandte Gott einen Regenbogen als Zeichen seines Bundes und versprach Noah, seine Geschöpfe nie wieder zu vernichten.*

Vishnu, der Erhalter
Vishnu und seine Gattin Lakshmi (oder Shri) reiten auf dem himmlischen Vogel Garuda. Vishnu gilt als Schutzgott von Recht und Wahrheit und Welterhalter. Aus Erbarmen mit der Menschheit kommt er immer wieder in unterschiedlichen Avataras *in die Welt, um das Böse zu bekämpfen, z.B. als Prinz Rama. Immer wenn Vishnu auf die Welt kommt, wird auch seine Gattin Lakshmi inkarniert. Hier trägt Garuda das Paar in ihren Himmel Vaikuntha.*

und das Werk der Schöpfung wird Mawu zugeschrieben.

Die Aschanti erzählen, daß der Sonnengott Onyankopon einst bei den Menschen wohnte. Als eine alte Frau ihn aber beim Yamsstampfen ständig mit ihrem Stampfer schlug, zog er sich verärgert in den Himmel zurück. Als die alte Frau sah, was geschehen war, befahl sie allen ihren Kindern, Mörser zusammenzusuchen und aufeinanderzustapeln. Schließlich hatten sie einen Turm errichtet, der fast bis zu Onyankopon reichte. Nur ein Mörser fehlte noch. Die alte Frau sagte den Kindern, sie sollten den untersten Mörser herausziehen und oben auf den Turm legen. Doch dabei stürzte der Turm ein, und alle wurden erschlagen. Wenn die Menschen nun mit dem Himmelsgott Verbindung aufnehmen wollen, brauchen sie niedere Götter *(Abosom)* als Mittler.

Oft sind solche Mittler wie der Yoruba-Schicksalsgott Exu (S.86–87) Trickster, die Elemente des Zufalls, des Spiels und des Humors in die Beziehung zwischen Göttern und Menschen einbringen. Der Schöpfer Obatala z.B. wird von den Yoruba als »Vater des Lachens« besungen.

In einem Mythos der Mandanen verwandelte sich Erster Schöpfer in den Trickster Kojote. Solche Schelmengötter, deren Unberechenbarkeit in Bösartigkeit ausarten kann, finden sich in den Mythen aller Welt, vom griechischen Dionysos über den nordischen Loki bis zum japanischen Susanoo (S.58, 69 und 123).

Ein anderes Thema ist die Sorge des Schöpfers um und für seine Schöpfung. So kommt der Hindu-Gott Vishnu in immer neuen *Avataras* (Inkarnationen) auf die Welt, um der Menschheit in Krisenzeiten beizustehen. Seine letzte *Avatara*, das weiße Pferd Kalkin, wird am Ende dieser Welt ein neues Zeitalter anbrechen lassen.

Die Grosse Mutter

Vielfach spielen auch Göttinnen eine Rolle bei der Schöpfung. Nachdem Utsiti, der Schöpfergott der Keres-Indianer aus dem Südwesten der USA, die Welt aus einem Klumpen seines Blutes erschaffen hatte, sandte er seine Tochter Iatiku und ihre Schwester aus, um die Erde fruchtbar zu machen. Die beiden sangen ein Schöpfungslied, wobei sie ständig Samen und Bilder ihres Liedes aus einem Korb, den sie von der Spinnenfrau (S.93) erhalten hatten, auf die Erde warfen.

Ein Grundelement der Mythen der nordamerikanischen Indianer ist die Vorstellung von »Mutter Erde«. Smohalla, Gründer der Traumreligion der Wanapam (Mitte 19.Jh.), sagte: »Ihr sagt, ich soll den Boden pflügen! Soll ich ein Messer nehmen und die Brust meiner Mutter aufschneiden? Wenn ich dann sterbe, wird sie mich nicht an ihren Busen drücken, damit ich Ruhe finde. Ihr sagt, ich soll nach Steinen graben! Soll ich unter ihrer Haut nach ihren Knochen graben? Wenn ich dann sterbe, kann ich nicht in ihren Körper zurückkehren, um neu geboren zu werden. Ihr sagt, ich soll Gras mähen und Heu machen, um es zu verkaufen, damit ich reich werde wie der weiße Mann! Doch wie kann ich es wagen, meiner Mutter die Haare abzuschneiden?« Trotz der offensichtlichen Verbindung zwischen der Fruchtbarkeit der Erde und der Menschen ist die

Neolithische Muttergöttin
Die Venus von Willendorf, ein nach dem österreichischen Fundort benanntes Steinfigürchen einer Fruchtbarkeitsgöttin, stammt aus der Jungsteinzeit. Brüste und Bauch sind als mütterliche Körperteile besonders hervorgehoben.

Erde nicht immer weiblich. Die Ägypter z.B. verehrten Geb als Gott der Erde und seine Schwester Nut als Göttin des Himmels.

In Indien findet man den alles umfassenden Zauber von Mahadevi, der Großen Göttin. Sie ist die Gattin des Gottes Shiva (S.112–113) und wird als gütige Parvati, Shakti oder Uma oder als grausame Durga oder Kali verehrt. Sankara (9.Jh.) schrieb von ihr: »Deine Hände halten Freude und Schmerz. Der Schatten des Todes und das Elixier der Unsterblichkeit sind dein.«

Die Große Göttin des alten Mesopotamien, Ischtar/Inanna, verband ebenfalls Freude und Schmerz; sie war Liebes- und Kriegsgöttin. Ihre gegensätzlichen Aspekte kommen im Gilgamesch-Epos zum Ausdruck: Zuerst begehrt sie Gilgamesch, und als er sie zurückweist, nimmt sie grausame Rache (S.18).

Die ägyptische Isis fand Aufnahme in die römische Mythologie. Als Lucius, der Held aus Apuleius' Roman *Der goldene Esel*, in ihren Kult eingeweiht wird, zeigt sie sich als die Große Göttin: »... ich, die Mutter der Schöpfung, Herrin aller Elemente, Keimzelle der Geschlechterfolge, höchste Gottheit, Königin der Geister, Himmelsherrin und Inbegriff der Götter und Göttinnen, deren Wink des Himmels Höhen, des Meeres wohltätiges Walten und der Unterwelt vielbeweintes Schweigen gehorchen ...«

WELTZUSAMMENHALT

In den Mysterien von Eleusis stand die Große Göttin im Mittelpunkt der griechischen Religion (S.29). Die nur den Eingeweihten vorbehaltenen Rituale gründeten im Mythos von der Erdgöttin Demeter und ihrer Tochter Persephone, die vom Unterweltsgott Hades geraubt wurde. Die Mysterien hielten nach dem Glauben der Griechen die Welt zusammen.

Dieser Glaube zeigt die Unverzichtbarkeit des Mythos für den Zusammenhalt der Welt. In diesen Zusammenhang gehören auch die kosmische Schlange in der Schöpfungsgeschichte der Fon (die sich schützend um die Erde windet) und die Traumzeit-Geschichten der australischen Ureinwohner wie der Gunwinggu-Mythos von Lumaluma (S.102–103). Diese Mythen sind weit mehr als unterhaltende Geschichten; sie sind heilige »Urkunden des Lebens«. Um sie ganz verstehen zu können, muß man in die ewige Zeit eintreten. Gleichermaßen definieren die Mythen, die Navajoritualen wie dem »Weg der Berge« (S.92–93) und den Sandmalereien des »Heiligen Volkes« zugrunde liegen, die Identität der Navajo. Am Ende eines solchen Rituals ist die Welt in Schönheit erneuert. Als Jasper Blowsnake dem Anthropologen Paul Radin die heiligen Winnebago-Medizinriten anvertraute *(The Road of Life and*

Die ägyptische Muttergöttin Nut
Nut verschlingt jeden Abend im Westen die Sonne (Bild). Diese wandert in der Nacht durch ihren Leib, um dann am nächsten Morgen wie ein Kind geboren zu werden. Da selbst der Sonnengott Re jede Nacht in ihren Körper eintritt und am nächsten Morgen neu geboren wird, gilt Nut als Mutter aller. Eine Nut-Figur in ägyptischen Sargdeckeln versprach den Seelen der Toten die gleiche Aufnahme und Wiedergeburt.

Der Kulturbringer Triptolemos
Marmorrelief (5.Jh.v.Chr.) aus Eleusis, vermutlich aus dem Tempel des Triptolemos: Triptolemos, der die Menschen den Gebrauch des Pflugs lehrte, steht zwischen den beiden Göttinnen der eleusischen Mysterien, Demeter und Persephone. Demeter übergibt ihm eine goldene Kornähre (nicht mehr vorhanden).

Death), enthüllte er ein Mysterium, das so groß und so geheim war wie das von Eleusis. »Halte es streng geheim. Wenn du es verrätst, wird die Welt enden. Wir werden alle sterben.« Die Geheimhaltung, die man von den in die Mysterien von Eleusis Eingeweihten verlangte, wurde so streng eingehalten, daß wir heute nur fragmentarische Anhaltspunkte für das haben, was bei den Mysterien geschah und was sie bedeuteten.

HELDEN UND KULTURBRINGER

Ein solches Mythen-Fragment erzählt, wie Demeter, die auf der Suche nach ihrer Tochter eine Stelle in einem königlichen Haushalt angenommen hat, den ihr anvertrauten Königssohn in ein göttliches Feuer stellt, um seine Sterblichkeit zu verbrennen und ihm ewiges Leben zu geben. Sie wird jedoch gestört, ehe sie das Ritual vollenden kann. Ein ähnlicher Vorfall findet sich in der ägyptischen Mythologie. Dort wird die Göttin Isis auf der Suche nach ihrem Gatten Osiris (S.16) Kindermädchen eines Prinzen. In der ägyptischen Geschichte stirbt das Kind, in der griechischen aber wird der Knabe Triptolemos zum Wohltäter der Menschheit: Demeter gibt ihm Korn und einen Pflug und lehrt ihn Landwirtschaft, und er gibt sein Wissen an die Menschen weiter. Triptolemos hatte in Eleusis seinen eigenen Kult und Tempel.

Das Thema »Wissen als Göttergabe« findet sich in den Mythen aller Völker. Der griechische Prometheus, die Aborigines-Ahnen, der Einsame Mann der Mandanen, der aztekische Quetzalcoatl, der polynesische Maui – sie alle lehrten die Menschen, auf der Erde zu leben.

Neben solchen Kulturbringern finden sich Helden, die den Menschen als Beispiel dienen – mit ihren Tugenden und manchmal auch mit ihren Fehlern. Griechische Halbgötter wie Herakles und Theseus (S.50–51, 54–55) dienen als Modelle für menschliches Leben. Der indische Rama (S.114–115) findet nicht nur Verehrung bei den Hindus, seine Geschichte wurde sogar zum Nationalepos des buddhistischen Thailand. Der keltische Artus (S.80–81, 84–85) steht im Mittelpunkt von Sagen, in denen keltische Mythen und christliche Tugenden aufeinandertreffen.

Die acht Unsterblichen (S.118–119) des Taoismus zeigen, daß Menschen Göttlichkeit erreichen können. In ihrem Streben nach Vollkommenheit erlangen die Unsterblichen nicht ein langes Leben in irdischer (linearer) Zeit, sondern ewiges Leben im Himmel, in ewiger Zeit.

TOD UND UNTERWELT

Am Ende der irdischen Zeit eines jeden Menschen steht der Tod. Die meisten Mythologien kennen die Hoffnung, daß es jenseits dieses Lebens noch ein anderes gibt – ein zentrales Thema der Mysterien von Eleusis. Die Ägypter hofften auf Wiedergeburt und ein neues Leben in den Schilfgefilden, die sie sich als ideales Abbild

Der Held Herakles
Diese griechische Vase zeigt, wie Herakles die Stymphalischen Vögel tötet – die sechste seiner zwölf Aufgaben (S.50–51). Ehe Herakles seine letzten Aufgaben erfüllen konnte, mußte er in die eleusischen Mysterien eingeweiht werden. Nach seinem Tod stieg er zu den Göttern in den Olymp auf.

Ägyptens vorstellten. Die Wikinger glaubten, daß die in der Schlacht gefallenen Krieger in der goldenen Halle von Walhall mit den Göttern feiern würden.

Vergil erzählt, daß der Held Aeneas seinen Vater Anchises in Elysium, den paradiesischen »Gefilden der Hingabe« in der Unterwelt, fand (S.67). Doch als er ihn umarmen wollte, war er substanzlos wie Luft. Aeneas sah, wie sich die Seelen versammelten, um das Wasser des Vergessens zu trinken, damit sie ihr früheres Leben vergaßen und wiedergeboren werden konnten, und er fragte Anchises, was dies zu bedeuten habe. Anchises erklärte ihm, daß am Anbeginn der Welt reiner Geist war, daß die Menschen aber durch Liebe und Furcht ans Leben gebunden werden. Nur wenige können in ihrem jenseitigen Leben Ruhe finden und darauf warten, daß der Kreislauf der Zeit sich vollendet und sie wieder zu reinem Geist werden. Die meisten hungern nach einem erneuten Leben in der Welt.

Die Guarayú aus Bolivien erzählen von der Prüfung der Seele nach dem Tod, wenn sie zwischen zwei Wegen wählen muß, um zu Tamoi, dem Großvater im Westen, zu gelangen. Der eine Weg ist breit und leicht zu gehen, der andere schmal und gefährlich. Doch die Seele muß den schweren Weg wählen und viele Prüfungen bestehen, um ihr Ziel zu erreichen. Wenn sie dann im erneuernden Bad des Großvaters gereinigt wurde, kann die Seele – jetzt wieder jung – im Land des Westens lachen, jagen, leben und lieben.

Hermod steigt in die Unterwelt hinab
Diese Manuskript-Illustration (18.Jh.) zeigt Odins Sohn Hermod auf Odins achtbeinigem Pferd Sleipnir, wie er in die Unterwelt hinabsteigt, um seinen Bruder Balder zu holen. Hel wollte Balder ziehen lassen, wenn die ganze Welt um ihn weinte, aber der für Balders Tod verantwortliche Loki weigerte sich. Zur Strafe fesselten die Götter ihn. Doch wenn Ragnarök kommt, wird Loki sich losreißen und die Horden der Toten auf einem Schiff aus den Nägeln toter Männer in den Kampf führen.

Mythen erzählen nicht nur, was nach dem Tod geschieht, sondern auch wie der Tod in die Welt kam. So heißt es bei den Zulu, der Schöpfergott Unkulunkulu (der Große-Große) schickte das Chamäleon Unwabu, um den Menschen zu verkünden, daß sie ewig leben würden. Doch das Chamäleon trödelte und wurde von der Eidechse Intulo überholt, die den Menschen die Botschaft brachte, daß sie sterben müssen.

Andere Geschichten erzählen von Helden, die den Tod zu überwinden suchten – Maui, Gilgamesch oder die göttlichen Zwillinge der Maya (S.100–101). Auf der Suche nach dem Geheimnis des ewigen Lebens überquert der sumerische Held Gilgamesch den Ozean des Todes, um Utnapischtim, den einzigen Überlebenden der Sintflut, zu finden. Auf Utnapischtims Rat holt er das Lebenskraut vom Grund des Meeres, doch eine Schlange raubt es ihm wieder. Utnapischtim belehrt ihn: »Das Leben, das du suchst, wirst du nicht finden! Denn als die Götter einst die Menschen schufen, da teilten sie den Tod der Menschheit zu … Nicht gibt's Beständigkeit seit ewigen Tagen.«

Und in einem kleinen aztekischen Gedicht, möglicherweise an Quetzalcoatl (S.98–99), heißt es:

»Kann es wahr sein, daß einer auf Erden lebt?
Nicht ewig auf Erden; nur eine kleine Weile hier.
Jade zerspringt.
Gold zerbricht.
Quetzalfedern zerreißen.
Nicht ewig auf Erden; nur eine kleine Weile hier.«

In einer Welt, wo das einzig Sichere die Unsicherheit ist, bieten die großen Mythen Weisheit und Trost und bereiten den Weg in die Arme der unbekannten Gottheit.

Neil Philip

DIE SCHÖPFUNG

Am Anfang aller Zeiten existierte allein der dunkle, endlose Ozean von Nun. Dieses Urgewässer enthielt alle Elemente des Lebens, aber sie waren ohne Sinn. Da trat der »Allerzeuger« und »Einherr« Re-Atum ins Dasein. Mit seinem Atem schuf er Schu, die Luft, und mit seinem Speichel Tefnut, die Feuchtigkeit. Er schickte beide über das Meer und ließ die Wasser von Nun zurückweichen, so daß eine Insel entstand, auf der er stehen konnte. In seinem Herzen legte er fest, wie alle Dinge sein sollten, und rief Pflanzen und Tiere ins Leben, indem er ihre Namen aussprach. Schu und Tefnut hatten zwei Kinder: Geb, die Erde, und Nut, den Himmel. Nut lag auf Geb, und Himmel und Erde vermählten sich. Doch der eifersüchtige Schu drängte sie auseinander, indem er Nut emporhob und Geb mit seinen Füßen »festnagelte«. Die Kinder von Nut und Geb waren die Sterne.

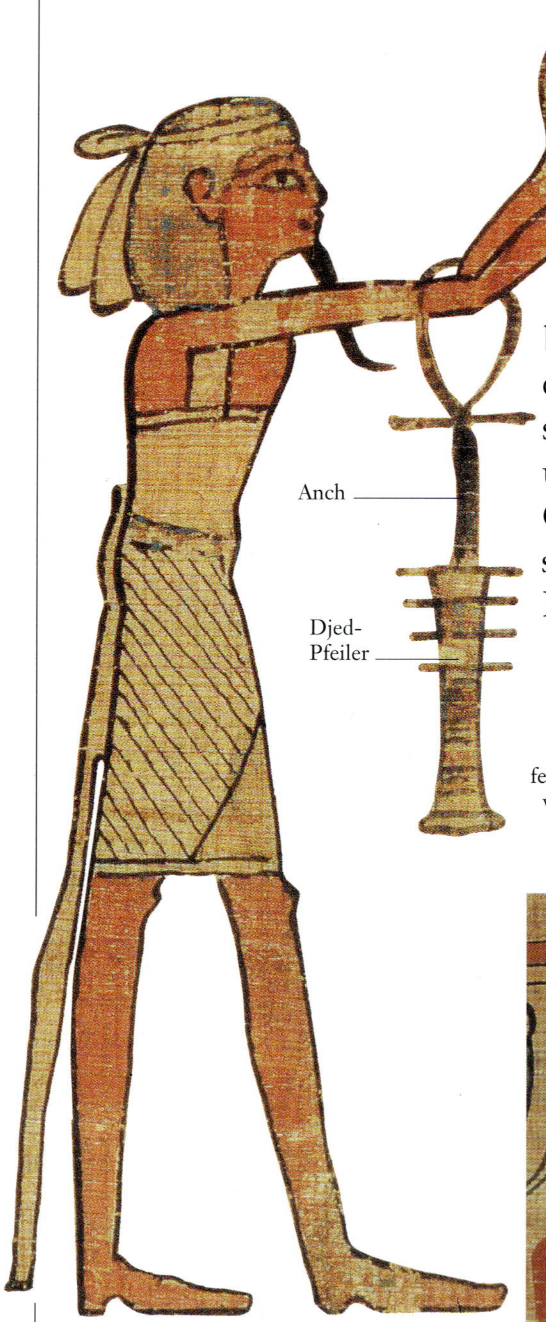

Leben und Stabilität
Ha, der Gott der westlichen Wüste, schützte Ägypten vor Feinden aus dem Westen, vor allem aus der Cyrenaika, dem heutigen Ostlibyen. An seinen segnend erhobenen Armen hängt das Anch als Symbol der lebenspendenden Elemente Luft und Wasser und daran wiederum ein Djed-Pfeiler als Zeichen der Stabilität.

ÄGYPTISCHE GÖTTER

Alle Götter des alten Ägypten sind Aspekte des großen göttlichen Wesens, das in einem Schöpfungsbericht als Nebertcher, »Herr bis an die unendlichen Grenzen«, bezeichnet wird. Der Sonnengott Re repräsentiert ab dem Mittleren Reich diesen Allgott, und die von ihm hervorgebrachten Götter stehen für unterschiedliche Aspekte. Je nach Zeit und Dynastie verschmolzen manche Götter miteinander, und der jeweilige Hauptstadtgott wurde zum Allgott. So verschmolz der Luftgott Amun (»der Verborgene«) als Stadtgott von Theben mit Re zum Sonnengott Amun-Re. Dargestellt wurden die Götter in Menschen- oder Tiergestalt.

LUFTGOTT SCHU
Schu, der Vater der Göttin Nut, ist an seinem Straußenfederschmuck erkennbar. Meist wird er dargestellt, wie er Nut und Geb auseinanderhält.

WÜSTENGOTT
Ha, der Herr der westlichen Wüste, trägt einen Stierschwanz. Dieser gehörte zu den königlichen Insignien und symbolisierte Macht und Fruchtbarkeit.

NUT, DIE MUTTER ALLER
Nut beugt ihren Körper als Himmelsgewölbe über die Erde. Jede Nacht verschlingt sie die Sonne, um sie am nächsten Morgen wieder zu gebären. Als Mutter der lebenspendenden Sonne galt Nut als Mutter aller. Ihr befahl man die Toten an und versah deshalb Sargdeckel mit ihrem Bild.

SYMBOL DER WIEDERGEBURT
Schus Stab ist schlangenförmig. Da Schlangen bei der Häutung gleichsam erneuert aus der alten Haut schlüpfen, wurden sie zum Symbol der Wiedergeburt.

ANCH
Das Anch war das Symbol des Lebens. Wer es besaß, hatte die Macht, seinen Untertanen das Leben zu schenken oder zu nehmen. Das Anch war daher Gottheiten, Königen und Königinnen vorbehalten.

GEB ALS GANS
Einer der Beinamen des manchmal als Nilgans dargestellten Geb ist »Großer Schnatterer«, denn er gab den »großen Wildgansschrei« von sich, als er das Ei hervorbrachte, aus dem der Benu schlüpfte (S.13).

RECHT UND ORDNUNG
Maat, die Göttin der Weltordnung und des Gerichtswesens, sitzt ihrem Vater Re gegenüber.

ERDGOTT GEB
Geb, die Personifikation der Erde, liegt auf dem Rücken unter seiner Schwester und Gattin Nut, die das Himmelsgewölbe bildet. Die männliche Erde ist eine Eigenart der Ägypter.

Das ägyptische Jahr hatte 365 Tage: zwölf Monate zu je 30 Tagen sowie fünf zusätzliche Tage. Den für ein echtes Sonnenjahr notwendigen Vierteltag pro Jahr glich man aber nicht durch ein Schaltjahr aus. Daraus ergab sich eine Abweichung vom astronomischen Kalender, so daß es offiziell im Sommer Winter sein konnte oder umgekehrt. Alle 1460 Jahre stimmten die beiden Kalender jedoch überein.

DER VOGEL BENU

Die Wasser von Nun lagen in der Dunkelheit, bis Re sich ins Leben dachte. Im allerersten Morgengrauen flog der Vogel Benu lautlos über die Wasser. Er erreichte eine Felspyramide, die sich aus dem Wasser emporhob, und öffnete den Schnabel zu einem schrillen Schrei, der die ewige Stille durchbrach. Als das Licht des ersten Morgens sich über die Dunkelheit erhob, wurde die Welt mit dem Wissen dessen erfüllt, was sein und nicht sein würde. Den Benu, der als riesiger Reiher dargestellt wird, nannten die Griechen später Phönix. Beides bedeutet »der Aufgehende«; man sah in dem Vogel einen Aspekt des Sonnengottes. Vom großen Tempel des Amun in Karnak aus ließ man jeden Morgen zum Gedenken an den Benu eine Gans über den heiligen See fliegen.

Diese Grabmalerei zeigt die Verehrung des Benu.

MUTTER DER STERNE

Nuts Vereinigung mit ihrem Bruder Geb und die Geburt ihrer Kinder, der Sterne (oft als Schmuck auf ihrer Kleidung dargestellt), erzürnte ihren Vater Schu. Er verfluchte sie, so daß sie in keinem Monat eines Jahres mehr gebären konnte. Doch Nut gewann Thot, dem Mondgott und Rechner der Zeit, im Glücksspiel fünf zusätzliche Tage außerhalb der zwölf 30tägigen Mondmonate ab. An diesen gebar sie Osiris, Horus, Seth, Isis und Nephthys.

UDSCHATAUGE

Das linke Auge des Himmelsgottes Horus (S.16) symbolisiert den Mond. Im Kampf riß sein Bruder Seth ihm dieses Auge heraus, doch es erneuerte sich. Das Udschatauge steht seitdem für Ganzheit und Erneuerung.

SKARABÄUS

Der geflügelte Skarabäus des Re mit dem mumifizierten Körper des Osiris, der aus der fruchtbaren Erde ersteht, symbolisiert die Auferstehung des Osiris und die tägliche Wiedergeburt des Re.

AUS DER ERDE

Wenn Re seine tägliche Reise über den Himmel antritt (Mitte), läßt die Sonnenwärme das Getreide, das die Menschen ausgesät haben, wachsen – ein weiteres Symbol der Auferstehung des Osiris von den Toten.

DAS ÄGYPTISCHE WELTBILD

In der Mitte der Darstellung auf diesem Papyrus bildet die Himmelsgöttin Nut das Firmament über dem Erdgott Geb. Seine angewinkelten Beine stellen Hügel dar. Zwischen den beiden zieht Re seine Bahn. Zur Linken steht Schu (Luft) neben dem Wüstengott Ha, und rechts bewässert die Göttin Nephthys die Erde.

AUGE DES SONNENGOTTES

Re sandte sein Auge aus, Schu und Tefnut zu suchen. Als es zurückkam, hatte ein anderes Auge seinen Platz eingenommen. Das ursprüngliche Auge weinte, und aus seinen Tränen entstanden die Menschen. Re setzte es daraufhin an seine Stirn, als Uräusschlange, die die Welt regiert und Feuer auf Feinde speit.

WASSER DER FRUCHTBARKEIT

Die Göttin Nephthys gießt das Wasser der Fruchtbarkeit über die Erde, auf der Menschen das Land bearbeiten. Durch das Wasser wird der mumifizierte Körper des Osiris (S.16) wiedergeboren.

Schöpfer des Universums

Re, der Schöpfer des Universums, trägt die Sonne auf seinem Haupt. Er regiert die Welt bis zum Ende der Zeit. Wenn dann die Schöpfung vergangen ist, wird die Welt wieder von der unendlichen Flut von Nun bedeckt.

Re, der Sonnengott

Der Sonnengott Re (Ra) hat drei Haupterscheinungsformen: Chepre, der Skarabäus, symbolisiert die aufgehende Sonne, Re als Sonnenscheibe steht für die Mittagssonne und Atum, ein alter, auf einen Stock gestützter Mann, für die untergehende Sonne. Jeden Abend, wenn die Sonne den westlichsten Gipfel des Berges Manu erreicht, wird sie von der Himmelsgöttin Nut (S.13) verschlungen, woraufhin der Sonnengott in seiner Nachtbarke die gefahrvolle Reise durch die Unterwelt antritt. Hier wird er von Dämonen unter Führung des Schlangendämons Apophis, seines Erzfeindes, angegriffen, der gleichzeitig mit Re zum Leben erwachte. In der dunkelsten Stunde vor Sonnenaufgang führt Apophis seine heftigste Attacke. Doch jede Nacht enthauptet Re als Katze die Schlange, um daraufhin bei Sonnenaufgang im Osten von Nut neu geboren zu werden. Sollte Apophis Re jemals besiegen, würde die Sonne nicht aufgehen. Der tägliche Kreislauf von Tod und Wiedergeburt wurde zum Symbol für das Leben der Menschen, die auf eine neue Geburt nach dem Tod hofften. Vom Mittleren Reich an wurde der sichtbare Sonnengott Re durch die unsichtbare Gottheit Amun (»der Verborgene«) ergänzt und als Götterkönig Amun-Re verehrt.

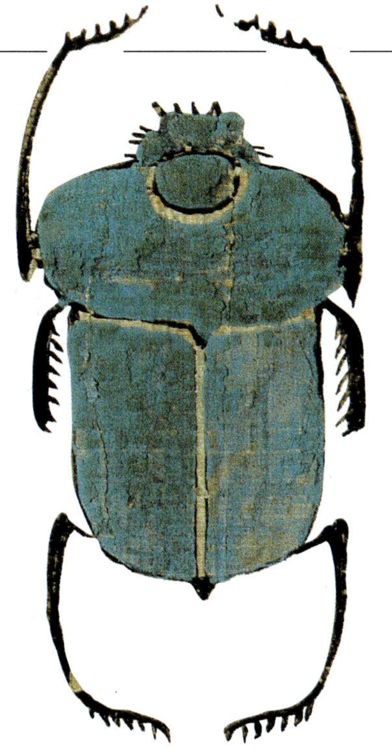

Skarabäus
Der Heilige Pillendreher rollt Dung zu einer Kugel. Für die Ägypter war dieser Käfer ein Symbol für die Sonne, insbesondere für Chepre, die aufgehende Sonne. Gleichzeitig steht er für die Wiedergeburt, weil aus dem Dung die Larven des Käfers schlüpfen.

Der geheime Name des Re

Re rief mit seinen Worten die Welt ins Leben. Doch ein Wort behielt er für sich: seinen heiligen Namen. Isis, die Tochter von Geb und Nut und Gattin des Osiris, wollte die Namen aller Dinge kennen, um Re ebenbürtig zu sein. Schließlich kannte sie alle bis auf Res geheimen Namen. Sie sammelte den Speichel, der auf dem Weg des nunmehr alten Re über den Himmel aus dessen Mund troff, und formte daraus eine Schlange, die sie Re in den Weg legte. Re wurde gebissen, begann zu schwanken, und Nebel trübte seine Sicht. Isis bot ihm Hilfe an, wenn er ihr seinen geheimen Namen verrate. So gab Re seinen Namen von seinem in Isis' Herz weiter und verlieh ihr damit Macht auch über sich selbst. Im Namen Res gebot Isis dem Gift zu weichen, so daß der Sonnengott gesund wurde. Der Text dieser Geschichte fand Anwendung als Zauberspruch gegen Gift. Er wurde über den Bildnissen von vier Göttern, darunter Isis und Horus, gesprochen, und der Patient mußte einen Papyrus aufessen, auf dem dieser Spruch geschrieben stand.

Der Papyrus Anhai
(um 1250 v.Chr.)
Dieser Papyrus ist Teil eines Totenbuches für Anhai, eine Priesterin des Amun-Re. Nun, die Göttin der Urflut (S.12), hält die Sonnenbarke empor, auf der der Skarabäus die Sonnenscheibe vor sich her rollt, wie der Heilige Pillendreher seine Dungkugel.

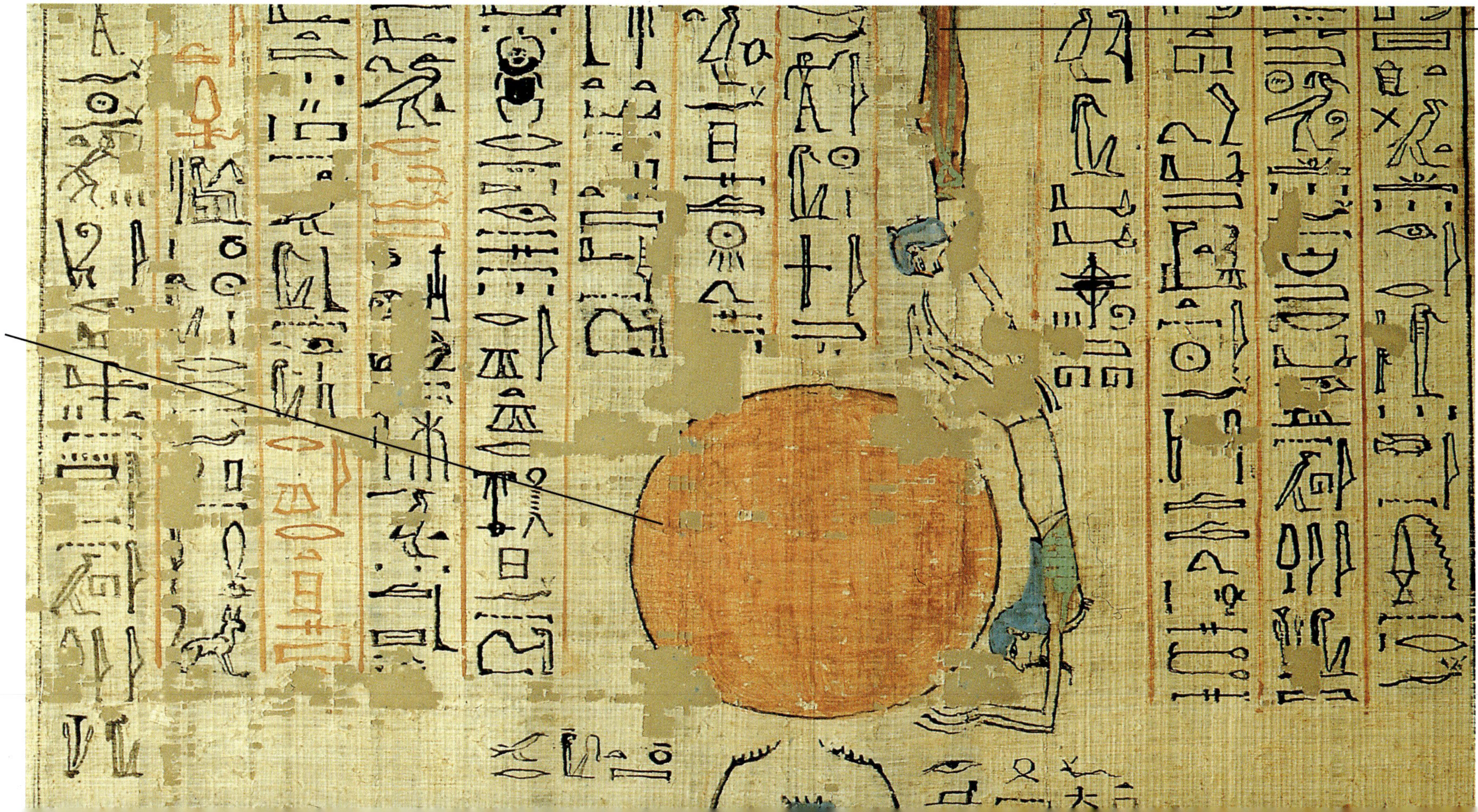

Sonnenscheibe
Als Re wurde der Sonnengott auch von der Sonnenscheibe allein symbolisiert.

In die Unterwelt
Die Himmelsgöttin Nut hebt Osiris, ihren und Gebs Sohn und Herrscher der Unterwelt, empor, damit er die Sonne in Empfang nimmt, die sich nun auf die gefahrvolle nächtliche Reise durch die Unterwelt begibt. In der tiefsten Nacht werden Osiris und Re eins – als »in Osiris ruhender Re« und »in Re ruhender Osiris«.

Das Ägyptische Totenbuch **ist eine Sammlung von Sarg- und Pyramidentexten. Es handelt sich um Zaubersprüche, die den Verstorbenen ein Leben nach dem Tod sichern sollen, darunter der besonders wichtige »Spruch, nicht noch einmal zu sterben im Totenreich«. Reichen Ägyptern legte man Abschriften dieses Totenbuches ins Grab.**

Die Ägypter glaubten, daß Tote, mit der richtigen Spruchsammlung versehen, die Schrecken von Duat, der Unterwelt, überwinden und ein neues Leben in den Schilfgefilden erlangen konnten. Alle Elemente der lebenden Person mußten konserviert werden, damit sie auferstehen konnten, nicht nur der Körper und die beiden Aspekte der Seele, Ka (die Lebenskraft) und Ba (die Persönlichkeit, das Geistige), sondern auch der Name und der Schatten.

Uräus
Die sich aufbäumende giftige Kobra wurde vom Sonnengott Re (und von den Pharaonen) als Diadem an der Stirn getragen. Bei Re sitzt sie meist an der Sonnenscheibe.

Horus
Der falkenköpfige Horus, Sohn von Isis und Osiris, war einer der bedeutendsten Götter Ägyptens. Ursprünglich war er ein Himmelsgott; sein linkes Auge war der Mond, sein rechtes die Sonne. Als Sonnengott verschmolz er mit Re zu Re-Harachte.

Sonnenbarke
Re ist in seiner Sonnenbarke dargestellt, die über den Himmel fährt.

»O Größter in seiner Barke, hole mich in deine Barke, daß ich dir deine Treppe zusammenbinde, daß ich deine Fahrt leite mit diesen, die zu dir gehören, den Unermüdlichen.«
Totenbuch, Spruch 102

Nun, Fruchtbarkeit des Nils
Der Gott Nun, der die Urflut personifiziert, hält die Sonnenbarke empor. In gewisser Weise spiegelt die Mythologie der alten Ägypter das Land Ägypten selbst wider. Der griechische Geschichtsschreiber Herodot nannte Ägypten »Geschenk des Nils«. Ohne die jährlichen Nilfluten, die das Land entlang des Flusses überschwemmten, wäre Ägypten kaum fruchtbar gewesen. Die Sonne und die Fluten des Nun sorgten gemeinsam für Wachstum und reiche Ernten.

Ein Mythos erzählt, die Kriegsgöttin Neith (Neret) habe die Welt aus den Urfluten von Nun geschaffen. Sie rief die Götter bei ihrem Namen und brachte schließlich als Kuh den allmächtigen Re zur Welt – in einem Ei. Als er aus dem Ei schlüpfte, blendete ihn das Licht, und seine Augen tränten. Aus den Tränen entstanden die Menschen.

Göttliche Begleiter
Re wird auf seiner Reise von sieben Göttern begleitet (drei sind hier gezeigt). Den Schluß bildet Horus, die beiden anderen sind nicht eindeutig identifizierbar. In der Regel gehören drei der ältesten Gottheiten zu Res Begleitern: Sia (Erkenntnis), Huh (Endlosigkeit) und Hike (Magie), außerdem Schu, Geb, Osiris, Horus oder Thot. Manchmal befindet sich auch die Göttin Hathor in der Barke.

Bastet

Als die Menschen sich gegen den alternden Re erhoben, verwandelte er die Göttin Hathor (die heilige Kuh der Fruchtbarkeit) in die wütende Löwin Sekhmet. Mit ihrer Blutrünstigkeit brachte sie Seuchen und Tod in die Welt. Später wurde diese Göttin in sanfterer Gestalt, als Katzengöttin Bastet, verehrt. Ihr zu Ehren wurden viele Hauskatzen mumifiziert. Doch Katzen wurden im alten Ägypten auch für die Jagd abgerichtet. In der ägyptischen Kunst findet man Katzen, die Vögel apportieren, die ihre Herren mit Wurfstöcken erlegt haben. Die Griechen setzten Bastet mit Artemis (S.36–37) gleich, und Herodot beschreibt ihr Jahresfest als Orgie.

Die ägyptische Katzengöttin Bastet

OSIRIS, ISIS, HORUS

Horus
Horus als falkenflügeliges Udschatauge: Sein Ursprung liegt in der Vorstellung vom Himmel als Flügel eines Falken. Die Augen und die Flecken auf dem Bauch des Falken waren Sonne, Mond und Sterne.

Osiris war ursprünglich ein König in der Oberwelt. Er lehrte die Ägypter Acker- und Weinbau (zuvor waren sie Kannibalen) und legte Gesetze und Kulte fest. Er verdiente sich den Namen Wennefer (»ewig gut«). Sein eifersüchtiger Bruder Seth aber ermordete Osiris: Er überlistete ihn, in eine Truhe zu steigen, die er versiegelte und den Nil hinabschickte. Osiris' Gattin Isis rettete den Leichnam, doch als Seth ihn fand, zerstückelte er ihn und verstreute die Teile über ganz Ägypten. Traurig sammelten Isis und ihre Schwester Nephthys jedes einzelne Stück ein und setzten Osiris mit Hilfe des Totenführers Anubis und des göttlichen Schreibers Thot wieder zusammen – als erste Mumie. Isis verwandelte sich in einen Milan, rüttelte über dem Toten mit den Flügeln und fächelte ihm so Leben zu. Dabei empfing sie einen Sohn, Horus, der seinen Vater rächen sollte. Der wiederbelebte Osiris stieg als Herr und Richter hinab in die Unterwelt.

Isis und die Skorpione

Die schwangere Isis floh in Begleitung von sieben Skorpionen vor Seth ins Nildelta. Eines Nachts bat sie eine reiche Dame namens Usert um ein Nachtquartier. Als diese sie abwies, bissen die Skorpione Userts Sohn. Isis hatte Mitleid und heilte den Jungen. In Khemmis brachte sie Horus zur Welt. Als sie eines Tages nach Nahrung gesucht hatte und zurückkehrte, lag ihr Sohn im Sterben, gebissen von einem Skorpion. Isis konnte ihn nicht retten, sie hatte ihre Heilkräfte für Userts Sohn aufgebraucht. Ihr Schmerz hielt Re auf seiner Himmelsreise an, so daß die Welt sich verdunkelte. In Res Auftrag heilte Thot Horus, denn ehe er nicht genesen war, herrschten Dunkelheit und Dürre.

Die königliche Götterfamilie
Diese Statuette zeigt den Gott Osiris auf einer Plinthe, flankiert von seiner treuen Frau Isis und seinem Sohn Horus. Osiris' Sohn Horus war der letzte Gott, der Ägypten regierte, doch er sandte seinen Geist auf jeden neuen Pharao des Landes herab.

Falkenkopf
Horus wird meist als Falke oder als Mann mit Falkenkopf abgebildet. Ursprünglich war er ein Himmelsgott; seine Augen stellen Sonne und Mond dar. In seiner Rolle als Sonnengott verschmolz er mit Re, daher verdunkelte sich der Himmel, als Horus als Kind todkrank wurde (oben rechts).

Verlorenes Auge
Horus hat eines seiner Augen (den Mond) im Kampf mit Seth, den er entmannte, verloren.

Toter König
Osiris wird hier als mumifizierter König dargestellt; in seiner Rolle als Kulturheros hielt man ihn für einen König aus der Frühzeit der ägyptischen Kultur.

Krone
Osiris trägt die Atef-Krone mit zwei seitlichen Federbüschen, die das Königtum symbolisieren.

Kuhhörner
Die Sonnenscheibe zwischen den Kuhhörnern zeigt Isis' Verschmelzung mit der kuhgestaltigen Muttergöttin Hathor. Beide galten zu unterschiedlichen Zeiten der ägyptischen Geschichte als Mutter des Horus und somit des ägyptischen Königs, der die menschliche Manifestation des Gottes war.

Frau und Mutter
Isis gilt als Archetyp der Ehefrau und Mutter. Mit ihrer Hand bildet sie die Form der Schulter ihres Gatten Osiris nach (wie auf der anderen Seite Horus) und unterstreicht so die Einheit der Familie. Oft wird sie dargestellt, wie sie den jungen Horus stillt.

Wundertäterin
Isis konnte Wunder bewirken, sogar bei Göttern (S.14–15). Ihre magischen Fähigkeiten ermöglichten ihr, Osiris wieder Leben einzuhauchen und ihrem Sohn Horus in den Kämpfen gegen Seth beizustehen.

Die Geschichte von Isis und Osiris, die von Tod und Auferstehung erzählt, spiegelt Ernte und neues Getreidewachstum wider. Als Garantie für eine Wiedergeburt gab man den Toten kleine mit Korn gefüllte Osiris-Statuen mit.

Damit (bedeutende) Verstorbene das ewige Leben erlangten, konservierten die Ägypter sie durch Mumifizierung. Dabei folgten sie möglichst genau dem Vorgehen des Gottes Anubis bei der Einbalsamierung des Osiris.

Wie die griechische Demeter auf ihrer Suche nach Persephone (S.29) wird Isis auf der Suche nach Osiris Kindermädchen eines Prinzen. Sie will den Knaben durch Verbrennen seiner sterblichen Anteile unsterblich machen. Als Isis aber den Leichnam des Osiris sieht, stößt sie einen so schrecklichen Schrei aus, daß das ihr anvertraute Kind stirbt.

Horus vollzog erstmals das Mumifizierungsritual der Mundöffnung bei seinem Vater Osiris. Zusammen mit anderen Riten sollte dies bewirken, daß alle Körperfunktionen nach dem Tod durch die Beschwörungsformeln des Totenbuchs wiederhergestellt werden konnten.

»Sei gegrüßt, der du über den Westen gebietest, Wennefer, Herr des abgeschirmten Landes ... Sei gegrüßt, Osiris, Sohn der Nut ... Du bist der sehr Große, mit großer Kraft. Dein Sohn Horus schützt dich.«

TOTENBUCH, AUS SPRUCH 181

Als Herr der Unterwelt konnte Osiris sein irdisches Königreich nicht mehr regieren. Er hinterließ es seinem Sohn Horus. Der böse Seth aber, der Gott des Chaos und der Verwirrung, erhob Anspruch auf den Thron. Erst nach achtzig Jahren erklärte Re Horus zum rechtmäßigen Herrscher und verbannte Seth in die Wüste.

Plakette mit Kartusche
Die Innensärge königlicher Sarkophage waren den Namenskartuschen entsprechend rechteckig gestaltet. Die Kartusche sollte den königlichen Namen schützen, der Sarg den königlichen Körper.

WÄGEN DER SEELE

Nach dem Tod mußte ein jeder in der Halle der beiden Wahrheiten vor Osiris treten. Hier führt der Gott Anubis einen Mann namens Hunefer in den Gerichtssaal. Anubis wägt das Herz des Verstorbenen gegen die Feder der Maat als Symbol der Wahrheit ab. Unter der Waage lauert das Ungeheuer Ammit, das bei negativem Ausgang des Wägens das Herz verschlingt (dagegen wappneten sich die Ägypter durch ein sog. »negatives Bekenntnis«, ein Schriftstück, das all die Sünden aufführte, die sie nicht begangen hatten). Der ibisköpfige Götterschreiber Thot hält das Ergebnis fest. Weiter rechts führt Horus Hunefer vor Osiris, hinter dessen Thron Isis und Nephthys stehen. Über dieser Darstellung sieht man Hunefer vor Göttern, die als Zeugen beim Gericht anwesend sind.

DAS GILGAMESCH-EPOS

Gilgamesch war König von Uruk in Mesopotamien, »zwei Drittel göttlich und ein Drittel menschlich«, aber auch ein Tyrann. Daher schufen die Götter ihm als Gegenspieler den Naturmenschen Enkidu. Nach erbittertem Kampf wurden die beiden Freunde und bestanden fortan gemeinsam viele Abenteuer. So besiegten sie das Ungeheuer Chuwawa. Die Göttin Ischtar verliebte sich in Gilgamesch, doch er wies sie ab. In ihrem Zorn forderte sie ihren Vater Anu auf, einen Himmelsstier zu schaffen, der das Land verwüstete. Doch Gilgamesch und Enkidu töteten das Tier. Dafür mußte nach dem Willen der Götter einer der Helden sterben; es traf Enkidu. Voll Trauer machte sich Gilgamesch auf die Suche nach dem Menschheitsahn Utnapischtim. Nachdem er bei ihm gewesen war, fand Gilgamesch das Kraut der ewigen Jugend, doch es wurde später von einer Schlange gefressen. Seither »erneuern« sich Schlangen durch Häutung, während die Menschen altern und sterben.

Gilgamesch
Diese Kolossalstatue aus dem 8.Jh.v.Chr. zeigt Gilgamesch mit den königlichen Insignien, einem Löwen und einem Stab mit Schlangenkopf. Diese Gegenstände spielen auf seine Reise übers Meer auf der Suche nach der Unsterblichkeit an.

ENKIDU
Die stierköpfige Figur ist Enkidu, das einzige Wesen, das Gilgamesch an Kraft ebenbürtig war. Er war aus Lehm und Speichel geformt worden, hatte einen groben, behaarten Körper und wuchs fern von den Menschen im Wald bei den Tieren auf.

GILGAMESCH TRIUMPHIERT
Gilgamesch besiegte Chuwawa, der ihn unter Tränen um Gnade bat und versprach, ihm fortan zu dienen. Enkidu aber war der Meinung, man könne Chuwawa nicht trauen, und er überredete Gilgamesch, ihn zu töten.

ZWEI EPISODEN AUS DEM LEBEN DES GILGAMESCH
Abdruck eines Siegels (um 2340–2180 v.Chr.): Links töten Gilgamesch und Enkidu das Ungeheuer Chuwawa, rechts sieht man Gilgamesch auf der Fähre den Ozean überqueren, auf der Suche nach Utnapischtim, dem einzigen Überlebenden der Sintflut, den die Götter unsterblich machten. Ihn will Gilgamesch fragen, warum alle Menschen sterben müssen.

CHUWAWA
Die löwenköpfige Figur stellt Chuwawa (Chumbaba) dar, den Zedernwaldriesen mit schrecklichem Maul und feurigem Atem. Sein Brüllen glich dem Tosen eines Sturms, und in seinen Augen blitzte die Macht des Todes. Auf Geheiß des Sonnengottes Schamasch zogen Gilgamesch und Enkidu in den fernen Zedernwald, wo sie das Ungeheuer fanden und töteten. Doch damit brachten sie die Götter gegen sich auf, vor allem den höchsten Gott Enlil, den Herrscher über Himmel und Erde.

Für die Tötung des Himmelsstiers forderte der Gott Anu das Leben eines der beiden Helden als Strafe. Ea und Enlil stimmten zu, und so wurde, trotz der Fürsprache des Schamasch, dem Gilgamesch und Enkidu das Herz des Stiers geopfert hatten, Enkidu als Opfer ausersehen. Enkidu sah seinen Tod in einem Traum vorher, in dem ihn ein Vogelungeheuer packte und zum Haus des Erdstaubs brachte, dem Palast von Ereschkigal, der Göttin der Unterwelt.

Die Götter, die Gilgamesch schufen, statteten ihn mit einem vollkommenen Körper aus. Schamasch, der Sonnengott, verlieh ihm Schönheit, und Adad, der Sturmgott, gab ihm Mut. Ehe die Götter Enkidu schufen, um Gilgameschs Hochmut zu dämpfen, war ihm niemand gewachsen.

»... Gilgamesch ... zog auch das Schwert ... heraus, und seine Klinge traf Chuwawas Nacken, den zweiten Hieb tat Enkidu...«
AUS DEM GILGAMESCH-EPOS

»Der alles schaute bis zum Erdenrande. Jed' Ding erkannte und wußte er, Verschleiertes enthüllte er. Der reich an aller Weisheit und Erfahrung, Geheimes sah, Verborgenes erblickte er, verkündete, was vor der Flut geschah – Gilgamesch ...«

PROLOG ZUM GILGAMESCH-EPOS

Nach Enkidus Tod macht sich Gilgamesch auf die Suche nach dem Geheimnis des Todes und des ewigen Lebens. Er durchwanderte Steppen und überquerte Gebirgspässe. Er marschierte zu den Zwillingsgipfeln von Maschu, den Wächtern der aufgehenden und der untergehenden Sonne, und begehrte bei den Skorpionmenschen Einlaß in die Unterwelt. Nach einer Reise durch die Finsternis gelangte er zum paradiesischen Garten der Götter. Die Göttin Siduri riet ihm, den Fährmann Urschanabi (unten) zu suchen.

Ischtar, Göttin der Liebe

Die Göttin Ischtar (sumer. Inanna), die Herrin des Himmels, war eine mächtige Göttin der Liebe und des Krieges. Sie stieg in die Unterwelt hinab, um von ihrer Schwester Ereschkigal die Macht über Leben und Tod zu erlangen. Dabei mußte sie sieben Tore durchschreiten, und bei jedem wurde ihr eines ihrer sieben Insignien abgenommen, so daß sie schließlich machtlos vor Ereschkigal stand. Sie wurde durch deren »Todesblick« gebannt und konnte nicht mehr zurück. In der Oberwelt unterblieb daraufhin alle Zeugung und alles Wachstum. Daher schickte Enki zwei Boten in die Unterwelt, um Ischtar zu holen, damit die Welt wieder fruchtbar werde. Ereschkigal ließ Ischtar frei, doch als Ersatz mußte ihr Bruder und Gatte Tammuz (Dumuzi), der Vegetationsgott, die Hälfte eines jeden Jahres in der Unterwelt verbringen. Während dieser Zeit beklagt Ischtar den Verlust ihres Gatten.

Sumerische Statue der Göttin Inanna/Ischtar

Die Wasser des Todes
Gilgamesch dient im Fährboot des Urschanabi als menschlicher Mast. Siduri, die Göttin des Weins und der Weisheit, hatte ihm geraten, den Fährmann aufzusuchen, die Wasser des Todes zu überqueren und sich bei Utnapischtim Rat zu holen.

Fährmann der Götter
Urschanabi bringt Gilgamesch über den Ozean. In einem Wutanfall hatte Gilgamesch die steinernen Ruder des Urschanabi zerbrochen. So mußte er mit 120 hölzernen Ruderstangen (jede kann nur einmal verwendet werden, da sie ganz benetzt wird und das Wasser des Todes nur um den Preis des Lebens berührt werden kann) übersetzen.

»Wo etwa ist der Buhle, den du treu gepflegt? ... Dem Tammuz, dem Geliebten deiner Jugend, hast Tränen du bestimmt für jedes Jahr ... Du liebtest auch den farbenfrohen Vogel, doch schlugst du ihn, zerbrachst ihm die Flügel ... Dann liebtest du den Hirten bei den Schafen ..., du schlugst ihn, ließt zum Wolf ihn werden ...«

GILGAMESCH WEIST ISCHTAR ZURÜCK

Als Gilgamesch das andere Ufer des Totengewässers erreichte, fand er Utnapischtim und klagte ihm sein Leid: »Mein Freund, den ich liebte, ist zu Erde geworden! ... Werd ich nicht auch wie er mich betten und nicht aufstehn in der Ewigkeit?« Utnapischtim erklärte ihm, daß er dem Tod nicht entrinnen könne, und erzählte ihm die Geschichte von der Sintflut.

Die Sintflut

Utnapischtim (akkadischer Name, sumer.: Ziusudra) lebte in Schuruppak und diente dem Gott Ea (akkad. Enki). Die Menschen brachten die Götter durch ihren ständigen Streit um den Schlaf, und so beschlossen diese, die Menschheit durch eine Flut zu vernichten. Doch dem Utnapischtim ward von Ea geboten, ein Schiff zu bauen und seine Familie sowie Rinder und wilde Tiere mitzunehmen. Sechs Tage dauerte der Sturm, am siebten Tag aber »ward ruhig und still das Meer, es legte sich der Wettersturm, die Sintflut war zu Ende«. Nachdem das Schiff auf dem Berg Nisir gelandet war, ließ Utnapischtim nacheinander eine Taube und eine Schwalbe frei, die jedoch zurückkehrten. Schließlich ließ er einen Raben fliegen, und als dieser nicht wiederkam, wußte Utnapischtim, daß das Wasser ablief. Daraufhin ließ er die Tiere frei und brachte den Göttern ein Brandopfer dar. Enlil machte Utnapischtim und seine Frau unsterblich. Sie gelten als Ahnen der Menschheit.

AHURA MAZDA UND AHRIMAN

Sonnenemblem des Ahura Mazda
Diese glasierte Reliefkachel (5./6.Jh.v.Chr.) fand man in Susa/Iran. Sie zeigt die geflügelte Scheibe, das Sonnenemblem des Ahura Mazda, über zwei geflügelten Wächtersphingen (oder Cherubim).

In der dualistischen Mythologie des Zoroastrismus stehen sich Ahura Mazda und Ahriman als Gegenspieler gegenüber. Die Zwillinge wurden von der zweigeschlechtlichen Urgottheit Zurvan in der Urleere geboren. Ahura Mazda, der »weise Herr«, schuf Sonne, Mond und Sterne. Er schickte die Amesha Spentas, die »heilwirkenden Unsterblichen«, als gute Eigenschaften in die Welt, um im Menschen und in der Schöpfung Positives zu bewirken. Ahriman schuf Dämonen und griff Ahura Mazda an. Doch dieser schickte ihn zurück in die Finsternis mit den Worten: »Nicht stimmen unser beider Gedanken noch Lehren noch Absichten noch Überzeugungen noch Werke noch Individualitäten noch Seelen zusammen.« Ahura Mazda schuf Gayomart, den ersten Menschen und Priester. Ahriman griff erneut an und brachte Hunger, Krankheit, Schmerz, Begierde und Tod. Ahura Mazda begrenzte die Zeit und fing Ahriman in der Schöpfung. Er bleibt bis zum Ende der Zeit ein Gefangener der Welt und bewirkt Böses.

Als Ahriman eine Dürre verursachte und den Urmenschen Gayomart (»sterbliches Leben«) vergiftete, schickte Ahura Mazda Regen. Aus dem auf die Erde gefallenen Samen des sterbenden Gayomart entstanden Mashya und Mashyai, die Eltern der Menschheit.

AHURA MAZDA
Ahura Mazda (Ohrmazd) ist Zurvans in Erfüllung gegangener Sohneswunsch, der allwissende Schöpfer, dessen Pläne für eine vollkommene Welt von Ahriman gestört werden.

Jugend
Diese Figur symbolisiert die Jugend. Alle Menschen werden gut geboren, doch es steht ihnen frei, sich zwischen Gut und Böse zu entscheiden. Diejenigen, die als Kinder sterben, werden am Ende der Zeit 15jährig wiedergeboren.

SANDELHOLZ
Die heiligen Sandelholzzweige gab Zurvan Ahura Mazda zum Zeichen, daß dieser ihr wahrer Sohn sei. Der Gebrauch von Sandelholz geht auf das bei allen religiösen Zeremonien anwesende Geistwesen Sraoscha (»Gehorsam«) zurück. Sraoscha bringt die Hymnen und Gebete der Menschen in einem Streitwagen, der von vier weißen Pferden mit goldenen Hufen gezogen wird, in den Himmel.

REIFE
Diese Figuren stellen erwachsene Menschen dar. Wenn die Welt am Ende der Zeit neu erschaffen wird, erstehen alle Erwachsenen als Vierzigjährige auf.

ZURVAN
Im Zoroastrismus wurde die Verehrung der Urgottheit Zurvan zur Häresie, da die Zoroastrier an die duale Existenz Ahura Mazdas und Ahrimans seit Anbeginn der Zeit glauben.

Zurvans Herrschaft sollte dem Erstgeborenen zufallen. Ahura Mazda, der dies voraussah, erzählte es seinem Bruder, und dieser drängte sich zuerst in die Welt und log: »Ich bin Ahura Mazda.« Zurvan aber ließ sich nicht irreführen und sagte: »Mein Sohn ist licht und zart, du aber bist dunkel und stinkend.« Und Zurvan weinte.

Mithra

Der persische Gott Mithra fand im Westen, vor allem im Römischen Reich (als Mithras), eine große Anhängerschaft. Er galt als Sohn des Ahura Mazda und stand diesem im Kampf gegen Ahriman bei. Er war der Gott der Ordnung, des Krieges und der Soldaten. Die Menschen verehrten ihn als Mittler zwischen Mensch- und Gottheit. Darstellungen zeigen Mithras häufig beim Töten des Urstiers, aus dessen Leib Tiere und Pflanzen hervorgingen und dessen Blut die Menschheit segnete. Seine Anhänger badeten daher im Blut geopferter Stiere. Der im Römischen Reich praktizierte Mithras-Mysterienkult war ein reiner Männerkult, dem vor allem Soldaten anhingen. Er versprach ein Leben nach dem Tode als Lohn für ein asketisches und gerechtes Leben in der Welt.

Diese römische Statue zeigt Mithras, der den Stier tötet.

Ahriman
Ahriman, die Personifikation von Zurvans Zweifel, brachte die Sünde in die Welt. Er befleckte alles und erfreute sich daran. Als Herr über 9999 Krankheiten setzte er Ahura Mazdas guten Schöpfungen seine negativen Antischöpfungen entgegen. Indem er die Welt verdarb, wollte er sie sich einverleiben. Dazu ließ er die Erde vertrocknen und vergiftete den Urmenschen Gayomart.

Alter
Für diese alten Menschen nähert sich der Tag, an dem sie die Cinvat-Brücke, die Brücke der Trennung, überschreiten müssen. Sie führt zum Gericht, wo entschieden wird, ob der Tote in den Himmel oder in die Hölle kommt, je nachdem, ob er im Leben Gutes oder Böses getan hat. Für die Gläubigen ist die Brücke breit, für die Sünder jedoch schmal wie eine Nadel.

Das Ende aller Dinge

Am Ende der Zeit wird der Retter Saoschyants auftreten und Ahura Mazda bei der Vernichtung Ahrimans helfen. Dann werden alle Menschen rein; sie werden aufhören, Fleisch zu verzehren, dann Milch, dann Pflanzen, dann Wasser, bis sie schließlich nichts mehr brauchen. Es wird keine Sünde mehr geben, und Az, der von Ahriman geschaffene Dämon der Lust, wird verhungern. Er wird zu seinem Schöpfer zurückkehren und versuchen, ihn zu verschlingen. Ahriman wird Ahura Mazda um Rettung anflehen, und dieser wird seinen Widersacher durch das Loch, durch das er einst in die Welt eindrang, hinauswerfen. Dann wird die Zeit enden und die Welt neu beginnen. Saoschyants wird die Toten erwecken, und Ahura Mazda wird Leib und Seele vermählen. Zuerst wird Gayomart zum Leben erweckt werden, dann Mashya und Mashyai, und anschließend alle Toten. Das Metall aller Berge der Welt wird schmelzen, und jeder Mensch wird durch den Metallstrom geläutert werden. Die Guten werden dies wie ein Bad in warmer Milch empfinden, während die Bösen dabei Qualen erleiden. Die neue Welt aber wird makellos, unsterblich und ewig sein.

Tausend-Jahres-Opfer
Die androgyne Allgottheit Zurvan sehnte sich so sehr nach einem Sohn, daß sie 1000 Jahre dafür opfern wollte. Doch als diese sich dem Ende zuneigten, begann Zurvan, an der Erfüllung ihres Wunsches zu zweifeln.

Die Geburt von Ahura Mazda und Ahriman
Silbertafel aus Luristan (8. Jh. v. Chr.): Die Zwillinge Ahura Mazda und Ahriman brechen aus Zurvan, der Urgottheit und Personifikation der Zeit, hervor. Daneben stellen Figuren die Lebensalter des Menschen dar: Jugend, Reife und Alter.

GÖTTER DES OLYMP

Die Götter der alten Griechen lebten auf dem Gipfel des Olymp, des höchsten Berges Griechenlands. Später dachte man sich den Olymp als Wohnsitz der Götter über den Wolken. Die griechischen Götter liebten und stritten wie die Menschen und griffen je nach Lust und Laune in deren Geschicke ein. Oberster Gott war Zeus (röm. Jupiter), der Herrscher des Himmels und der Erde. Außerdem gab es noch viele Götter und Halbgötter. Die zwölf wichtigsten sind: Aphrodite (Venus), Apoll oder Apollon (Apollo), Ares (Mars), Artemis (Diana), Athene (Minerva), Demeter (Ceres), Dionysos (Bacchus), Hephaistos (Vulcanus), Hera (Juno), Hermes (Merkur), Hestia (Vesta) und Poseidon (Neptun). Hades (Pluto), der Bruder des Zeus, regierte die Unterwelt. Diese olympischen Götter lösten frühere Göttergeschlechter ab. Gaia (Mutter Erde) war die erste Göttin: Sie gebar den gestirnten Himmel Uranos und aus beider Verbindung entstand das Geschlecht der Titanen. Die Titanen entmachteten unter Führung des Kronos (Saturn) Uranos und wurden wiederum von ihren Kindern, angeführt von Kronos' Sohn Zeus, der Macht enthoben.

PERSEPHONE
Persephone war die Tochter der Demeter und des Zeus. Hades entführte sie als seine Braut in die Unterwelt (S.28–29).

HESTIA
Zeus' Schwester Hestia war die jungfräuliche Göttin des Herdfeuers. Ihre römische Entsprechung, Vesta, war Hüterin des Staatsfeuers, wobei ihr sechs Priesterinnen (die Vestalinnen) halfen.

ATHENE
Die aus dem Scheitel des Zeus entsprungene Athene, Tochter des Zeus und der von ihm verschlungenen Nymphe Metis, war die Göttin des Krieges und der Weisheit. Sie war eine erbitterte Feindin des Kriegsgottes Ares.

POSEIDON
Poseidon war der Gott des Meeres. Hier reitet er auf einem Fisch, seinen Dreizack in den Händen. Poseidon ist vor allem durch seine Verfolgung des Helden Odysseus (S.64–65) bekannt.

KRONOS UND RHEA
Dieses Paar stellt wahrscheinlich Kronos und Rhea, die Eltern des Zeus, dar, die nach Tartaros, in den tiefsten und finstersten Raum der Unterwelt, verbannt wurden.

HADES
Hades (S.28–29), ein Bruder des Zeus, regierte die Unterwelt. Seine Gattin war Persephone (s.o.).

ARES
Der Kriegsgott Ares (S.27) war der einzige Sohn des Zeus und der Hera. Anders als Athene (s.o.) vertrat er die Strategie des verheerenden Angriffskrieges.

EROS
Eros, der Gott der Liebe, wird als Kind oder Jüngling dargestellt und gilt als Sohn der Aphrodite. Hier sieht man ihn als geflügelten Cherub, bewaffnet mit Liebespfeilen.

APHRODITE
Die Liebesgöttin wurde aus dem Schaum des Meeres geboren, nachdem Kronos das abgeschnittene Glied seines Vaters ins Meer geworfen hatte. Sie hatte Macht über jeden außer Hestia, Athene und Artemis.

»Höchster der Unsterblichen, viele Namen nennen dich, ewig allmächtiger Zeus, dich Urquell des Werdens ... Also regelst und verteilst du Vernunft, Gesetz und Leben, ... in allem, was atmet, wirkt belebend dein Blitz, Himmelskönig, Herr des Alls.«
KLEANTHES, 331–233 V.CHR.

Zeus schleudert Donnerkeile, seine eigens für ihn von den Zyklopen gefertigten Waffen.

Zeus
Zeus, der Herrscher des Himmels und der Erde, war mit Hera verheiratet, hatte aber viele Affären mit Göttinnen und sterblichen Frauen.

PAN
Hermes' Sohn Pan, ein Mischwesen aus Mensch und Ziegenbock (S.42–43), war der Gott des Waldes und der Weiden. Er galt als lüstern und stellte vielfach Nymphen nach.

APOLL
Apoll (S.38–39), wie Artemis ein Kind des Zeus und der Titanin Leto, war der Gott des Lichtes und des Todes, der Gesetzmäßigkeit und Ordnung, des Rechts und Friedens, der Musik und der Künste sowie der Weissagungen in den Orakelstätten von Delphi und Delos.

VIER WINDE
Die Winde Zephyr, Euros, Notos und Boreas sowie die Sterne waren die Kinder des Titanen Astraios und der Eos, der Morgenröte.

HEPHAISTOS
Hephaistos, der lahme Gott des Feuers und der Schmiedekunst (S.26–27), war der Sohn der Hera, die ihn ohne Liebesgemeinschaft empfangen hatte. Hephaistos war mit Aphrodite verheiratet.

HERMES
Der Götterbote Hermes war der Sohn des Zeus und der Nymphe Maia, einer Tochter des Titanen Atlas. Er trägt seinen geflügelten Hut und seinen Heroldsstab (*kerykeion*, lat. *caduceus*).

DIONYSOS
Dionysos (S.58–59) ist der Gott der Ekstase und des Weins, ein Sohn des Zeus und der Sterblichen Semele. Er hat Ziegenbeine und -hörner.

HERAKLES
Herakles (S.50–51) war der Sohn des Zeus und der Sterblichen Alkmene. Durch die Erfüllung von zwölf Aufgaben erlangte er Unsterblichkeit. Er stieg zum Olymp auf und heiratete Zeus' Tochter Hebe.

DEMETER
Zeus' Schwester Demeter war die Erdgöttin. Ihr Bruder Zeus war der Vater ihrer Tochter Persephone. Demeters Suche nach Persephone bildete die Grundlage des Mysterienkultes von Eleusis (S.29).

GANYMED
Ganymed war ein junger Prinz von Troja. Zeus war von seiner Schönheit so überwältigt, daß er als Adler vom Himmel herabstieg und Ganymed als Mundschenk zum Olymp entführte.

ARTEMIS
Artemis (S.36–37) war Apolls Zwillingsschwester und die Göttin der Jagd. Ihrem Schutz waren alle wilden Tiere anbefohlen.

DIE GÖTTER DES OLYMP
Giulio Romano
(um 1499–1546)
Dieses Deckenfresko zeigt die Götter und einige Unsterbliche des Olymp. Gemälde dieser Art sollten Macht und Größe des Auftraggebers demonstrieren.

KRONOS VERSCHLINGT SEINE KINDER

Francisco Goya (1746–1828):
SATURN VERSCHLINGT EINEN SEINER SÖHNE

Uranos haßte seine Kinder und verbarg sie im Leib der Mutter Erde (Gaia), was ihr große Schmerzen bereitete. Daher gab Gaia ihrem jüngsten Sohn Kronos (Saturn) eine Sichel, mit der er den Vater entmannte und tötete. Daraufhin heiratete Kronos seine Schwester Rhea. Aus Furcht, daß sich seine Kinder gegen ihn wenden könnten, verschlang er sie gleich nach der Geburt: Hestia, Demeter, Hera, Hades und Poseidon. Den Zeus aber brachte Rhea im Dunkel der Nacht zur Welt und übergab ihn der Fürsorge ihrer Mutter Gaia. Anstatt des Kindes gab sie Kronos einen Stein zum Verschlingen. Als Zeus herangewachsen war, verdingte er sich bei seinem Vater als Mundschenk und verabreichte ihm ein starkes Brechmittel, woraufhin Kronos den Stein und Zeus' Geschwister ausspie. Danach führte Zeus seine Geschwister in den Kampf gegen die Titanen; sie besiegten die ältere Generation und verbannten sie in den Tartaros.

DIE SCHÖPFUNG

Die Griechen hatten mehrere Schöpfungsmythen. In einem trennte Euronyme, die Göttin aller Dinge, das Meer vom Himmel und gebar dann ein Ei, aus dem die Planeten, die Erde und alle Lebewesen schlüpften. Einem anderen zufolge schlüpfte Eros aus dem kosmischen Ei und setzte als erster Gott das Universum in Bewegung; zuvor war Chaos gewesen. Daraufhin brachte Gaia, inspiriert von Eros, den Uranos zur Welt und nahm ihn zum Mann.

»Hera auf dem goldnen Throne... besing ich... Sie ist Zeus', des gewaltigen Donnerers, Schwester und Eheweib...«
HOMERISCHE HYMNE AN HERA

Hera, Königin der Götter
Hera, die Gattin und Schwester des Zeus, war die Schutzgöttin der Einehe. Viele Sagen handeln von ihrer Eifersucht und von Racheakten gegen Zeus' zahlreiche Geliebten und unehelichen Kinder.

PROMETHEUS

Der Titan Prometheus schuf Menschen aus Ton. Er und sein Bruder Epimetheus hatten sich im Kampf der Götter und Titanen auf die Seite des Zeus geschlagen. Doch Zeus glaubte, Prometheus sei eher seinen sterblichen Geschöpfen als den Göttern verbunden. Bei einem Streit, welche Teile von Tieren den Göttern geopfert werden sollten, überlistete Prometheus Zeus und veranlaßte ihn, Knochen und Fett statt des Fleisches zu wählen. In seinem Zorn beschloß Zeus, den Menschen das Feuer vorzuenthalten. Prometheus aber stahl heimlich das Feuer von der Sonne und brachte es den Menschen. Der wutentbrannte Zeus schmiedete Prometheus daraufhin fernab von den Menschen an einen Felsen, wo ein Adler Tag für Tag seine Leber fraß, die jede Nacht wieder nachwuchs.

TITANENKAMPF

Die zwölf Titanen wurden nach einem zehnjährigen Kampf von Zeus entmachtet und in den finsteren Tartaros gestürzt. Dort wurden sie hinter bronzenen Toren gefangengehalten, vor denen drei hundertarmige Riesen Wache standen. Zeus und seine Geschwister wurden die Götter des Olymp. Prometheus und Epimetheus kämpften auf der Seite von Zeus, ihre älteren Brüder Menoitios und Atlas unterstützten die Titanen. Menoitios wurde getötet und Atlas dazu verdammt, für alle Zeiten den Himmel auf seinen Schultern zu tragen.

Unter Beobachtung
Zeus, hier in seinem Streitwagen, hatte ein wachsames Auge auf Prometheus. Er vermutete, daß der Titan eher zu den Menschen als zu den Göttern hielt.

IN EINEN AFFEN VERWANDELT
Als Prometheus von Zeus an den Felsen gekettet worden war, wurde sein weniger kluger Bruder Epimetheus in einen Affen verwandelt und auf die Insel Pithekusa (»die von Affen genutzte«) verbannt.

MENSCHEN
Zeus vernichtete das erste Menschengeschlecht durch eine Sintflut. Die einzigen Überlebenden waren Deukalion (Sohn des Prometheus) und seine Frau Pyrrha (Tochter von Epimetheus und Pandora). Zeus gewährte ihnen einen Wunsch. Sie verlangten nach mehr Menschen, und jeder Stein, den sie über ihre Schulter warfen, wurde zu einem neuen Menschen.

SZENEN AUS DER PROMETHEUSSAGE
Piero di Cosimo
(1461/62–1521)
Dieses Gemälde zeigt die Erschaffung des Menschen (bei der Epimetheus hilft), den Diebstahl des Feuers aus dem Himmel mit Hilfe der Athene (Minerva) und spielt auf die Geschichte von der Büchse der Pandora an.

EPIMETHEUS
Der Name Epimetheus bedeutet »der hinterher Überlegende« oder »nachbedacht«, während Prometheus »der vorher Überlegende« oder »vorbedacht« heißt. Wie der Name andeutet, fehlte dem Epimetheus, der hier nach dem Vorbild seines Bruders Menschen formt, die überlegene Klugheit und Voraussicht seines Bruders.

KRUG DER SORGEN
Die neu erschaffene Welt war ein Ort des Glücks. Alle Sorgen und Plagen waren fest verschlossen in einem Krug (oder einer Büchse), die niemals geöffnet werden sollte. Doch die Feindschaft zwischen Zeus und Prometheus führte zur Zerstörung des Paradieses. Die von Zeus erschaffene Pandora (S.25) öffnete das Gefäß.

Die Büchse der Pandora

Pandora war auf Zeus' Geheiß als Plage der Menschheit erschaffen worden. Hephaistos formte sie, Aphrodite verlieh ihr Schönheit, Helios lehrte sie Gesang, Hermes List und Verrat, Athene kleidete sie. Obwohl Prometheus Epimetheus beschwor, Geschenke von Zeus abzulehnen, nahm dieser Pandora an und heiratete sie. Wie beabsichtigt, stiftete Pandora Unheil: Sie öffnete die verbotene Büchse und entließ damit alle Übel der Welt, die darin verschlossen waren. Nur die blinde Hoffnung mußte erst herausgelockt werden, um der Menschheit Trost zu spenden.

Dante Gabriel Rossetti (1828–1882): Pandora

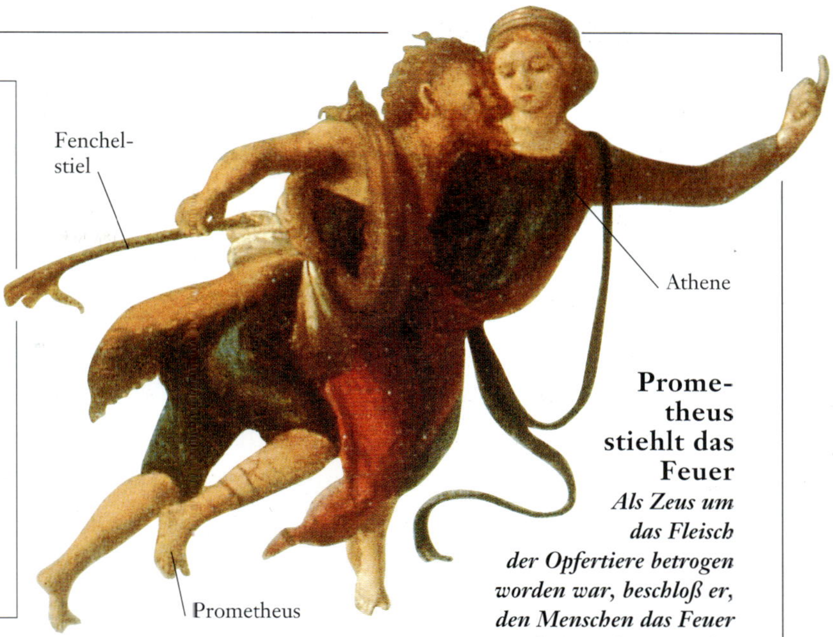

Prometheus stiehlt das Feuer
Als Zeus um das Fleisch der Opfertiere betrogen worden war, beschloß er, den Menschen das Feuer vorzuenthalten, damit sie das Fleisch roh essen müßten. Doch Prometheus, von Athene geleitet, brachte in einem Fenchelstiel Feuer vom Sonnenwagen auf die Erde: der Ursprung der olympischen Fackel.

Prometheus war von Zeus an einen Felsen gekettet und zu 30.000 Jahren Qual verurteilt worden. Doch er wurde vorzeitig freigelassen, weil er Zeus ein für diesen lebenswichtiges Geheimnis anvertraut hatte: Jeglicher Sohn der Thetis, Zeus' Geliebter, würde einst größer sein als sein Vater. (Thetis heiratete später einen Sterblichen und gebar Achilles, S.62.) Prometheus wurde auf Zeus' Geheiß von Herakles befreit (S.50–51) und stieg in den Olymp auf. Er tauschte seine Unsterblichkeit gegen die Sterblichkeit des Chiron (S.39), der, von Herakles versehentlich verwundet, sterben wollte, um nicht mehr leiden zu müssen.

Der Sonnenwagen
Helios, den man später mit Apoll gleichsetzte, lenkte täglich seinen Sonnenwagen über den Himmel. Einmal erlaubte er seinem Sohn Phaeton, seinen Platz einzunehmen, doch dem Jüngling gingen die Pferde durch. Hätte Zeus Phaeton nicht mit einem Donnerkeil aus dem Wagen geschleudert, wäre die Erde verbrannt.

Krankheit und Leid
Prometheus gab den Menschen die guten Gaben, die schlechten verschloß er in einem Gefäß. Ehe diese von Pandora entlassen wurden, lebten die Menschen sorglos und gesund und brauchten nicht zu arbeiten.

Einer Überlieferung zufolge gab es fünf Menschenalter: das Goldene Zeitalter unter der Herrschaft des Titanen Kronos, in dem alle Menschen glücklich und harmonisch zusammenlebten, ein Silbernes, zwei Bronzene (das zweite zur Zeit der Helden) und das jetzige Eherne Zeitalter.

Der erste Mann
Prometheus formte den ersten Menschen nach dem Bild der Götter aus Ton. Athene, die Göttin der Weisheit, hauchte ihm Leben ein. Anders als die Tiere, die ihre Köpfe dem Boden zuneigten, ließ Prometheus sein Geschöpf aufrecht gehen, den Kopf erhoben, den Blick zu den Sternen gerichtet.

Prometheus
Prometheus schenkte den Menschen die Gabe der Vernunft und lehrte sie viele Geheimnisse, u.a. Navigation und Zeitrechnung.

Göttin der Weisheit
Athene gab ihr Wissen und ihre Weisheit an Prometheus weiter, der sie mit den Menschen teilte. Einem Mythos zufolge hatte Prometheus bei der Geburt der Athene aus dem Haupt des Zeus geholfen, andere Quellen nennen Hephaistos als Geburtshelfer.

APHRODITE UND ARES

Aphrodite (röm. Venus), die Göttin der Liebe, war mit dem Schmiedegott Hephaistos (Vulcanus, Vulkan) verheiratet, doch sie war ihm nie treu. Eines Tages kam der Sonnengott Helios zu Hephaistos und berichtete, er habe Aphrodite mit ihrem Geliebten, dem Kriegsgott Ares (Mars), in Hephaistos' Palast gesehen. Der eifersüchtige Hephaistos schmiedete in der Weißglut des Zorns ein Netz aus Metall, das so fein war, daß man es nicht sah, aber doch so fest, daß man es nicht zerreißen konnte. Dieses hängte er über seinem Ehebett auf. Als Aphrodite und Ares das nächste Mal miteinander ins Bett gingen, fiel das Netz herab, und die beiden Liebenden waren gefangen. Hephaistos rief die ganze Gesellschaft des Olymp zusammen, damit sie die Schande der beiden sähen. Es kamen aber nur die männlichen Götter, und sie lachten ebenso über den gehörnten Ehemann wie über den gefangenen Liebhaber. Schließlich überredete Poseidon Hephaistos, eine Buße von Ares anzunehmen, für deren Zahlung er bürgte.

ALLESEHENDE SONNE
Helios, der Sonnengott, sah Aphrodite und Ares beim Liebesspiel im Palast des Hephaistos und informierte sofort den gehörten Ehemann.

KOBOLD DER BEGIERDE
Nach manchen Quellen ist Eros (Amor, Cupido) der Sohn der Aphrodite und des Ares, nach anderen des Zeus oder des Hermes. Wieder andere nennen ihn als ersten Gott, der zu Anbeginn der Zeit aus dem Weltenei schlüpfte.

FEINES NETZ
Als Hephaistos von Aphrodites Betrug erfuhr, fertigte er ein zartes Metallnetz, um die Liebenden darin zu fangen. Hephaistos war der Gott der Schmiede und wurde in Athen als Schutzpatron der Handwerker verehrt.

APHRODITE, HEPHAISTOS UND ARES
Tintoretto, eigentl. Jacopo Robusti (1518–1594)
Hephaistos befestigt ein unsichtbares Netz am Bett, um Ares und Aphrodite zu fangen. Seltsamerweise bemerkt Aphrodite dies ebensowenig wie Hephaistos den Ares unter dem Bett.

GOLDENE GÖTTIN
Hesiod nennt Aphrodite »golden«. Sie gilt auch als »das Lachen liebend«, hier wird sie zum Gegenstand des Gelächters.

DIE GEBURT DER APHRODITE

Der Dichter Hesiod schreibt, daß Aphrodite aus dem Schaum des Meeres *(aphros)* geboren wurde, der sich um das Glied des Uranos sammelte, nachdem dieser von seinem Sohn entmannt worden war. Aus Uranos' Blutstropfen entstanden die Furien, die Riesen und die Meliai, die Eschennymphen. Aphrodite wurde in Paphos auf Zypern an Land gespült. Als sie das Land betrat, blühten Blumen unter ihren Füßen. Die Göttin wurde von Anfang an von Eros (»Begehren«) begleitet.

Griechische Skulptur: Aphrodite entsteigt auf Zypern einer großen Muschelschale. Sie drückt das Meerwasser aus ihren Haaren.

APHRODITE, GÖTTIN AUS DEM OSTEN

Der Kult der Aphrodite verbreitete sich von Zypern aus, das kulturell vom Nahen Osten beeinflußt war. Sie hat Ähnlichkeit mit Ischtar (S.19), ihre Liebe zu Adonis (S.32–33) spiegelt die Beziehung zwischen Ischtar und Tammuz wider, und in ihrem Heiligtum in Korinth gab es Tempeldirnen wie in Ischtartempeln. Nach Herodot war der babylonische Brauch, daß jede Frau sich einmal im Leben im Tempel der Göttin prostituierte, auch in Zypern zu finden.

EIFERSÜCHTIGER EHEMANN
Hephaistos war von Aphrodite bezaubert und wegen ihrer Untreue von Eifersucht geplagt. In früheren Darstellungen tritt Hephaistos als Gatte der Aglaia, der jüngsten der drei Grazien, auf. Er soll auch versucht haben, Athene zu vergewaltigen, doch sie entkam, und sein Samen fiel auf die Erde. Ihm entsprang Erichthonios, der sagenhafte König von Athen und Erfinder des Viergespanns.

HINKENDER SCHMIED
Hephaistos war der Sohn der Hera (Juno). Manche Quellen nennen Zeus als seinen Vater, andere berichten, er sei ohne männliches Zutun empfangen worden. Die Vulkangottheit ist der Schmied der Götter. Weil er lahm zur Welt kam, warf ihn Hera voller Abscheu vom Olymp ins Meer, wo Thetis ihn fand und aufzog.

GÖTTIN DER SINNESFREUDEN
Hera war die Schutzgöttin der ehelichen Liebe, Aphrodite die Göttin der sexuellen Liebe und der Leidenschaft. Sie bot menschlichen Liebenden ihre Hilfe an, nahm jedoch grausam Rache an denen, die sie nicht achteten.

BELLENDER HUND
Der Hund versucht, Hephaistos auf Ares aufmerksam zu machen, doch dieser ist wie mit Blindheit geschlagen. Ares und Aphrodite hatten mehrere gemeinsame Kinder: Deimos (Schrecken), Phobos (Furcht) und Harmonia (Eintracht), nach manchen Quellen auch Eros (Begehren).

Liebesgöttin Aphrodite
Aphrodites einziges Verlangen war der Liebesakt. Eines Tages soll sie an einem Webstuhl gearbeitet haben, aber Athene protestierte so heftig gegen dieses Eindringen in ihre Domäne, daß Aphrodite sich entschuldigte und fortan nie wieder eine Hand rührte.

BETT DER LIEBE
Zu Aphrodites vielen Liebhabern zählen Dionysos (Bacchus), der Vater ihres Sohnes Priapos, des phallischen Gottes der Gärten, und Hermes, der Vater ihres Zwitterkindes Hermaphrodit. Zu den sterblichen Liebhabern zählten Adonis (S.32–33) und Anchises, dem sie Aeneas gebar (S.66–67).

Die Geschichte von Aphrodites Affäre mit Ares und der Rache ihres Gatten Hephaistos wird in Homers Odyssee von dem blinden Barden Demodokos besungen – bei den Phäakischen Spielen zu Ehren des Odysseus.

ARES, DER KRIEGER
Ares versteckt sich unter dem Bett, bis Hephaistos den Raum verläßt. Ares war zwar der Gott des Krieges, aber nicht der Gott des Sieges, und oftmals erlitt er im Kampf bittere Niederlagen – wie hier in der Liebe.

Kriegsgott Ares
Ares stiftete gern Streit, oftmals gemeinsam mit Eris, der Göttin des Zwists (S.63). Er war brutal, und außer Aphrodite liebte ihn niemand, nicht einmal seine Eltern Zeus und Hera. Hades allerdings war Ares dankbar für den ständigen Zustrom junger Männer in die Unterwelt, für den Ares' Kriege sorgten.

DER RAUB DER PERSEPHONE

Persephone (röm. Proserpina), Tochter des Zeus (Jupiter) und der Demeter (Ceres), wurde von Hades (Pluto) in die Unterwelt entführt, damit sie seine Frau werde. Voller Verzweiflung weigerte sich die Erdgöttin Demeter, ihren Pflichten nachzukommen, solange ihre Tochter nicht bei ihr war. Doch Persephone hatte von Hades einen Granatapfel angenommen und davon gegessen. Dadurch war sie ihm verbunden. Zeus fand einen Kompromiß: Persephone sollte vier (nach manchen Quellen sechs) Monate des Jahres bei Hades in der Unterwelt leben, die übrige Zeit durfte sie mit ihrer Mutter auf der Erde verbringen. Diese Geschichte erklärt die jahreszeitliche Wiederkehr von Tod und neuem Leben in der Natur: Wenn Persephone fort ist, trauert Demeter, doch wenn sie zurückkehrt, läßt die Erdgöttin das Land mit neuer Kraft erblühen und die Feldfrüchte reifen. In einer anderen Sage verliebt sich Zeus selbst in Persephone und verführt sie in Gestalt einer Schlange. Das Kind aus dieser Beziehung ist Dionysos (Bacchus). Doch auch Hades werden oftmals dionysische Züge zugeschrieben.

JUNGFRAU
Persephone war auch unter dem Namen Kore (»Jungfrau«, »Mädchen«) bekannt. Sie war rein und schön. Als Persephone Königin der Unterwelt war, konnte keiner sterben, wenn sie nicht ein Haar von seinem Kopf schnitt.

SIZILIEN
Die Geschichte spielt in Sizilien, wo das Mädchen Kore durch die Wiesen wanderte und Blumen pflückte – Mohnblumen, die heiligen Blumen der Demeter, nach anderen Quellen Veilchen und Lilien.

VERLIEBTER HADES
Hades entführt Persephone. Nach Ovids römischer Version der Geschichte veranlaßte Aphrodite (Venus) den Eros (Cupido), den Unterweltgott mit einem Liebespfeil zu durchbohren, damit er in Liebe zu seiner Nichte entflammen sollte. Damit wollte die Liebesgöttin ihre Macht über die anderen Götter demonstrieren.

KERBEROS
Hades galoppierte über die Felder, bewacht von Kerberos (Cerberus, Zerberus), dem dreiköpfigen, giftiges Feuer speienden Wachhund der Unterwelt.

WEINENDE WASSERNYMPHE
Als Hades Persephone ergriff, stieg die Nymphe Kyane aus ihrem See auf und protestierte vergeblich. In ihrem Kummer schmolz sie zu Wasser. Als Persephones trauernde Mutter an den Ort des Geschehens kam, konnte die stumme Kyane nur den abgerissenen Gürtel der Persephone an die Wasseroberfläche treiben lassen.

KÖNIGLICHER DREIZACK
Hades stieß mit seinem Dreizack auf den Boden, um den Weg in die Unterwelt zu öffnen, in die er Persephone als seine Königin brachte.

Hades und Persephone

Weil das Aussprechen des Namen Hades (»der Unsichtbare«) Unglück bringen sollte, nannten ihn die Griechen meist Plouton oder Pluto (»der Reiche«). Er empfing nämlich vergrabene Schätze (Saatgut), ließ sie wachsen und brachte damit Wohlstand – daher auch seine Vermählung mit der Tochter der Erdgöttin.

Persephone

Schlangen-ornament

Persephone wurde von der Insel Sizilien entführt, unter der das Ungeheuer Typhon gefangen war. Dessen Feueratem speiste den Vulkan Ätna, und seine Bewegungen verursachten häufig Erdbeben. Hades fürchtete, die Erde könne sich öffnen und der Einfall von Tageslicht die Toten erschrecken.

Schlange
Schlangen haben in der griechischen Mythologie je nach Kontext ganz unterschiedliche Bedeutungen. In der alten Religion waren sie Symbole der Fruchtbarkeit und Attribute von Persephones Mutter Demeter, der Erd- und Fruchtbarkeitsgöttin. Möglicherweise spielt der Künstler hier auch auf die Sage an, nach der Zeus selbst sich als Schlange um Persephone wand.

DER RAUB DER PERSEPHONE
Christoph Schwarz (um 1548–1592)
Das Gemälde zeigt, wie Persephone von ihrem Onkel Hades in dessen Höllenwagen gezerrt wird, mit dem er sie als seine Königin in die Unterwelt entführt. Das Flehen der Nymphe Kyane, die ihn von seiner Tat abhalten will, beachtet Hades nicht.

SCHWARZE PFERDE
Schwarze Pferde – neben der Tarnkappe, die er Perseus einmal lieh (S.46–47), der wertvollste Besitz des Hades – zogen den feurigen Wagen zum Eingang zur Unterwelt.

DEMETER

Demeter, die Tochter von Kronos (Saturn) und Rhea (Ops), war eine olympische Gottheit, verließ aber den Olymp, um ihre verschwundene Tochter zu suchen. Eines Tages kam sie nach Eleusis bei Athen, wo sie in Gestalt einer alten Amme vom Herrscherpaar aufgenommen wurde. Zum Dank badete sie den Königssohn jede Nacht in Feuer, um ihn unsterblich zu machen. Doch eines Nachts wurde sie dabei gestört, und der Zauber verlor seine Wirkung. Da zeigte sie sich in ihrer wahren, göttlichen Gestalt und forderte, daß man ihr einen Tempel baue (s.u.). Dem Kind, Triptolemos, gab sie Getreidesamen, einen Pflug und die Kenntnis des Ackerbaus als Gaben für die Menschen.

Auf dieser schwarzfigurigen Vase sieht man Demeter mit ihrer Tochter Persephone und dem Gott Apoll in seinem Wagen.

DIE ELEUSISCHEN MYSTERIEN

Die Mysterien von Eleusis, Mittelpunkt des Fruchtbarkeitskults für Persephone und Demeter, sollten »die ganze Menschheit zusammenhalten«. Daher mußten sie jedes Jahr durchgeführt werden. Eingeweihte galten als höhere Wesen, weil sie des Lebens jenseits des Todes ansichtig wurden. Die Geheimhaltung war so strikt, daß man nicht weiß, was Eingeweihte erlebten, doch es scheint sich um eine dreifache Enthüllung gehandelt zu haben: die Versicherung, daß Persephone im Feuer einem göttlichen Kind das Leben schenkte, dem Äon; eine Vision der Jungfrau selbst; die Darstellung einer Kornähre mit ihrem Versprechen neuen Lebens. Die Mysterien wurden 2000 Jahre durchgeführt – bis der Gotenkönig Alarich Eleusis 396 n.Chr. plünderte.

ORPHEUS UND EURYDIKE

Eines Tages ging Orpheus' Frau, die Baumnymphe Eurydike, an einem Fluß spazieren und begegnete dem Hirten Aristaios. Dieser stellte der Schönen nach. Sie floh, trat dabei auf eine Schlange, wurde gebissen und starb. Untröstlich vor Schmerz machte sich ihr Gatte auf den Weg in die Unterwelt (aus der noch nie ein Sterblicher zurückgekehrt war), um die Rückgabe seiner Frau zu erbitten. Er spielte so herrlich die Leier, daß selbst der Fährmann Charon, der Wachhund Kerberos sowie Hades und Persephone sich erweichen ließen. Sie ließen Eurydike ziehen – unter einer Bedingung: Orpheus mußte vorausgehen und durfte sich erst wieder umblicken, wenn beide in der Oberwelt angelangt waren. Kurz vor dem Ziel blickte er zurück, um sich zu vergewissern, daß seine geliebte Frau folgte: Sie verwandelte sich daraufhin in einen Schemen und verschwand wieder im Reich des Hades. Diesen Verlust verwand Orpheus nie.

ORPHEUS IN DER UNTERWELT
Jean (II.) Restout (1692–1768)
Dieses Bild zeigt, wie Orpheus Hades (Pluto) und dessen Frau Persephone (Proserpina), die Herrscher der Unterwelt, bittet, ihm seine Frau Eurydike zurückzugeben, weil er ohne sie nicht leben kann. Mit seinem Gesang und dem Spiel seiner Leier erweicht er ihre Herzen.

DIE MUSEN

Die neun Musen, Töchter des Zeus und der Titanin Mnemosyne (Erinnerung), die auf dem Berg Helikon lebten, waren Göttinnen der schönen Künste, Musik und Literatur. Kalliope, die Muse der epischen Dichtung, war die Mutter des Orpheus. Als er von den Mänaden (S.31) zerrissen wurde, halfen die anderen Musen Kalliope, seine Gebeine aufzusammeln und am Fuße des Olymp zu begraben. Die anderen acht Musen waren Klio (Geschichte), Euterpe (Flötenspiel), Terpsichore (Chordichtung, Tanz), Erato (Gesang und Tanz), Melpomene (Tragödie), Thalia (Komödie), Polyhymnia (Pantomime) und Urania (Astronomie).

Orpheus sang zu Ehren des Gottes Dionysos (Bacchus, S.58–59) und feierte mit den Mänaden Feste. Nach dem Verlust der Eurydike aber zog er sich von der Welt zurück und begründete die Orphik, eine Mystik, die die Vereinigung mit dem Göttlichen durch reinigende Riten und Enthaltsamkeit sucht. Die Mänaden aber grollten ihm und zerrissen ihn wie einst die Titanen Zagreus (Dionysos).

SCHICKSALSGÖTTINNEN
Die drei Moiren (Fatae) waren die Töchter der Nacht: Klotho (»Spinnerin«), Lachesis (»Lose-Zuteilerin«) und Atropos (»Unabwendbare«). Sie bemaßen das Schicksal eines jeden Menschen wie ein Stück Faden: Eine spann ihn, die andere maß ihn, die dritte schnitt ihn ab.

Herr der Toten
Hades wurde Herrscher der Unterwelt, als er und seine Brüder Zeus und Poseidon ihre Herrschaftsbereiche durch Losen bestimmten. Poseidon fiel das Meer zu und Zeus der Himmel. Die Erde blieb ihr gemeinsames Territorium, wenngleich Hades nur selten zu ihr hinaufstieg.

Hades, der für gewöhnlich keine Gnade walten ließ, signalisiert seiner Frau, daß er nachgegeben habe.

KÖNIGIN DER UNTERWELT
Persephone, die gefürchtete Königin der Unterwelt, gilt nach dem Glauben der Orphiker als Mutter des Dionysos-Zagreus, der in den Orphischen Mysterien eine bedeutende Rolle spielte. Möglicherweise ließ sie sich deshalb von den Gesängen zu Ehren des Dionysos erweichen.

DIE UNTERWELT (HADES)

Hermes geleitete die Seelen der Toten an den Fluß Styx, wo sie der Fährmann Charon gegen Bezahlung übers Wasser ruderte. Ein Entkommen aus der Unterwelt verhinderte der dreiköpfige Wachhund Kerberos. Die meisten Geister – Schatten ihres früheren Ich – gingen mechanisch ihren früheren Tätigkeiten im öden Asphodeliengrund nach. Einer kleinen Schar Auserwählter war die Insel der Seligen, das Elysium, vergönnt. Besondere Strafen trafen u.a. die Titanen (S.24). Tantalos, der seinen Sohn getötet und die Freundschaft der Götter mißbraucht hatte, wurde verdammt, bis zum Kinn im Wasser stehend, niemals trinken zu können. Seine »Tantalusqualen« sind sprichwörtlich, ebenso die »Sisyphusarbeit«. Sisyphos (Sisyphus) muß einen großen Stein einen Berg hinaufrollen, und jedesmal, wenn er es fast geschafft hat, rollt der Stein wieder hinab.

William Blake (1757–1827): KERBEROS VOR DEM EINGANG ZUR UNTERWELT

Aristaios, der Hirte, der Eurydike verfolgt hatte, war der Sohn des Apoll und lehrte die Menschen die Imkerei. Als Strafe für seine Schuld an Eurydikes Tod töteten die Götter seine Bienen. Seine Mutter, die Nymphe Kyrene, verwies ihn an Proteus, den Alten vom Meer. Dieser riet ihm, dem Schatten der Eurydike ein Opfer zu bringen. Aristaios befolgte dies und erhielt wieder starke Bienenvölker.

ORPHEUS SINGT

Der Gesang des Orpheus linderte selbst die Qualen der Verdammten. Nach Ovid unterbrachen die Schatten ihre fruchtlose Arbeit und lauschten unter Tränen seiner Klage. Selbst die wilden Furien weinten. Hades und Persephone waren so tief bewegt, daß sie seine Bitte nicht abschlagen konnten.

Orpheus wurde von den Mänaden zerrissen, den wilden Gefolgsfrauen des Dionysos (S.58–59), weil er sich ihren Orgien nicht anschließen wollte. Sein Kopf aber trieb singend den Fluß Hebros hinab ins Meer. Auf Lesbos wurde er schließlich an Land gespült und orakelte, bis ihn Apoll zum Schweigen brachte.

SEELENFÜHRER

Der Gott Hermes (Merkur) spielt in der Unterwelt eine Rolle als Seelenführer. Hier begleitet er Eurydike in ihre neue Heimat. In der Regel wird er mit Flügeln oder geflügeltem Hut statt mit geflügelten Sandalen dargestellt.

ZÖGERNDER GANG

Eurydike, gerade erst im Land der Toten angekommen, ging auf Grund ihres verletzten Fußes langsam und hinkte. Als sie in die Oberwelt zurückkehrte, blieb sie deshalb ein Stück hinter Orpheus zurück. Er war unsicher, ob sie noch hinter ihm war – und blickte sich um.

Orpheus

Der große Dichter und Musiker Orpheus war ein Sohn der Muse Kalliope und Sohn oder zumindest Schüler des Apoll. Er verzauberte alle Nymphen mit seiner Musik, doch er ließ sich von keiner Frau betören, bis er Eurydike begegnete. Zur Hochzeit lud er den Vermählungsgott Hymen ein, doch dieser war mißgestimmt; seine Brautfackel qualmte nur und wollte nicht brennen.

APHRODITE UND ADONIS

Adonis war ein schöner Jüngling, in den sich sowohl Aphrodite (Venus) als auch Persephone (Proserpina, S.28–29) verliebten. Auf Bitten der Persephone, die Adonis in der Unterwelt behalten wollte, tötete Ares (Mars), der eifersüchtige Geliebte der Aphrodite, in Gestalt eines wilden Ebers den Jüngling. Adonis war der Sohn des Kinyras, des Königs von Paphos auf Zypern, und dessen Tochter Myrrha (Smyrna). Aphrodite hatte Myrrha in ihren Vater verliebt gemacht, weil dieser geprahlt hatte, seine Tochter sei schöner als Aphrodite. Als ihr Vater betrunken war, schlief Myrrha mit ihm und wurde schwanger. Kinyras erfuhr dies und wollte seine Tochter töten, doch Aphrodite hatte nun Mitleid mit dem Mädchen und verwandelte sie in einen Myrrhenstrauch. Adonis wurde später aus dem Strauch geboren. Aphrodite übergab das Kind Persephones Obhut, und diese wollte Adonis nicht mehr hergeben.

AUS EINEM STRAUCH GEBOREN
Ein Mythos erzählt, daß Adonis im Stamm seiner zur Myrrhe verwandelten Mutter heranwuchs. Als der Geburtszeitpunkt gekommen war, befreite ihn die Geburtsgöttin Eileithyia. Nach einer anderen Darstellung wurde der Strauch von einem wilden Eber gespalten – so bekam er sein Leben, wie er es verlor.

VENUS UND ADONIS
Hendrick Goltzius
(1558–1617)
Dieses Gemälde zeigt die Göttin Aphrodite (Venus) und den Jüngling Adonis in einer sommerlichen Umarmung, ehe er zur Jagd aufbricht. Aphrodite beschwört ihn voll Sorge, keine gefährlichen Tiere zu jagen.

CUPIDOS FEHLER
Der römische Dichter Ovid schreibt, daß Venus (Aphrodite) sich in Adonis verliebte, weil ihr Sohn Eros (Cupido), der Gott der Liebe, sie versehentlich mit einem seiner Liebespfeile kratzte, als Adonis ihr einen Kuß gab, worauf die Göttin leidenschaftlich für den Jüngling entflammte.

Zeus wollte den Streit zwischen Aphrodite und Persephone um Adonis nicht schlichten und übertrug diese Aufgabe der Muse Kalliope. Sie entschied, daß Adonis ein Drittel des Jahres mit Persephone und ein Drittel mit Aphrodite verbringen sollte, über das letzte Drittel sollte er selbst bestimmen. Zu Persephones Verärgerung brachte Aphrodite ihn mit Hilfe ihres magischen Gürtels dazu, auch diese Zeit mit ihr zu verbringen.

Weiße Rosen
Die Rose, die heilige Blume der Aphrodite, war ursprünglich weiß. Als die Göttin dem sterbenden Adonis zu Hilfe eilen wollte, trat sie auf einen Dorn. Ihr Blut fiel auf die weiße Rose und färbte sie rot.

JAGDHUNDE
Adonis liebte die Jagd und lachte Aphrodite nur aus, als sie ihn in banger Vorahnung bat, doch lieber bei ihr zu bleiben.

WARNUNGEN EINER GÖTTIN
Aphrodite klammert sich an Adonis und beschwört ihn, nicht jagen zu gehen. Immer wieder hatte sie Adonis gewarnt, auf die Jagd nach gefährlichem Wild zu gehen. Vor allem fürchtete sie die wilden Eber – zu Recht.

TAMMUZ, DER ÖSTLICHE ADONIS

Adonis ist das phönizische Wort für »Herr«, und der Mythos von Adonis' Tod und Auferstehung erinnert an den nahöstlichen Gott Tammuz (S.19), den Gatten der Göttin Ischtar. Er war ein Fruchtbarkeitsgott, der in der Sommerhitze in die Unterwelt einging, um im Frühling wiederzukehren. Wie Adonis wurde er von einem wilden Eber getötet. Sein Tod wurde, wie im Alten Testament (Ezechiel 8,14) erwähnt, mit Klageliedern betrauert. Im sumerischen Epos von Inannas Reise in die Unterwelt, einer frühen Version des Mythos von Ischtar und Tammuz (sumer. Inanna und Dumuzi), steigt seine Gattin in die Unterwelt hinab, um ihn zu retten. Es heißt darin: »Wer ist deine Schwester? Ich bin es. Wer ist deine Mutter? Ich bin es. Der Tag bricht heran für dich wie für mich.«

ZUR JAGD ENTSCHLOSSEN
Adonis beschwichtigt Aphrodite. Er will losziehen, solange die Sonne noch am Himmel steht. Auch seine Hunde können die Jagd kaum erwarten.

ENDE DES SOMMERS
Es ist Erntezeit, der Sommer neigt sich dem Ende zu, und Adonis muß bald Persephone in der Unterwelt besuchen. Symbolisch ist diese Zeit auch der Herbst von Adonis' Leben, das bald ein Ende finden wird.

FURCHTLOSER JÜNGLING
Daß Adonis die Warnungen Aphrodites abtat, brachte ihm den Tod. Persephone, die Aphrodite nicht doppelt soviel Zeit mit Adonis gönnte, wie ihr selbst zukam, beklagte sich bei Ares (S.26–27). In eifersüchtiger Wut verwandelte sich dieser in einen wilden Eber, wich dem Speer des Adonis aus und verwundete den Jäger tödlich.

Wagen der Göttin
Aphrodites goldener Wagen wird von zwei Schwänen gezogen. Aphrodite wurde oft von Vögeln begleitet, vor allem von Tauben und Spatzen.

***»Kypros' Tochter, Kytheras Göttin will ich besingen.
Gaben der Lockung schenkt sie den Sterblichen, lächelnde Sehnsucht
strahlt aus ihrem Gesicht ...«***
HOMERISCHE HYMNE AN APHRODITE

Wo Blutstropfen des sterbenden Adonis auf die Erde fielen, wuchsen blutrote Blumen – Adonisröschen. Nach seinem Tod hätte Adonis für immer in der Unterwelt bleiben müssen. Doch Aphrodite bat Zeus, nicht zu gestatten, daß Persephone ihr den Geliebten ganz wegnehme. Zeus erlaubte, daß Adonis jeweils für die vier Sommermonate zu Aphrodite zurückkehren durfte.

ECHO UND NARKISSOS

Der Nymphe Echo nahm Hera zur Strafe, daß sie Zeus durch ihr Plappern auf seine herannahende Frau aufmerksam gemacht hatte, die Sprache. Sie konnte nur noch die letzte Silbe eines gehörten Wortes wiederholen. Anderen Darstellungen zufolge hatte Zeus bzw. Pan ihr die Sprache genommen. Echo verliebte sich in Narkissos (Narziß), den schönen Sohn des Flusses Kephissos und der Nymphe Leiriope. Doch dieser ignorierte sie, und so verkümmerte sie zu einem Schatten. Der Jüngling mußte für seine Grausamkeit büßen. Er verliebte sich in sein eigenes Spiegelbild in einem Weiher am Berg Helikon und betrachtete es fortan Tag für Tag, bis er starb und zu einer Narzisse wurde.

ECHO UND NARZISS
Nicolas Poussin (1594–1665)
Echo, die aus unerfüllter Liebe zu Narziß zum Schatten wurde, blickt auf diesen herab, als er tot am Weiher liegt. Der Liebesgott Eros steht dabei.

AMOR UND PSYCHE

Psyche war so schön, daß die Menschen sie statt der Liebesgöttin Venus (Aphrodite) zu verehren begannen. Wütend befahl Venus ihrem Sohn Amor/Cupido (Eros), Psyche in das häßlichste Geschöpf auf Erden verliebt zu machen. Doch er verliebte sich selbst in Psyche, ließ sie in seinen Feenpalast wehen und heiratete sie. Er besuchte sie nur nachts und sagte ihr, sie dürfe ihn nie sehen. Psyches mißgünstige Schwestern behaupteten, der Gatte sei sicherlich ein Ungeheuer. Voller Angst stellte Psyche in der nächsten Nacht eine Lampe bereit. Als ihr Mann schlief, entzündete sie die Lampe – er wachte auf und floh. Verzweifelt suchte Psyche ihn überall und gelangte schließlich zum Palast der Venus, die ihr unlösbare Aufgaben stellte. Die letzte Aufgabe ließ sie in einen tödlichen Schlaf fallen.

Verliebter Liebesgott
Amor, den seine Mutter Venus ausgesandt hatte, um an Psyche Rache zu üben, war von deren Schönheit so verzaubert, daß er den Gott Apoll bat, ihm zu helfen, das Mädchen zu gewinnen.

TEMPEL DES APOLL
Psyches Vater konsultierte das Orakel des Apoll in Milet. Er erfuhr, Psyche solle sich für ihre Hochzeit kleiden und allein auf einem Berg ihren nicht menschlichen Bräutigam erwarten.

DIE GEBURT DER PSYCHE
Die Geschichte von Amor und Psyche trägt viele märchenhafte Züge. Wie im Märchen werden die Eltern des Mädchens nie mit Namen genannt, sondern nur als »ein König und eine Königin« bezeichnet, und Psyches ältere Schwestern werden von der Schönheit der Jüngsten in den Schatten gestellt.

ANBETUNG UND VEREHRUNG
Jeden Tag kamen Menschen von nah und fern, um die schöne Prinzessin zu bewundern. Sie bezeichneten sie als »Venus in Menschengestalt« und vernachlässigten den Venus-Kult – sehr zum Ärger der Göttin.

DIE GESCHICHTE VON AMOR UND PSYCHE
Jacopo del Sellaio
(1442–1493)
Diese Holztafel einer Brauttruhe zeigt die Geschichte von Amor und Psyche. Das Bild konzentriert sich vor allem auf Liebesaspekte und Elternschaft, und so wurden einige wichtige Episoden der Geschichte weggelassen, während anderes, was Apuleius nur angedeutet hat (z.B. Empfängnis und Geburt der Psyche), sich auf dem Bild findet.

DAS MÄRCHEN VON AMOR UND PSYCHE

Das Märchen von Amor und Psyche aus den *Metamorphosen* des Apuleius, einem unter dem Namen *Der goldene Esel* bekannten Roman, ist eine romantische Erzählung mit vielen Elementen der Volkssage und der Feengeschichte. Zwar präsentiert Apuleius die Geschichte als Allegorie der Seele (Psyche) auf der Suche nach Liebe (Amor) und siedelt sie in der Welt der römischen Götter an, doch sie steht mit dem Thema »Suche nach dem verlorenen Gatten« oder »der Ungeheuer-Gatte« in der indoeuropäischen Märchentradition, in die auch Geschichten wie *Die Schöne und das Tier/Biest* fallen.

PSYCHES SUCHE NACH AMOR

Auf der Suche nach Amor gelangte Psyche zum Palast der Venus. Diese nahm sie auf, stellte ihr jedoch Aufgaben. Die letzte Aufgabe, ein Gefäß voll Schönheit aus der Unterwelt zu holen, löste sie mit Hilfe eines sprechenden Turms. Auf Anweisung des Turms hatte sie zwei Oboli (Geldstücke) zur Bezahlung des Fährmanns Charon und zwei Kuchen für den Wachhund Cerberus (Kerberos) bei sich. Entgegen der Anweisungen öffnete sie aus Neugier den Krug mit der Schönheit und wurde von einem todesähnlichen Schlaf übermannt. Doch Amor fand sie, erweckte sie wieder zum Leben und trug sie zum Olymp, wo ihr Unsterblichkeit gewährt wurde. Sie gebar ihrem Gatten eine Tochter, Voluptas (Vergnügen, Lust).

John Roddam Spencer-Stanhope (1829–1908): PSYCHE UND CHARON

ELTERNSCHMERZ
Psyches Eltern – hier mit Psyches Schwestern und deren ältlichen Ehemännern – waren über die Prophezeiung des Apoll schockiert. Doch Psyche erkannte, daß die ihrer Schönheit zuteil gewordene Verehrung die Göttin Venus beleidigt haben müsse, und bat die Eltern, nicht traurig zu sein.

ALLEIN AUF DEM GIPFEL
Psyche stand auf dem Gipfel des Berges und wartete auf ihren Geistergatten. Zephyr, der Westwind, trug sie davon – in Amors wunderbaren Palast.

EINDRINGLICHE WARNUNG
Der unsichtbare Amor sagte Psyche, daß sie nicht wissen dürfe, wer er sei und wie er aussähe, sonst würde ihr ungeborenes Kind nicht unsterblich.

LUXURIÖSER PALAST
Amors Palast hatte Türen, Wände und Fußböden aus Gold, Silber und Edelsteinen. Doch trotz allem Luxus war Psyche einsam, denn auch die Diener blieben unsichtbar.

FLUCHT DURCH DIE LÜFTE
Amor war erzürnt über Psyches Ungehorsam und flog davon. Psyche klammerte sich an sein Bein, mußte aber loslassen.

ZUM TODE VERURTEILT
Die Schwestern, die Psyche aus Neid um ihr Glück gebracht hatten, bekamen ihre Strafe. Psyche (von Pan vor dem Selbstmord gerettet) sagte ihnen, daß Amor nun eine von ihnen heiraten wolle. Eine nach der anderen stiegen die Schwestern auf den Berg, doch als sie heruntersprangen, fing kein Zephyr-Wind sie auf, und sie stürzten zu Tode.

IM WEICHEN GRAS
Der Wind legte Psyche im weichen Gras vor Amors Palast ab, wo die unsichtbaren Diener sie fanden. Psyche war bereit, sich dem Willen der Götter zu fügen und den von ihnen erwählten Mann zu heiraten.

NEIDISCHE SCHWESTERN
Amor ließ Psyches Schwestern als Gesellschaft für seine Gattin holen. Doch sie behaupteten neidisch, Psyches Mann sei gewiß eine Schlange, die sie und ihr ungeborenes Kind verschlingen werde.

ERKANNTER GOTT
Als Psyche das Gesicht ihres Gatten sah, war sie so gebannt von dessen Schönheit, daß sie nicht auf die Lampe achtete. Sie verschüttete Öl auf seine Schulter, und er erwachte. Zudem verletzte sie sich an einem seiner Pfeile und entbrannte in großer Liebe.

Wie Schneewittchen
Der Schlaf Psyches erinnert an den tödlichen Schlaf, der sie überkam, als sie das Gefäß mit der Schönheit öffnete. Wie im Märchen konnte sie nur von ihrer wahren Liebe, Amor, erweckt werden.

ARTEMIS UND AKTAION

Mondsichel
Artemis trägt ein Diadem in Form einer Mondsichel, das sie als Göttin des Mondes ausweist.

Artemis (röm. Diana) war die Göttin der Jagd und des Mondes. Wie Apoll (S.38–39) war sie ein Kind des Zeus und der Titanin Leto. Sie galt als Schutzgöttin der Geburt, der Neugeborenen und im weiteren Sinne allen jungen Lebens. Die Geschichte von Aktaion, der sie beim Baden beobachtete und damit ihre Rache auf sich zog, findet sich in Ovids *Metamorphosen*, beruht jedoch auf griechischen Überlieferungen. Artemis' Reaktion mag in ihrer ewigen Jungfräulichkeit begründet liegen, die sie angegriffen glaubte, als ein Sterblicher sie nackt sah. Andere Quellen besagen, Aktaion habe sie beleidigt, indem er sich brüstete, ein besserer Jäger zu sein.

AKTAION ÜBERRASCHT DIANA
Tizian, eigentl. Tiziano Vecellio (um 1488/90–1576)
Dieses Bild zeigt den Augenblick, in dem Aktaion auf der Jagd zufällig auf die badende Artemis (röm. Diana) und ihre Nymphen trifft. Die jungfräuliche Göttin ist entsetzt und verwandelt ihn in einen Hirsch, der von seinen eigenen Hunden zerrissen wird.

TODBRINGENDE HUNDE
Aktaions treue Hunde erkannten ihren Herrn nicht, als die wütende Artemis ihn in einen Hirsch verwandelt hatte, und jagten und erlegten ihn ihrer Natur gemäß.

AKTAION
Aktaions Vater Aristaios war der Sohn des Apoll, seine Mutter Autonoë die Tochter von Kadmos, dem Gründer von Theben (S.49) und Bruder der Europa (S.45).

KALLISTO, VON ZEUS ÜBERLISTET

Zeus (Jupiter) warf ein Auge auf Artemis' Lieblingsnymphe Kallisto und verführte sie in Gestalt der Artemis. Als die Jagdgöttin davon erfuhr, wurde sie wütend und verbannte Kallisto, obwohl diese versucht hatte, sich des Zeus zu erwehren. Als Kallisto bald darauf Arkas gebar, verwandelte Zeus' eifersüchtige Frau Hera (Juno) die Nymphe in eine Bärin. Kallisto floh, Arkas wurde gerettet. 15 Jahre später fing Arkas seine Mutter in Gestalt der Bärin bei einer Jagd. Zeus erhob beide als Sternbilder, Großer Bär und Arctophylax, »Bärenhüter«, an den Himmel.

ZEUS IN GESTALT DER ARTEMIS VERFÜHRT KALLISTO
Jean-Simon Barthélemy (1743–1811)
Zeus kniet in Verkleidung vor Kallisto. Er trägt das Monddiadem der Artemis.

Heilige Grotte
Artemis badet in ihrer geheimen Grotte im Tal von Gargarphie bei Theben. Sie hatte die Höhlenbogen aus dem Stein gehauen und eine Quelle reinen Wassers zum Becken erweitert.

Tierhäute
Felle hängen zum Trocknen an den Zweigen eines Baums, ein Hinweis auf Artemis' Rolle als Göttin der Jagd.

Wassernymphen der Artemis
Artemis wurde stets von Wassernymphen umsorgt, von Najaden – Quell-, Fluß- und Seenymphen – und Nereiden oder Meeresnymphen. In der klassischen Mythologie waren jede Quelle und jeder Fluß Wohnsitz einer oder mehrerer Nymphen.

Artemis' Hofdamen
Bei den sechs abgebildeten Nymphen handelt es sich um Krokale, Nephele, Hyale, Rhanis, Psekas und Phiale, die zum Gefolge der Göttin aus 60 Meeresnymphen als Hofdamen und 20 Flußnymphen, die sich um Kleidung und Hunde der Artemis kümmerten, gehörten.

Hirschkopf
Der Hirschkopf auf einer Säule ist eine Vorankündigung der Verwandlung und des Todes von Aktaion.

Die Jagdgöttin Artemis nutzte ihre jägerischen Fähigkeiten, um ihre Mutter Leto im heiligen Hain von Delphi zu schützen. Sie erschoß den Riesen Tityos, als er ihre Mutter vergewaltigen wollte.

Unbewaffnete Göttin
Artemis, die Pfeile und Bogen in der Obhut der Nymphen gelassen hatte, spritzte Aktaion Wasser ins Gesicht. Als die ersten Tropfen ihn benetzten, begann er, sich in einen Hirsch zu verwandeln, so daß er niemandem erzählen konnte, daß er die Göttin nackt gesehen hatte.

»Das brennende Auge eines jungen Mädchens, wenn es von einem Mann gekostet, entgeht nicht meinem erfahrenen Auge.«
Aktaion in Aischylos' *Die Bogenschützinnen*

Tochter des Flusses
Artemis wird von der Nymphe Krokale aufgewartet, deren Vater Ismenios der Gott des Flusses Ismenios in Böotien bei Theben war, ein Sohn des Apoll und der Nereide Melia. Während Krokale das Haar der Göttin zusammenbindet, schreckt Artemis plötzlich zurück, weil sie Aktaion erspäht hat.

Göttin der Wegkreuzungen

Hekate war die griechische Göttin der Nacht, der Geister und der Magie. Ihre Statue mit den drei Gesichtern – Löwe, Hund und Stute – wurde dort aufgestellt, wo drei Wege zusammentrafen: ein Gesicht für jeden Weg. Als Tochter der Asteria, einer Schwester der Leto, wurde sie manchmal mit ihrer Cousine Artemis identifiziert und, wie diese, mit dem Mond assoziiert. In ihrer Dreiheit stellt sie Selene (Luna) im Himmel, Artemis auf der Erde und Persephone (Proserpina) in der Unterwelt dar.

APOLL UND DAPHNE

Apoll (griech. Apollon), der Gott des Bogenschießens, der Musik, der Prophetie und des Lichts, war mächtig, aber in Liebesangelegenheiten nicht immer erfolgreich. Seine erste Liebe war die Nymphe Daphne, doch sie wies ihn ab. Apoll hatte den Liebesgott Eros verspottet, worauf dieser zornig wurde und einen Pfeil mit vergoldeter Spitze auf Apoll abschoß, der ihn in heftiger Liebe zu Daphne entbrennen ließ. Auf Daphne aber schoß er einen stumpfen Pfeil mit bleierner Spitze ab, der sie Apoll gegenüber unzugänglich machte. Apoll verfolgte Daphne durch die Wälder bis an die Ufer des Flusses Peneios. Dort sandte sie ein Stoßgebet zu ihrem Vater, dem Flußgott, und wurde in einen Lorbeerbaum verwandelt. Anders als sein Vater Zeus (Jupiter) akzeptierte Apoll ein »Nein«, wenngleich er manchmal schreckliche Rache übte. Als ihn z.B. Deiphobe, die Sibylle von Cumae, zurückwies, ließ er sie tausend Jahre alt werden. Schließlich hockte sie völlig eingeschrumpft in einer von der Höhlendecke herabhängenden Flasche und hatte nur noch den Wunsch zu sterben.

Liebesgott Eros
Der Liebesgott Eros wird oft als Knabe dargestellt, der mit seinen Liebespfeilen Unfug anrichtet.

Apoll
Der Nimbus (»Heiligenschein«) betont Apolls Rolle als Lichtgott. Er galt auch als Beschützer der Herden, seit er König Admetos als Hirte gedient hatte, eine Arbeit, die Zeus ihm zur Strafe für den Kyklopenmord auferlegt hatte.

VERWANDLUNG
Daphne wurde in einen Lorbeerbaum verwandelt, als sie ihren Vater Peneios um Hilfe anflehte. Hier sprießen die ersten Lorbeerblätter aus ihren Fingern.

LORBEERKRANZ
Apoll konnte Daphne nicht bekommen, doch er beschloß, künftig zum Gedenken an sie einen Lorbeerkranz zu tragen. Der Lorbeer und die Palme waren Apoll heilig.

LANGE HAARE
Apoll trug sein Haar lang. Ihm zu Ehren ließen sich römische Jünglinge ihr Haar nicht kurz schneiden, ehe sie 17 oder 18 waren.

APOLL UND DAPHNE
Giovanni Battista Tiepolo (1696–1770)
Apoll will Daphne in seine Arme schließen. Doch ihr Vater, der Flußgott Peneios, entzieht sie Apolls Zugriff, indem er sie in einen Lorbeerbaum verwandelt. Eros verbirgt sich hinter Daphne.

DAPHNE
Die Nymphe Daphne hatte Apoll abgewiesen. Noch als Baum zitterte sie und wich vor seinen Liebkosungen zurück.

Apoll liebte auch Hyakinthos, den Sohn der Muse Klio. Als sich die Freunde einmal im Diskuswerfen übten, lenkte der eifersüchtige, in Hyakinthos verliebte Westwind, Zephyr, den Diskus des Apoll ab, und dieser traf Hyakinthos tödlich am Kopf. Aus Hyakinthos' Blut erblühten blaue Hyazinthen.

Daphne hatte neben Apoll noch einen weiteren Verehrer, den Sterblichen Leukippos. In Mädchenverkleidung folgte er ihr, doch der eifersüchtige Apoll gab den Nymphen ein, nackt zu baden. Als Leukippos sich nicht entkleiden wollte, taten sie es. Sie erkannten sein wahres Geschlecht und rissen ihn in Stücke.

PFEILE
Aus Apolls Rolle als Gott des Bogenschießens erwuchs seine Identifizierung mit der Sonne, deren Strahlen wie Pfeile auf die Erde fallen. Dies brachte ihm den Beinamen Phoibos (»der Leuchtende«) ein.

UNGEZOGENES KIND
Der für Apolls unglückliche Liebe verantwortliche Eros versteckt sich hinter Daphne, die zu Artemis' Nymphengefolge gehört. Er wurde mitunter für seine Taten bestraft, vor allem von den Jungfrauen Artemis (Diana) und Athene (Minerva).

FLUSSGOTT
Daphnes Vater erhört das Flehen seiner Tochter und rettet sie. Ruder und Wassergefäß sind alte Symbole eines Flußgottes.

»Phoibos, hell besingt dich der Schwan, und mit tönenden Schwingen, senkt er zum Ufer der wirbelnden Flut des Peneios sich nieder. Aber der Sänger, der süß beredte, besingt dich als ersten und als letzten zugleich zur tönenden Laute. Heil also dir auch, Herrscher! Mein Lied erfleht deine Gnade.«
HOMERISCHE HYMNE AN APOLLON

Aufgrund seiner Liebe zu Daphne wurde der Lorbeer zur heiligen Pflanze des Apoll. In seinem Schrein in Delphi kaute seine Hohepriesterin, die Pythia, ein Lorbeerblatt, ehe sie ein Orakel sprach. Die von dem Gott eingegebenen, in Trance gesprochenen Orakel waren oft unverständlich und mehrdeutig.

ASKLEPIOS (ÄSKULAP)

Asklepios war der Sohn des Apoll und der Nymphe Koronis. Als Koronis sich den Sterblichen Ischys als Geliebten nahm, tötete Apoll sie in einem Anfall blinder Wut. Reuevoll bat er Hermes, das ungeborene Kind zu retten, und vertraute es dann Chiron an. Dieser lehrte seinen Schützling Medizin, und Asklepios wurde zum Gott der Heilkunst. Athene gab Asklepios zwei Phiolen mit Blut der Medusa – Blut von ihrer linken Seite erweckte Tote zum Leben, Blut von ihrer rechten brachte Tod. Als Asklepios Theseus' toten Sohn Hippolytos (S.57) erweckte, beklagte sich der Unterweltsgott Hades bei Zeus, der Asklepios mit einem Donnerkeil niederstreckte. Apoll rächte sich, indem er Zeus' donnerkeilschmiedende Söhne, die Kyklopen, tötete.

Griechisches Votivrelief (5.Jh.v.Chr.): Eine Familie opfert dem Asklepios und seiner Tochter Hygeia einen Stier.

CHIRON

Im Gegensatz zu den brutalen, unzivilisierten Kentauren (Zentauren; halb Mensch, halb Pferd), die von Kentauros, einem Enkel des Ares (Mars), und den Stuten vom Berg Pelion abstammten, war Chiron, der Sohn des Kronos (Saturn, S.23) und der Nymphe Philyra, sanftmütig und intelligent. Apoll lehrte ihn Bogenschießen, Medizin und Musik; dafür unterrichtete Chiron Apolls Sohn Asklepios sowie den Helden Jason und seinen eigenen Urenkel Achilles (S.52–53 und 63). Chiron war unsterblich, gab aber seine Unsterblichkeit an Prometheus (S.24–25) ab, um ewigem Schmerz zu entkommen, denn Herakles hatte ihn versehentlich verwundet (S.51). Allerdings verlor Chiron seine Unsterblichkeit nicht ganz: Zeus setzte ihn als Sternbild Centaurus (Zentaur) an den Himmel.

KÖNIG MIDAS

Midas, der König von Phrygien, hatte keine glückliche Hand im Umgang mit den Göttern. Als ihm Dionysos für einen Gefallen einen Wunsch gewährte, erbat er, daß alles, was er anfaßte, zu Gold werden solle. Er lernte seine Lektion, als auch seine Speisen sich in Gold verwandelten, und wollte, als er das Geschenk wieder los war, nur noch ein einfaches Leben auf dem Lande führen. Eines Tages wurde er Zeuge eines musikalischen Wettstreits zwischen den Göttern Apoll und Pan: Apoll spielte die Leier und Pan die Flöte (S.42–43). Der Schiedsrichter war Tmolos, der Geist des Berges. Als dieser den Preis Apoll zuerkannte, äußerte Midas, daß ihm das Flötenspiel besser gefallen habe. Damit beleidigte er Apoll, und dieser versah ihn zur Strafe mit Eselsohren. Midas versteckte die demütigenden Ohren unter einem Turban, doch schließlich wurde sein beschämendes Geheimnis doch offenbar.

Eselsohren

Geläutert
Als Dionysos Midas von der zweifelhaften Fähigkeit, alles durch Berührung in Gold zu verwandeln, befreit hatte, änderte dieser sein Leben: Als einfacher Landmensch verehrte er fortan Pan, den Gott der Wälder und Weiden.

ATHENE
Die Göttin Athene (Minerva) steht neben Aphrodite, der Göttin der Liebe. Athenes Anwesenheit spielt auf einen anderen berühmten Wettstreit zwischen Apoll und einem Rivalen an, den mit Marsyas (S.41), dem Repräsentanten des phrygischen Flötenspiels.

VERGRABENES GEHEIMNIS
Als Apoll Midas mit Eselsohren versehen hatte, verbarg dieser die Schande unter einem Turban. Nur sein Barbier kannte das Geheimnis. Ihm war bei Todesstrafe verboten, jemandem davon zu erzählen. Doch er konnte es nicht für sich behalten, grub ein Loch in die Erde, flüsterte die Kunde hinein und schaufelte es wieder zu. Im folgenden Jahr brachte der Boden Schilf hervor, das die Wahrheit im Wind in alle Welt hinausflüsterte – und Midas beging Selbstmord.

LORBEERKRANZ
Apoll trägt einen Kranz von wildem Lorbeer aus dem Parnaß. Dieser kennzeichnet seine meisterliche Beherrschung der schönen Künste und erinnert an seine Liebe zur Nymphe Daphne (S.38–39).

GOTT DER MUSIK
Apoll, der Gott der Musik, spielte die Leier – ein Saiteninstrument, das Pans Vater Hermes für ihn erfunden hatte. Die Saiten wurden mit den Fingern gezupft oder mit einem Plektrum angeschlagen.

ZIEGENGOTT
Hier spielt Pan auf einer Art Blockflöte statt auf der üblichen Panflöte. Dies weist ebenso wie die Anwesenheit Athenes auf die Vermischung der Midas- und der Marsyas-Sage hin.

Eitle Prahlerei
Pan brüstete sich vor Nymphen, denen er auf dem Berg Tmolos auf der Flöte vorspielte, daß seine Musik schöner sei als die des Musikgottes Apoll. Apoll forderte ihn zum Wettstreit heraus.

Ziegenhörner

König Midas, der Sohn des einfachen Bauern Gordios, der nach dem Willen der Götter König von Phrygien wurde, wuchs in der Überzeugung auf, daß Geld das wichtigste auf der Welt sei. Eines Tages gewährte ihm Dionysos einen Wunsch, weil er seinem Freund und Erzieher, dem Satyr Silenos, geholfen hatte. Midas wünschte sich, daß alles, was er anfaßte, zu Gold würde. Alles ging gut, bis er hungrig wurde. Sobald er die aufgetragenen Speisen berührte, wurden sie zu Gold, ebenso erging es ihm mit dem Wein. Um den »Fluch« loszuwerden, mußte sich Midas im Fluß Paktolos waschen, der seither reich an Goldstaub ist.

APOLL UND MARSYAS

Athene fertigte sich eine Doppelflöte. Da aber das Spielen des Instruments ihr Gesicht entstellte, warf sie es mit einer Verwünschung fort. Ein phrygischer Satyr namens Marsyas fand die Flöte, spielte darauf und erlangte darin eine solche Meisterschaft, daß er sich auf einen Wettstreit mit Apoll einließ. Der Gewinner durfte mit dem Verlierer nach Belieben verfahren. Apoll spielte auf seiner Leier, Marsyas auf der Flöte. Beide spielten so wunderschön, daß die Musen als Schiedsrichterinnen sich nicht entscheiden konnten – bis Apoll forderte, die Instrumente sollten nunmehr verkehrt herum gespielt werden – was bei einer Leier möglich ist, nicht aber bei einer Flöte. Apoll hängte den Verlierer an eine Pinie und zog ihm die Haut ab. Aus seinem Blut (oder den Tränen seiner Freunde, der Nymphen und Satyrn) entsprang der Fluß Marsyas.

Griechische Elfenbeinstatue (um 200 v.Chr.): Der Satyr Marsyas, festgebunden am Baum

BERGE UND TÄLER
Durch seine Musik erfüllte Pan, der Herr der Natur, Berge und Täler mit Freude und Hoffnung.

BERGGOTT
Tmolos, der als Schiedsrichter im Wettstreit zwischen Pan und Apoll berufen wurde, war der personifizierte Geist des Berges. Er entsteigt dem Berg und nimmt die Gestalt eines alten Mannes an, indem er die Bäume aus seinen Locken schüttelt und sie zu einem Eichenlaubkranz um seine Stirn werden läßt.

LANDSCHAFT MIT DEM MIDAS-URTEIL
Gillis van Coninxloo (1544–1607)
Am Ende des musikalischen Wettstreits zwischen Apoll und Pan hat Apoll Midas bereits mit Eselsohren versehen. Das Gemälde spielt auch auf andere klassische Sagen an, u.a. die Erfindung der Panflöte und die Verbreitung des Geheimnisses der Midasohren.

LANGOHR
Midas bevorzugte das einfache Flötenspiel Pans. Apoll war erzürnt darüber, daß es solch einem Dummkopf erlaubt sein sollte, menschliche Ohren zu besitzen. Er versah Midas mit Eselsohren: lang, grau und behaart.

DIE MUSEN
Die Frauen, die dem Wettstreit beiwohnen, sind Musen, Gottheiten der künstlerischen Inspiration, die oft als Begleiterinnen Apolls auftreten.

DIE HERKUNFT DER PANFLÖTE
Hier wird auf die Erfindung der Panflöte angespielt: Pan soll sie aus Schilfrohr hergestellt haben, in das die Nymphe Syrinx auf der Flucht vor ihm verwandelt wurde (S.42–43). Zwei Satyrn – ebenfalls halb Mensch, halb Ziegenbock – sitzen im Schilf.

PAN UND SYRINX

Pan brüstete sich, er habe alle Mänaden und auch die Mondgöttin Selene (Luna) verführt, doch häufig wurde er auch abgewiesen. Peinlich endete sein Versuch, Omphale, die Geliebte des Herakles, zu verführen. Pan stieg in ihr Bett, doch als er sie umarmen wollte, mußte er feststellen, daß das Liebespaar die Kleider getauscht hatte und er nun Herakles in den Armen hielt. Herakles beförderte Pan mit einem Tritt aus dem Bett.

Pan (röm. Faunus) lebte in Arkadien. Er war im Grunde ein gutherziger Gott, doch sehr liebestoll. Immer wieder stellte er Nymphen nach. So verfolgte er auch Syrinx bis zum Ufer des Flusses Ladon, wo sie sich in Schilf verwandeln ließ, um ihm zu entkommen. Aus dem Schilfrohr fertigte Pan die erste Panflöte. Der Name des Gottes hängt mit seiner Aufgabe als Hirte zusammen, denn das frühgriechische Wort *paon* bedeutet »Schafhirt« oder »Nährer«. Seine Herkunft ist umstritten. Die meisten Quellen geben Hermes als Vater an, einige aber nennen Zeus. Seine Mutter Dryope, eine Enkelin des Apoll, wird manchmal auch Penelope genannt, was dazu geführt hat, daß bisweilen auch Odysseus' Frau Penelope als Mutter des Pan gilt; der Vater sei Hermes oder Zeus in Form eines Ziegenbocks gewesen. Einer anderen Überlieferung zufolge wurde Pan (griech. für »alle«) geboren, nachdem Penelope vor Odysseus' Heimkehr (S.65) mit all ihren Freiern geschlafen hatte. Pan konnte eine plötzliche übermächtige Angst (Panik) erzeugen. So soll er 490 v.Chr. den Athenern geholfen haben, indem er dafür sorgte, daß die Perser in Panik flohen. Die Römer setzten Pan mit ihrem Fruchtbarkeitsgott Faunus gleich und hielten ihm zu Ehren die Luperkalien ab.

BOCKSGESTALT
Pans Bocksgestalt beeinflußte die mittelalterlichen Darstellungen des Teufels. Einige Schriftsteller sehen in der »Teufelsanbetung« des europäischen Hexenkults eine Fortsetzung des Pankults.

François Boucher (1703–1770): **PAN UND SYRINX**
Dieses Bild zeigt Pan, der sich in die schöne Nymphe Syrinx verliebt hat. Er hat sie bis zu den Ufern des Ladon verfolgt. Als er gerade nach ihr greifen will, ruft sie die Flußgöttin um Hilfe an.

HERMES, DER GÖTTERBOTE

Hermes, der Vater des Pan, war ein Sohn des Zeus und der Maia, der ältesten der Plejaden. Er half Zeus bei der Werbung um die Prinzessin Io, indem er den 100äugigen Wachhund Argus mit der Geschichte von Pan und Syrinx in den Schlaf lullte. Der fliegende Götterbote war auch Seelenführer (S.31). Er erfand die Leier und schenkte sie seinem Bruder Apoll als Wiedergutmachung dafür, daß er dessen Vieh gestohlen hatte. Er war Schutzpatron der Reisenden und ein Fruchtbarkeitsgott, dem zu Ehren man Phallus-Steine errichtete. Diese sog. Hermen stellte man an Straßen, auf öffentlichen Plätzen und zu Hause auf. Eines Nachts im Jahr 415 v.Chr. wurden in Athen Hunderte Hermen abgebrochen – wahrscheinlich eine weibliche Protestaktion.

Hermes
Darstellung auf einem rotfigurigen griechischen Becher (Ende 5.Jh.): Hermes als athletischer junger Mann

Der Tod des Pan

Zur Zeit des Kaisers Tiberius (14–37 n.Chr.) hörte ein Mann namens Thamus, als er an der Insel Paxi vorbeisegelte, mehrfach den Ruf: »Thamus, der große Gott Pan ist tot!«, und über das ganze Land erscholl Weinen und Klagen. Manche Berichte datieren diese Geschichte auf den Zeitpunkt der Geburt Christi, die den Tod Pans (= Teufel) bedeutete. Andere meinen, der Satz sei falsch verstanden worden; er habe eigentlich »Der über alles große Tammuz ist tot« gelautet und sei eine zeremonielle Klage anläßlich der jährlichen Feier des Todes und der Wiedergeburt des Gottes Tammuz (S.33) gewesen.

Bekränzt
Als Vegetationsgott trägt Pan einen Laubkranz, manchmal auch einen Tannenkranz zum Gedenken an seine Geliebte Pitys, die in eine Tanne verwandelt wurde.

Brennende Fackel
Eros (Amor) ließ Pan in Liebe zu Syrinx entflammen, hier symbolisiert durch die brennende Fackel.

Herkunft der Panflöte

Um Pans Nachstellung zu entkommen, wurde Syrinx in Schilfrohr verwandelt, durch das singend der Wind strich. Pan schnitt das Schilf ab, setzte Rohre verschiedener Länge mit Wachs zu einer Flöte zusammen und nannte das Instrument Syrinx.

Keusche Nymphe
Syrinx war eine Nymphe aus dem Gefolge der jungfräulichen Göttin Artemis (Diana, S.36–37), die von ihren Begleiterinnen Keuschheit verlangte. Als Pan Syrinx verfolgte, sah sie sich am Ufer des Ladon in die Enge getrieben. Aus Angst vor Pan und dem Zorn der Artemis flehte sie die Flußgöttin um Hilfe an.

»... Dann wird es Abend. Einsam kehrt von der Jagd er heim. Nun spielt er auf Pfeifen, bläst sich ein Schlaflied, schönere Weisen als irgend ein Vogel ...«

Homerische Hymne an Pan

Flussgöttin
Die Flußgöttin hörte die Klage der Syrinx und eilte ihr zu Hilfe. Sie nahm sie in die Arme und verwandelte sie in Schilf. So brachte sie Pan um sein Liebesabenteuer.

Der Fluß Ladon

Der Ladon wird hier als Wasserkrug dargestellt. In manchen Versionen der Geschichte ist Ladon Syrinx' Vater. Verwandlungen spielen in der griechischen Mythologie eine große Rolle: Syrinx entkommt Pan durch die Verwandlung. Pans Geliebte Pitys wurde von der Erdgöttin Gaia aus Mitleid in eine Tanne verwandelt, weil ihr enttäuschter Verehrer Boreas, der Nordwind, sie – von mörderischer Eifersucht getrieben – gegen einen Felsen geschleudert hatte.

Schöne Nymphe
Syrinx war so schön, daß man sie oft mit ihrer Herrin Artemis verwechselte. Man konnte sie nur auseinanderhalten, weil Syrinx einen Bogen aus Horn, Artemis aber einen Bogen aus Gold trug.

Wasserkrug
Wasserkrüge oder Amphoren symbolisieren oft Flußgottheiten.

ZEUS UND DANAË

Danaë war die schöne Tochter von Akrisios, der sich in der Regentschaft über Argos mit seinem Zwillingsbruder Proitos abwechseln sollte. Als er den Thron für sich allein wollte, versuchte Proitos, sich durch die Verführung Danaës zu rächen. Da dem König geweissagt worden war, ein Sohn seiner Tochter werde ihn töten, sperrte er Danaë unerreichbar für jeden Menschen in einen Bronzeturm. Götter aber konnte er nicht fernhalten. Zeus kam als Goldregen auf das Mädchen herab, und sie gebar Perseus (S.46–47). Als Akrisios davon erfuhr, setzte er Mutter und Kind in einer Truhe auf dem Meer aus, doch sie landeten sicher auf der Insel Seriphos. Diktys, ein Bruder des Königs Polydektes, nahm sie auf. Polydektes wollte Danaë heiraten. Als sie sich standhaft weigerte, versuchte er, Perseus zu beseitigen, und schickte ihn aus, das Haupt der schrecklichen Gorgone Medusa zu holen. Doch Perseus löste die Aufgabe erfolgreich. Er verwandelte Polydektes mit dem Gorgonenhaupt in Stein und rettete seine Mutter. Jahre später erfüllte sich die Prophezeiung: Perseus tötete Akrisios versehentlich in einem Sportwettkampf.

Goldregen
Manche Künstler stellen den Zeusschen Goldregen als brennende Strahlen der Sonne dar, andere als Münzen. Hier wird beides miteinander verbunden. Spätere Interpretationen deuten den Goldregen als Bestechung der Wächter.

DIE SÖHNE VON ZEUS UND EUROPA

Zeus und Europa (s.u.) hatten drei Söhne: Minos (S.56), Rhadamanthys und Sarpedon. Minos, der zum Nachfolger seines Stiefvaters Asterion auf dem kretischen Thron wurde, zerstritt sich mit seinen Brüdern und vertrieb sie von der Insel. Als Zeus' Söhne wurden sie andernorts Könige. Rhadamanthys soll sich auch des Herakles (S.50–51) angenommen und dessen Mutter Alkmene nach dem Tod ihres Gatten geheiratet haben. Rhadamanthys war ein weiser Gesetzgeber, und Minos erhielt von Zeus alle neun Jahre neue Gesetze. Beide wurden nach ihrem Tod Richter in der Unterwelt.

MÄCHTIGER ADLER
Der Adler, das Begleittier des Zeus, ist ein Symbol der Macht und des Sieges. In der Liebe und im Krieg akzeptierte Zeus keine Niederlage.

WOLKEN
Homer bezeichnet Zeus, den Gott des Himmels und Beherrscher des Wetters, als »Wolkenversammler«. Häufig wird er mit seiner Waffe, dem Donnerkeil, dargestellt.

VERGITTERTE FENSTER
Obwohl Akrisios seine Tochter Danaë geliebt haben soll, sperrte er sie ein, um sein eigenes Leben zu retten.

EIFERSÜCHTIGE GATTIN
Vor dem Fenster sieht Hera in Gestalt eines Pfaus zu, wie Zeus sie betrügt.

ZEUS UND DANAË
Joachim Utewael
(1566–1638)
Auf diesem Renaissancebild erscheint Zeus Danaë als Goldregen, der durch das Dach des Bronzeturms in ihr Gefängnis dringt. Das Kind aus dieser Verbindung war Perseus.

VERLIEBTER ZEUS
Als Zeus auf die junge, schöne Danaë in ihrem Bronzeturm herabblickte, verliebte er sich in sie und faßte den Entschluß, sie zu besuchen.

»Da nun rauschend der Sturm den künstlichen Kasten
rings umbrauste, und das tief strudelnde Meer,
sank sie vor Furcht, und mit tränenbetautem Angesicht schlang sie um Perseus
den verlangenden Arm, und sprach: o Kind, wieviel erduld' ich ...«

SIMONIDES
DANAË UND PERSEUS
ÜBERSETZUNG:
WILHELM VON HUMBOLDT

Überraschte Dienerin
Danaës Zofe läßt vor Schreck ihre Spindel fallen, als Zeus als Goldregen durch das Dach kommt.

Zum Tode verurteilt
Unter dem Vorwurf der Beteiligung am Verrat wurde Danaës Zofe zum Tode verurteilt, als Akrisios von der Geburt seines Enkels Perseus erfuhr.

»Zeus, der Götter besten will ich besingen, den größten! Weithin blickt er, hat die Gewalt, bringt alles zu Ende …«
Homerische Hymne an Zeus

Spinnen
In der griechischen Mythologie war Spinnen oft ein Symbol für die drei Moiren, die den Faden des Lebens spannen, bemaßen und abschnitten. Hier soll die Anspielung zeigen, wie aussichtslos es für Akrisios war, seinem prophezeiten Schicksal entkommen zu wollen. Er fand den Tod, als sein Enkel ihn bei einem Wettkampf versehentlich mit dem Diskus traf.

Gott der Liebe
Die Anwesenheit des in der Sage nicht erwähnten Liebesgottes Eros (Amor) soll darauf hinweisen, daß Liebe alle Hindernisse überwindet, selbst verschlossene Türen und bewaffnete Wächter.

Pfeil und Bogen
Eros trägt immer Pfeil und Bogen bei sich. Der Dichter Ovid schrieb, daß er zwei Sorten Pfeile hatte – goldene, die Liebe bewirkten, und bleierne, die Liebe nahmen.

Zeus' Liebesleben ist Thema vieler Geschichten. Seine überschäumende sexuelle Energie war möglicherweise Ausdruck seiner schöpferischen Kraft. Er war zwar mit Hera verheiratet, hatte jedoch mit vielen anderen Frauen, sterblichen und unsterblichen, Kinder. Zeus verschwendete nicht viel Zeit für aufwendige Werbungsrituale. Viele seiner Verführungen glichen eher Vergewaltigungen, so auch im Falle von Danaë und Europa.

Greif
Der Vogel Greif (teils Adler, teils Löwe) ist eines der vielen phantastischen Ungeheuer in der griechischen Mythologie. Der Greif vor Danaës Bett steht für die strenge Bewachung, unter die ihr Vater sie gestellt hatte. Vor der Tür wachten blutrünstige Hunde.

Europa und Zeus

Europa war die Tochter des phönizischen Königs Agenor. Eines Tages sah Zeus sie mit ihren Hofdamen am Meer. Von Begierde übermannt, nahm er die Gestalt eines Stiers an und mischte sich unter die Herde des Königs am Strand. Europa streichelte ihn, und er schien so sanftmütig, daß sie es schließlich wagte, auf seinen Rücken zu klettern. Zeus stürzte sich sogleich ins Meer und trug Europa nach Kreta, wo er ihr unter einem Baum beiwohnte. Europa gebar drei Söhne: Minos (S.56), Rhadamanthys und Sarpedon. Schließlich heiratete sie Asterion, den König von Kreta, der Minos als Erben adoptierte.

Valentin Alexandrowitsch Serow (1865–1911):
Der Raub der Europa

Hesiod schreibt vom »vollen Haar« der Danaë.

Danaë, Prinzessin von Argos
Danaë war die Tochter von Akrisios und Eurydike, der Tochter des Lakedemon. Akrisios' Zwillingsbruder Proitos, der König von Tiryns, hatte schon im Mutterleib mit seinem Bruder Streit. So war es nicht verwunderlich, daß er Akrisios' Tochter nachstellte, ebensowenig, daß dieser seinem Tun einen Riegel vorschob.

PERSEUS UND ANDROMEDA

Perseus war der Sohn des Zeus und der Danaë (S.44–45). Polydektes, der verschmähte Verehrer seiner Mutter, sandte Perseus aus, das Haupt der Gorgone Medusa zu holen. Die drei Gorgonen waren furchterregende Wesen, die Menschen mit einem einzigen Blick versteinern konnten. Unterstützt von Athene und Hermes, gelang es Perseus, der Medusa den Kopf abzuschlagen und in einen Sack zu stecken. Mit Hermes' geflügelten Sandalen gelangte er zu Andromeda, einer schönen phönizischen (nach manchen Quellen äthiopischen) Prinzessin, die als Opfer für ein Seeungeheuer an einen Felsen gekettet war, damit der Gott Poseidon die Plagen, die er dem Land geschickt hatte, zurückziehe. Perseus verliebte sich, tötete das Ungeheuer und heiratete Andromeda. Anschließend kehrte er nach Hause zurück. Er zog das Gorgonenhaupt aus dem Sack, und Polydektes erstarrte bei seinem Anblick zu Stein.

Perseus
Perseus war einer der großen griechischen Helden. Nach dem Tod seines Großvaters (S.45) wollte er nicht dessen Nachfolge auf dem Thron von Argos antreten, sondern regierte statt dessen Tiryns und Mykene. Er begründete das Geschlecht der Perseiden, aus dem Herakles (Herkules) hervorging (S.50–51).

LIEBE AUF DEN ERSTEN BLICK
Der kleine Eros mit seiner flammenden Fackel weist darauf hin, daß Perseus Andromeda liebt.

BRONZESCHILD
Perseus' Bronzeschild war eine Leihgabe Athenes. Sie verriet ihm auch einen Trick, wie er die Medusa besiegen konnte: Er sollte sie nicht direkt ansehen, sondern nur ihr Spiegelbild im Schild, damit er nicht zu Stein würde. Später setzte Athene das Haupt der Medusa in ihren Brustpanzer ein.

ZAUBERGABEN
Bei seiner Aufgabe erhielt Perseus Hilfe von den Stygischen Nymphen. Sie liehen ihm drei magische Gegenstände, die ihnen zur Aufbewahrung anvertraut waren: Hermes' geflügelte Sandalen, Hades' Tarnkappe und einen Mantelsack für das Gorgonenhaupt.

DAS SCHWERT DES HERMES
Von Liebe und Heldenmut beflügelt, schwingt Perseus sein Schwert gegen das Ungeheuer. Das unzerbrechliche Sichelschwert ist ein Geschenk des Hermes. Mit ihm schlug Perseus der Medusa das Haupt ab, während sie schlief. Mit Hilfe der Tarnkappe des Hades konnte er daraufhin unsichtbar den anderen beiden Gorgonen entkommen.

PERSEUS BEFREIT ANDROMEDA
Charles-Antoine Coypel (1694–1752)
Perseus ist im Begriff, Andromeda vor dem Seeungeheuer zu retten. Das Meer ist aufgewühlt, die Meeresnymphen schauen voller Entsetzen zu. Andromedas Eltern und die Menschenmenge auf den Stadtmauern beten für Perseus' Erfolg.

RACHEDURSTIGE NYMPHEN
Die Meeresnymphen (Nereiden) waren von Andromedas Mutter beleidigt worden und baten Poseidon um Hilfe. Er schickte eine Flutwelle und ein schreckliches Ungeheuer.

MENSCHENFRESSENDES MONSTER
Das Seeungeheuer verschlang Männer, Frauen und Kinder. Ein Orakel sagte dem König, er könne Poseidon nur besänftigen, indem er seine Tochter opferte.

Auf Athenes Rat suchte Perseus zuerst die drei Graien, die Schwestern der Gorgonen, auf. Sie waren alt und häßlich und hatten zusammen nur ein einziges Auge und einen einzigen Zahn, die sie abwechselnd benutzten. Sie wußten, wo die Stygischen Nymphen lebten, die Perseus weiterhelfen konnten. Perseus griff sich das einzige Auge der Graien, als sie es gerade weiterreichten, und hatte sie so in der Hand. Als sie ihm gesagt hatten, was er wissen wollte, warf er das Auge in einen See, damit die Graien die Gorgonen nicht warnen konnten.

BELLEROPHON TÖTET DIE CHIMÄRE

Als Bellerophon am Hofe des Königs Proitos (S.44) zu Gast war, beschuldigte ihn die Königin fälschlich der versuchten Vergewaltigung. Da der König seinen Gast nicht selbst töten wollte, schickte er ihn zu König Iobates mit einem Schreiben, daß der Überbringer des Briefes zu töten sei. Iobates schickte Bellerophon in den Kampf gegen die Chimäre, ein feuerspeiendes Ungeheuer mit Löwenbeinen, Ziegenkörper und Schlangenschwanz. Bellerophon zähmte das geflügelte Pferd Pegasus, überfiel das Ungeheuer von oben, spickte es mit Pfeilen und warf ihm einen Klumpen Blei in den Rachen. Der Feueratem der Chimäre schmolz das Blei, und sie erstickte. Iobates schickte ihn in weitere Gefahren, doch er bestand alle. Daraufhin machte Iobates Bellerophon zu seinem Erben. An der Königin von Argos rächte sich Bellerophon, indem er sie von Pegasus' Rücken ins Meer stieß. Am Ende seines Lebens aber irrte er als blinder Bettler durch die Welt, weil er versucht hatte, mit Pegasus in den Himmel zu gelangen.

Giovanni-Battista Tiepolo (1696–1770): BELLEROPHON TÖTET DIE CHIMÄRE

Zwar hatten Kepheus und Kassiopeia Perseus Andromeda zur Ehe versprochen, wenn er sie rette, doch sie war schon mit ihrem Onkel Phineus verlobt. Während der Hochzeitsfeierlichkeiten kam Phineus mit einem Heer von Kriegern und bestand auf seinen Ansprüchen. Als sich Perseus der Übermacht des Gegners ausgeliefert sah, benutzte er das Gorgonenhaupt, um Phineus und seine 200 Krieger in Stein zu verwandeln.

GÖTTLICHER VATER
Der Blitz am Himmel zeigt die Anwesenheit von Zeus, des Vaters von Perseus.

VERZWEIFELTER VATER
Als König Kepheus das Orakel des Ammon (der ägyptische Gott Amun) befragte, wie er Poseidons Zorn abwenden könne, erfuhr er, daß er seine Tochter opfern müsse. Um sein Volk zu retten, ließ er sie an einen Felsen an der Küste ketten, wo das Seeungeheuer sie gerade verschlingen wollte, als Perseus kam.

JUNGFRAU IN KETTEN
Andromeda war an einen Felsen an der phönizischen Küste gekettet – als Opfer für das Ungeheuer. Sie war die Tochter des Äthiopierkönigs Kepheus und seiner Frau Kassiopeia.

PRAHLERISCHE MUTTER
Kassiopeia hatte geprahlt, daß sie und ihre Tochter schöner seien als die Meeresnymphen. Dadurch zog sie sich deren und Poseidons Zorn zu.

Verwirrtes Ungeheuer

Da das Ungeheuer nicht ahnte, daß Perseus fliegen konnte, griff es seinen Schatten im Wasser an. Perseus köpfte es mit Hermes' Sichelschwert. Poseidon raste: Perseus hatte nicht nur Andromeda gerettet, sondern auch Poseidons einstige Geliebte Medusa getötet. Als sie starb, erhoben sich Poseidons ungeborene Kinder aus ihrem Blut – der Pegasus und der Krieger Chrysaor.

DIE TRAGÖDIE DES ÖDIPUS

Ödipus war der Sohn des Königs Laios von Theben und seiner Frau Jokaste. Da das Orakel dem Vater geweissagt hatte, sein Sohn werde ihn töten und seine Mutter heiraten, setzte er das Kind zum Sterben aus. Doch ein Hirte brachte es zu dem kinderlosen König Polybos von Korinth, der Ödipus adoptierte. Als Ödipus herangewachsen war und den Orakelspruch vernahm, wollte er nicht nach Korinth zurückkehren, weil er Polybos und Merope für seine Eltern hielt. Auf dem Weg nach Theben aber traf er auf Laios, der das Orakel fragen wollte, wie man Theben von der Sphinx befreien könnte, und tötete ihn in einem Streit um die Vorfahrt. Dann zog er nach Theben, befreite die Stadt von der Sphinx, wurde daraufhin König und heiratete Jokaste. Als Theben einige Zeit später erneut von einer Plage heimgesucht wurde, gab das Orakel dem Mörder des Laios die Schuld, und Ödipus erkannte, daß er dieser Mann war. Als die Wahrheit ans Licht kam, erhängte sich Jokaste, und Ödipus blendete sich selbst.

ÖDIPUS DEUTET DAS RÄTSEL DER SPHINX
Jean Auguste Dominique Ingres (1780–1867)
Dieses Bild zeigt, wie Ödipus darüber nachdenkt, was er der Sphinx antworten soll. Um ihn herum liegen die Knochen der Unglücklichen, die die falsche Antwort gaben. Rechts unten flieht ein Mann in Erwartung neuerlichen Unheils.

Die Sphinx
Dieses Ungeheuer mit Frauenkopf, Adlerschwingen, Schlangenschwanz und Löwenkörper war die Tochter der Echidna (die halb Frau, halb Schlange war). Viele Ungeheuer der griechischen Mythologie waren Nachkommen der Echidna, u.a. auch die Chimäre (S.47), die Hydra, Kerberos (S.31), der Nemeische Löwe und die Sau Phaia (S.54–55).

DAS RÄTSEL DER SPHINX
Die Sphinx war von der Ehegöttin Hera als Strafe nach Theben gesandt worden, weil Laios einstmals den Jüngling Chrysippus verführt hatte – ein Verstoß gegen die Ehe. Die Sphinx lauerte den Bewohnern von Theben auf und stellte ihnen ein Rätsel: »Es gibt auf Erden etwas, das hat vier Füße, zwei Füße und drei Füße, und es hat denselben Namen ... aber es ist am schwächsten, wenn es auf den meisten Füßen läuft.« Wenn die Befragten die Antwort nicht wußten, verschlang die Sphinx sie.

Das Orakel zu Delphi hatte Laios gesagt, er müsse kinderlos bleiben, wolle er kein Unheil über Theben bringen. Laios betrank sich aus Verzweiflung, so daß er nicht mehr wußte, was er tat, als er mit seiner Frau ein Kind zeugte.

»Weißt nicht, woher du stammst, wie sehr du Feind der Eltern drunten und im obern Reich; Wie deiner Mutter, deines Vaters Fluch als schwere Doppelgeißel dich verjagt vom hellen Licht ins Reich der finstern Nacht.«
TEIRESIAS IN KÖNIG ÖDIPUS VON SOPHOKLES (UM 430 N.CHR.)

ÖDIPUS
Ödipus antwortete der Sphinx: »Du meinst den Menschen; wenn er auf Erden geht, ist er zuerst ein Säugling auf allen vieren; und wenn er alt wird, ist er gebeugt und vermag kaum den Kopf zu heben, wenn er sich auf seinen Stock stützt als dritten Fuß.« Daraufhin stürzte sich die Sphinx in den Tod.

Am Ende seines Lebens zog Ödipus als blinder Bettler heimatlos von Ort zu Ort, verfolgt von den Furien (S.26). Er starb auf Kolonos, wurde von Hades in der Unterwelt willkommen geheißen und durfte eine gütige Persephone sehen, wie sonst nur die Eingeweihten der eleusischen Mysterien (S.29).

Speere
Ödipus ist mit Speeren bewaffnet, mit denen er seinen Vater und dessen Begleiter tötete. Der Wagenlenker des Königs befahl Ödipus, Platz zu machen, und als dieser sich weigerte, tötete man eines seiner Pferde. Daraufhin kam es zu einem Kampf, in dem Laios tödlich verletzt wurde. So ging der erste Teil der Prophezeiung in Erfüllung.

Ödipus' Füsse
Der Name Ödipus bedeutet »Schwellfuß«. Als er als Baby ausgesetzt wurde, durchbohrte man ihm die Füße – möglicherweise, damit sein Geist sich nach dem Tod nicht fortbewegen könne.

Als Theben von einer großen Plage heimgesucht wurde, sagte der Seher Teiresias, die Götter forderten, daß sich einer der »Gesäten« (rechts) für die Stadt opfere. Jokastes Vater stürzte sich von der Stadtmauer, aber Teiresias sagte, daß die Schuld bei einem anderen liege, der zwar als Fremder gelte, doch in Theben geboren sei und den Vater getötet und ersetzt habe.

Ödipus und Jokaste hatten vier Kinder – zwei Söhne, Eteokles und Polyneikes, und zwei Töchter, Antigone und Ismene.

Flüchtender Mann
Bei dieser Figur könnte es sich auch um den einzigen Überlebenden der Reisegesellschaft des Königs Laios handeln, denselben Knecht, der einst von Laios beauftragt worden war, Ödipus auszusetzen. Er kehrte nach Theben zurück und erzählte, eine Räuberbande habe den König überfallen und getötet.

Theben
Theben war die Hauptstadt von Böotien (nicht zu verwechseln mit der ägyptischen Stadt, die heute Luxor heißt). Gegründet wurde die Stadt von Kadmos, dem Bruder der Europa (S.45), auf Anweisung des Orakels von Delphi. Zuerst aber mußte er einen Drachen vernichten, der den Ort bewachte und all seine Männer getötet hatte. Um die Stadt zu bevölkern, säte er die Zähne des Drachen aus, und Krieger entsprangen dem Boden. Ödipus' Mutter war die Tochter von Menoikeus, einem dieser »Gesäten«.

Antigone, Ödipus' Tochter

Antigone begleitete ihren Vater ins Exil. Als sie nach seinem Tod nach Theben zurückkehrte, stritten ihre Brüder um den Thron. Sie töteten einander, und ihr Onkel Kreon, der Eteokles unterstützt hatte, begrub diesen in Ehren, ließ aber Polyneikes auf dem Schlachtfeld liegen. Obwohl es bei Todesstrafe verboten war, ihn zu bestatten, vollzog Antigone ein symbolisches Begräbnis. Der erzürnte Kreon ließ sie bei lebendigem Leib einmauern. Sie erhängte sich, und Kreons Sohn Haimon, Antigones Verlobter, beging Selbstmord.

Marie Spartelli Stillmann (1844–1927):
Antigone und ihre Schwester Ismene auf dem Schlachtfeld

Totengebein
Wenn ihre Opfer das Rätsel nicht beantworten konnten, tötete die Sphinx sie und übersäte das Land mit ihren Knochen. Frühen Quellen zufolge flog sie auf die Stadtmauer, sang ihr Rätsel und ergriff junge Männer, da die Städter ihr nicht die richtige Antwort gaben. Daher versammelten sich die Bürger von Theben täglich, um das Rätsel zu lösen.

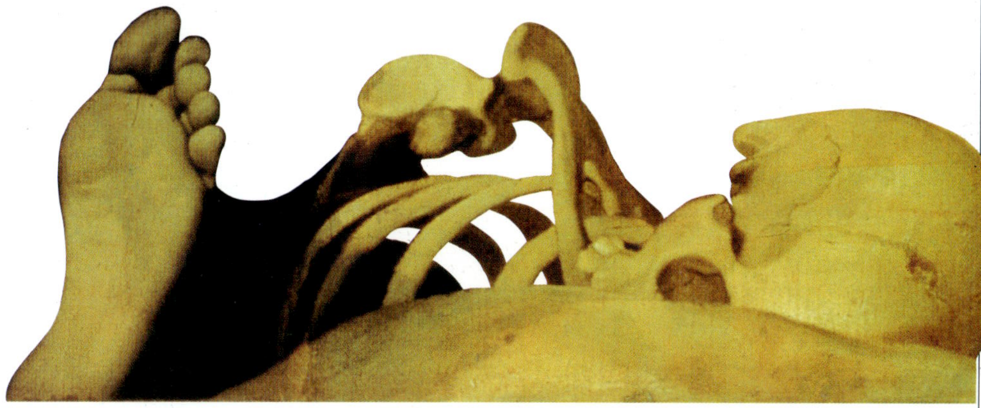

DIE ARBEITEN DES HERAKLES

Der Halbgott Herakles (Herkules) ist der wohl berühmteste und beliebteste aller griechischen Helden. Er war der Sohn des Zeus und der Sterblichen Alkmene. Zeus hatte ihm den Thron von Argos zugedacht, doch Hera sorgte dafür, daß sein Cousin Eurystheus König wurde. Herakles wuchs zu einem heldenhaften Jüngling heran. Er war ein hervorragender Bogenschütze und besaß übermenschliche Kräfte. Doch Hera, die ihn als Kind des untreuen Zeus haßte, machte Herakles wahnsinnig, und er tötete Frau und Kinder. Das Orakel von Delphi sagte ihm, er könne die Blutschuld tilgen und Unsterblichkeit erlangen, wenn er König Eurystheus zwölf Jahre lang als Sklave diene. Eurystheus stellte ihm zehn unlösbar scheinende Aufgaben, die er später auf zwölf ausweitete, weil Herakles bei zwei Aufgaben nach Ansicht des kleinlichen Königs auf nicht zulässige Hilfsmittel zurückgegriffen hatte. Diese letzten beiden Aufgaben waren die schwierigsten: die Gefangennahme des Kerberos und der Diebstahl der goldenen Äpfel der Hesperiden, die von einer furchteinflößenden Schlange (einem Drachen) bewacht wurden. Herakles löste seine Aufgaben und bestand unterwegs zahlreiche Abenteuer. Als er Jahre später durch ein vergiftetes Hemd starb, stieg er in den Olymp auf. Dabei brachte er Atlas, der dazu verdammt war, den Himmel auf seinen Schultern zu tragen, aufgrund des plötzlichen zusätzlichen Gewichts zum Schwanken.

Wachsame Vögel
Kraniche, Gänse oder, wie hier, Reiher gelten als wachsame Vögel. Da aber die goldenen Äpfel gestohlen werden, während die Hesperiden schlafen, bringen die Vögel hier eine gewisse Ironie ins Bild.

GARTEN DER HESPERIDEN
Der Garten der Hesperiden lag am Ende der Welt hinter einer hohen Mauer. Der Goldapfelbaum inmitten des Gartens wurde von einer Schlange (dem Drachen Ladon) bewacht. Auf der langen Suche nach dem Garten erlebte Herakles viele Abenteuer, u.a. befreite er Prometheus (S.24–25) und tötete den Adler, der täglich dessen Leber fraß.

TÖCHTER EINES TITANEN
Die Hesperiden waren die Töchter des Titanen Atlas (S.24) und der Hesperis, einer Tochter des Abendsterns Hesperus (Venus). Sie lebten in einem verborgenen Garten im fernen Westen. Ihr Name bedeutet »Töchter des Abends«.

VERKEHRTE LEIER
Die Hesperiden vertrieben sich die Zeit mit Musik und Gesang. Hier streicht eine von ihnen träumerisch über eine »verkehrte« Leier. (Durch das Spielen einer umgedrehten Leier hatte Apollon einst Marsyas bezwungen, S.41.)

Herakles wußte nicht, wo der Garten der Hesperiden lag. Die Nymphen des Flusses Eridanos sagten ihm, daß der Meeresgott Nereus die Antwort kenne. Nereus aber pflegte sich in phantastische Gestalten zu verwandeln, wenn man ihn ergreifen wollte. Herakles fand ihn, rang mit ihm und ließ ihn durch alle Verwandlungen hindurch nicht los, bis der Meeresgott schließlich das Geheimnis preisgab.

DIE KINDHEIT DES HERAKLES

Zeus schlief mit Alkmene – in Gestalt ihres Gatten, des Königs Amphitryon, eines Enkels des Perseus (S.46–47). Daraufhin prahlte Zeus, daß der nächste Nachkomme des Perseus ein großer König sein werde. Um die Pläne ihres Mannes zu durchkreuzen, verzögerte Hera die Geburt des Herakles und beschleunigte die seines Cousins Eurystheus. Alkmene gebar zwei Kinder: Herakles und, einen Tag später, seinen Halbbruder Iphikles. Als die Kinder acht Monate alt waren, legte Hera zwei Schlangen in ihre Wiege – Iphikles schrie vor Angst, aber Herakles erwürgte die Schlangen mit bloßen Händen. Herakles verbrachte einen Großteil seiner Jugend als Schafhirt, nachdem er seinen Musiklehrer in einem Streit getötet hatte. Im Alter von 18 Jahren tötete er einen gewaltigen Löwen, der die Herden dezimiert hatte, und begann bald darauf sein abenteuerliches Heldenleben.

Römische Bronzefigur: Der kleine Herakles tötet mit bloßen Händen zwei Schlangen – ein frühes Zeichen seiner übermenschlichen Kräfte und ein Hinweis auf die Identität seines Vaters.

In einer Version der Geschichte überredete Herakles auf Rat des Nereus (oder des Prometheus) den Titanen Atlas, ihm die goldenen Äpfel zu holen. Er selbst hielt solange mit Athenes Hilfe den Himmel. Zurückgekehrt, wollte Atlas den Himmel nicht wieder tragen. Herakles bat ihn zu übernehmen, bis er ein Kopfpolster aufgelegt habe. Atlas tat es, und Herakles griff sich die Äpfel und eilte davon.

Goldene Äpfel

Die goldenen Äpfel gehörten der Hera. Sie hatte sie von ihrer Großmutter Gaia zur Hochzeit geschenkt bekommen. Eurystheus glaubte nicht, daß Herakles sie bekommen könnte. Als es doch gelang, gab Eurystheus sie (über Athene) zurück, um sich nicht den Zorn der Göttin zuzuziehen.

Hera beauftragte die Schlange (den Drachen) Ladon, jedermann vom Diebstahl der Äpfel abzuhalten und dafür zu sorgen, daß die Hesperiden nicht davon aßen.

WACHENDER DRACHE
Ladon, die Schlange (der Drache), die die Äpfel bewachte, hatte 100 Köpfe (hier nicht dargestellt), von denen jeder eine andere Sprache sprach. Wie die Sphinx (S.48) war Ladon ein Kind der Ungeheuer Typhon und Echidna. Als er getötet wurde, setzte ihn die trauernde Hera als Sternbild Draco (Drache) an den Himmel.

SCHLAFENDE HESPERIDEN
Je nach Quelle schwankt die Zahl der Hesperiden zwischen vier und sieben. Hier sieht man drei: Aigle, Erytheia und Hesperia. Der Diebstahl der Äpfel verursachte den hier friedlich schlafenden Nymphen unsäglichen Kummer.

DER GARTEN DER HESPERIDEN
Frederic Leighton (1830–1896)
Dieses Bild zeigt drei der Hesperiden schlafend in ihrem Garten, unter dem Baum, der goldene Äpfel trägt und von Ladon bewacht wird. Herakles' elfte Aufgabe bestand darin, seinem Cousin Eurystheus diese Äpfel zu bringen.

DIE ZWÖLF ARBEITEN

1. Herakles erwürgt den Nemeischen Löwen und trägt fortan dessen unverwundbares Fell als Panzer.

2. Herakles tötet die Lernäische Hydra, der zwei Köpfe sprossen, wo einer abgeschlagen wurde.

3. Herakles fängt die Keryneische Hindin, die bronzene Hufe und ein goldenes Geweih besaß und der Artemis heilig war.

4. Herakles tötet den Erymanthischen Eber, der das Land verwüstete. Dabei verletzt er versehentlich den Zentauren Chiron (S.39).

5. Herakles soll die Ställe des Augias in einem Tag ausmisten. Er leitet zwei Flüsse um und läßt sie den Mist aus den Ställen spülen.

6. Herakles erschießt die Stymphalischen Vögel. Sie hatten Flügel, Schnäbel und Krallen aus Eisen und fraßen Menschen.

7. Herakles fängt den wildgewordenen Kretischen Stier, den Vater des Minotauros (S.56–57).

8. Herakles fängt die menschenfressenden Stuten des Diomedes.

9. Herakles holt den Amazonengürtel, den die Amazonenkönigin Hippolyte von ihrem Vater Ares erhalten hatte.

10. Herakles ergreift Besitz vom Vieh des dreiköpfigen Ungeheuers Geryon.

11. Herakles stiehlt die goldenen Äpfel der Hesperiden.

12. Herakles entführt den Unterwelt-Wachhund Kerberos.

JASON UND DAS GOLDENE VLIES

Jason war der Sohn von Aison, der rechtmäßig König von Iolkos hätte werden sollen. Doch Aisons Halbbruder Pelias usurpierte den Thron. Jason wurde von dem Zentauren Chiron (S.39) erzogen. Pelias wollte Jason als Erben einsetzen, wenn es ihm gelänge, das Goldene Vlies von Aietes, dem grausamen König von Kolchis, zu holen. Mit Athenes Hilfe baute Jason die Argo und warb eine etwa 50 Mann starke Besatzung an, die Argonauten. Mit ihnen segelte er nach Kolchis, wo Aietes' Tochter, die Zauberin Medea, sich in ihn verliebte und ihm half, das Vlies zu stehlen und zu fliehen. Als sie nach Hause zurückkehrten, sorgte Medea für den Tod des Pelias, doch Jason erhob keine Ansprüche auf den Thron. Das Paar lebte zehn Jahre in Korinth, bis Jason Medea verließ, um König Kreons Tochter Glauke zu heiraten. Medea rächte sich: Sie tötete Glauke, Kreon und die Kinder, die sie mit Jason hatte, und floh. Jason starb als gebrochener alter Mann, erschlagen von einem herabfallenden Stück der morschen Argo.

Jason, Schützling der Hera
Jason segelte unter dem Schutz der Hera. Auf dem Weg zu König Pelias, wo er seine Ansprüche auf den Thron anmelden wollte, mußte er einen Hochwasser führenden Fluß überqueren. Eine alte Frau stand hilflos am Ufer. Er trug sie hinüber, wobei eine seiner Sandalen im Schlamm steckenblieb. Die alte Frau aber war Hera, die sich fortan dankbar zeigte.

DAS GOLDENE VLIES
Das Goldene Vlies war das Fell eines goldenen Widders, der mit Sprache und Verstand begabt war. Hermes hatte ihn Phrixos und Helle geschenkt, den Kindern des Königs Athamas von Böotien, damit sie ihrer bösen Stiefmutter entkommen konnten. Helle aber fiel ins Meer (nun Hellespont genannt) und starb. Phrixos floh nach Kolchis, opferte dem Zeus den Widder und gab das Vlies dem Aietes. Dieser tötete Phrixos und hängte das Vlies in einem Baum auf, der von einer Schlange bewacht wurde.

ANKAIOS
Ursprünglich war Ankaios ein Ruderer, der sich eine Ruderbank mit Herakles (S.50–51) teilte, doch als der ursprüngliche Steuermann Tiphys starb, übernahm er das Steuer.

Außer Tiphys und dem Seher Idmon überlebten alle Argonauten die gefährliche Reise. Idmon hatte prophezeit, daß alle außer ihm selbst überleben würden. Er wurde von einem Eber durchbohrt.

MEDEA, ZAUBERIN UND GELIEBTE

Die temperamentvolle Zauberin Medea verliebte sich leidenschaftlich in Jason. Als sie glaubte, daß dieser mit ihrem Bruder Apsyrtos Pläne schmiedete, sie zurückzulassen, wollte sie die Argo in Brand setzen und sich in die Flammen werfen. Medea leistete Jason nicht nur unschätzbare Dienste bei der Erlangung des Vlieses, sie verjüngte auch Jasons Vater Aison durch Zauberei. Außerdem beseitigte sie den Usurpator Pelias, indem sie ihm weismachte, sie wolle auch ihn verjüngen. Doch als seine Töchter ihn wie befohlen in Stücke geschnitten hatten, kochte sie diese nur in ihrem Kessel und weigerte sich, ihn wieder zum Leben zu erwecken. Nachdem sie von Jason verlassen worden war und schreckliche Rache genommen hatte (s.o.), heiratete Medea König Aigeos von Athen, wo sie eine Rolle im Leben eines anderen Helden spielte, des Theseus (S.54–55).

Darstellung auf einer griechischen Vase: Medea und Jason unter der heiligen Eiche, in der das Goldene Vlies hing. Medea hat einen Schlafzauber auf die Wächterschlange gelegt, und Jason (hinter ihm Hera) hat das Vlies abgenommen. Es hängt nun über seinem Arm. Hermes, der Phrixos geraten hatte, Zeus den Goldenen Widder zu opfern, steht hinter Medea.

Aietes erklärte sich bereit, Jason das Goldene Vlies zu überlassen. Zuvor aber sollte Jason zwei feuerspeiende Stiere vor den Pflug spannen, ein Feld pflügen, Drachenzähne darauf aussäen und die Bewaffneten töten, die sogleich aus dem Boden wuchsen. Ein Zaubermittel Medeas machte Jason unverwundbar, und er löste die Aufgaben erfolgreich. Aietes aber hielt sein Wort nicht. Daraufhin stahl Jason mit Medeas Hilfe das Goldene Vlies.

Die Abenteuer der Argonauten

Auf dem Weg nach Kolchis entkamen die Argonauten durch ihre Kraft und Klugheit vielen Gefahren. Anfangs profitierten sie von den übermenschlichen Kräften des Herakles, der allein einen Angriff von sechsarmigen Riesen abwehrte. Doch Herakles verließ die Mannschaft, ehe sie in Kolchis ankamen, aus Trauer über den Verlust seines Freundes Hylas, den Wassernymphen in einen Brunnen gezogen hatten. Weitere Abenteuer waren: ein Boxkampf mit König Amykos (der stets siegte und seinen Gegner dann tötete), den Polydeukes, der Erfinder des Boxkampfs (S.60), gewann; das Umfahren der Symplegaden, Felsen, die am Ausgang des Bosporus ständig aneinanderstießen. Die Argonauten widerstanden auch dem Gesang der Sirenen (S.64), weil Orpheus ihre Musik mit der seinen übertönte.

Leidenschaftliche Liebe

Medea liebte Jason. Dessen Gönnerinnen, Hera und Athene, hatten Aphrodite und Eros dafür gewonnen, sie in Jason verliebt zu machen. Medea war von so großer Liebe zu Jason erfüllt, daß sie ihren eigenen Vater hinterging und ihre guten wie bösen Zauberkräfte benutzte, um Jason zu helfen.

Erfolgreicher Dieb
Jason schreit seinem Verfolger Aietes seine Verachtung entgegen. Es heißt, daß er, nachdem er mit Hilfe von Medeas Zauberkräften das Vlies gestohlen hatte, es sich um die Schultern gelegt habe und damit umherstolziert sei wie ein eitles junges Mädchen, wenn das Mondlicht in seinem seidenen Gewand glänzt.

Verfolgerflotte
Vor allem die Taten der Medea, die ebenso brutal und rücksichtslos wie ihr Vater sein konnte, verhinderten, daß die Verfolger die Argo einholten.

Verteidigung des Schiffs
Als Jason die Argo mit dem Vlies erreichte, setzten die Argonauten sofort Segel. Die halbe Mannschaft ruderte zudem, so schnell sie konnte, die andere Hälfte übernahm die Verteidigung. Die beiden Gruppen wechselten sich ab.

Hilfloses Opfer
Der gefesselte Gefangene ist Medeas Bruder Apsyrtos. Einer Sage zufolge zerstückelte Medea ihn und warf die Teile ins Meer, wodurch sie ihren Vater aufhielt, weil dieser die Stücke für das Begräbnis aufsammeln mußte. Der Dichter Apollonios schreibt, daß der erwachsene Apsyrtos den Argonauten den Weg abschnitt und Jason und Medea ihn mit einer List in den Tod lockten.

Das Goldene Vlies
Herbert James Draper
(1864–1920)
Jason, Medea und die Argonauten fliehen nach dem Raub des Goldenen Vlieses vor König Aietes. Jason hält das Vlies in Händen und gestikuliert in Richtung Feind. Die halbe Mannschaft verteidigt das Schiff, die anderen rudern und trimmen die Segel. Medea (Mitte) will ihren Bruder töten und die Leichenteile ins Meer streuen, um ihren Vater aufzuhalten.

Unvergleichliche Mannschaft
Die Besatzung der Argo bestand ursprünglich aus Männern aus Thessalien, doch nach und nach stießen Helden wie Herakles und Orpheus (S.30–31) sowie ruhmessüchtige Männer aus unterschiedlichen Städten Griechenlands dazu. Zur Mannschaft gehörten u.a. die Nordwindsöhne Zetes und Kalais, die Dioskuren Kastor und Polydeukes, Peleus, der Vater des Achilles, Telamon, der Vater des Ajax, Lynkeus mit seinem übermenschlich scharfen Blick und der Seher Mopsos.

Die Argo
Homer schreibt von »jener Argo, von der sie noch alle singen und sagen«. Das gefeierte Schiff hatte sogar eine Stimme, denn sein Bug wurde aus der sprechenden Eiche des Zeus in Dodona gehauen. Die Argo wurde von Argos nach Anweisungen der Athene gebaut. Ein anderer Argos, Sohn des von Aietes getöteten Phrixos, war später Mitglied der Argonauten.

THESEUS

Theseus soll zwei Väter gehabt haben: König Aigeos von Athen und den Meeresgott Poseidon. Aber er wuchs ohne Vater auf. Schon als Kind zeigte er Heldenmut – als Herakles (S.50–51) bei einem Besuch Panik hervorrief, indem er sein Löwenfell über einen Stuhl warf, packte Theseus eine Axt und stellte sich dem vermeintlichen Untier entgegen. Als er 16 war, brachte ihn seine Mutter Aithra zum Altar des Zeus, wo Aigeos sein Schwert und seine Sandalen unter einem schweren Felsbrocken versteckt hatte. Er hatte Aithra bei seinem Abschied gesagt, wenn sie einen Sohn bekäme und dieser stark genug sei, den Stein hochzuheben, solle er mit Schwert und Sandalen als Zeichen seiner Abstammung nach Athen kommen. Für Theseus war es ein Kinderspiel, den Stein hochzuheben. Auf dem Weg nach Athen bestand er viele Abenteuer. In Athen wurde Theseus als Held willkommen geheißen und zu einem Bankett am Königshof geladen. Aigeos erkannte seinen Sohn nicht, doch seine Gemahlin, die Zauberin Medea (S.53), wußte, wer Theseus war, und versuchte vergeblich, ihn zu vergiften. Schließlich erkannte Aigeos in Theseus seinen Sohn und Erben; Medea und ihr Sohn Medos flohen.

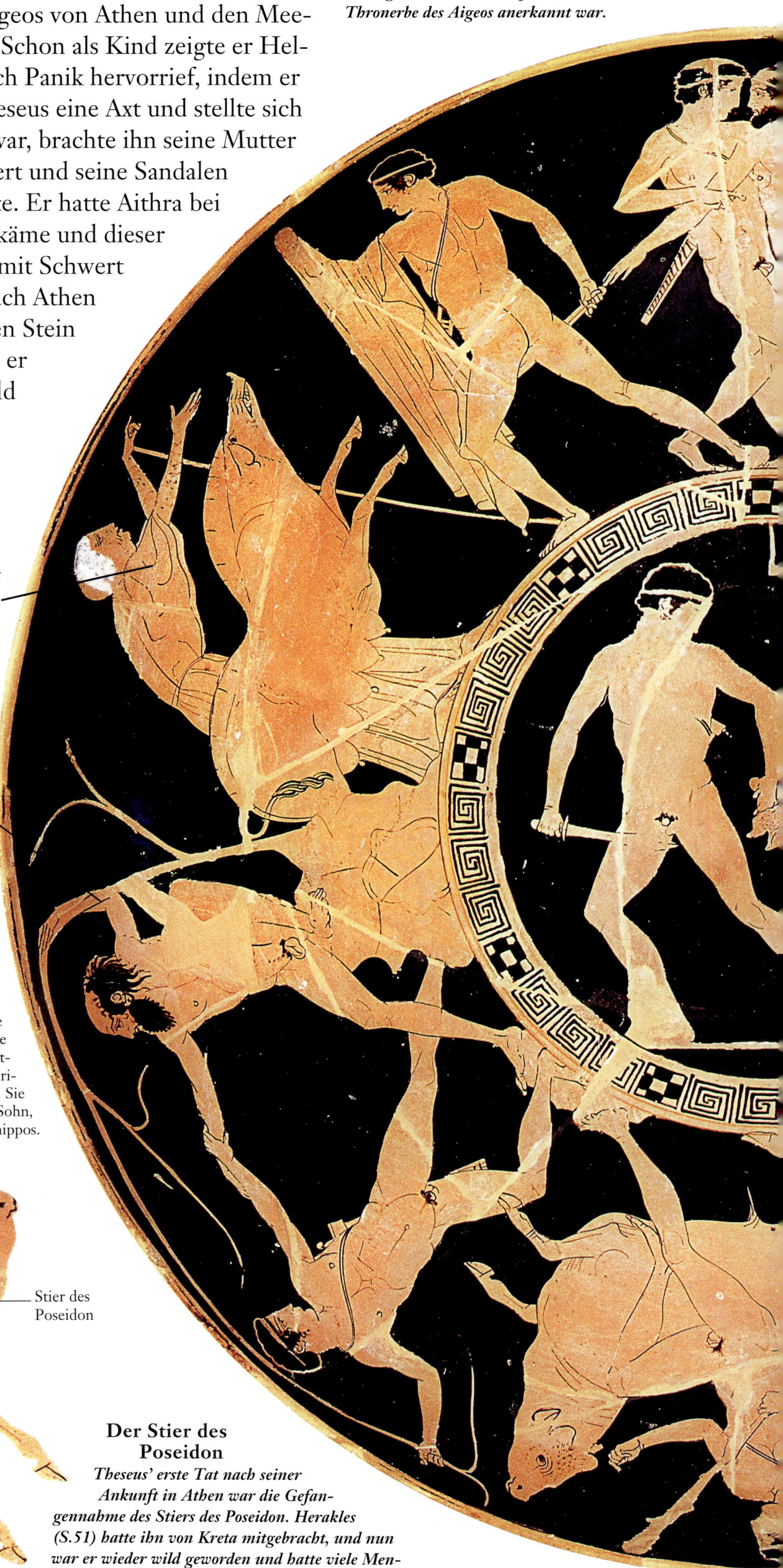

DIE HELDENTATEN DES THESEUS
Diese rotfigurige Schale (Griechenland, um 440 v.Chr.) zeigt einige der Heldentaten des Theseus auf seinem Weg nach Athen und später, als er als Sohn und Thronerbe des Aigeos anerkannt war.

DIE WILDE SAU VON KROMMYON
In Krommyon, südwestlich von Megara, befreite Theseus die Menschen von einer berüchtigten Plage in Gestalt einer grauen Sau namens Phaia, deren Eltern die Ungeheuer Echidna und Typhon (S.48) waren. Dies war seine dritte Heldentat.

SINIS, DER TANNENBIEGER
Die zweite Gefahr lauerte in Gestalt des Sinis. Dieser war so stark, daß er Tannen biegen konnte, bis ihre Spitzen den Erdboden berührten, daher auch sein Beiname »Tannenbieger«. Er bat Vorübergehende, ihm beim Festhalten des Baums zu helfen, ließ dann aber plötzlich los, so daß sie in die Höhe schnellten. Oder er fesselte sie an zwei Tannen, die er selbst herabgebogen hatte, und ließ dann die Bäume los, so daß die Opfer zerrissen wurden. Auf die gleiche Weise tötete Theseus Sinis. Dann entdeckte er dessen schöne Tochter Perigune und nahm sie zur Geliebten. Sie gebar ihm einen Sohn, Melanippos.

Der Stier des Poseidon
Theseus' erste Tat nach seiner Ankunft in Athen war die Gefangennahme des Stiers des Poseidon. Herakles (S.51) hatte ihn von Kreta mitgebracht, und nun war er wieder wild geworden und hatte viele Menschen getötet. Theseus packte den Stier bei den Hörnern und zerrte ihn durch Athen bis zur Akropolis, wo er das Tier dem Apollon opferte.

Als Theseus sich auf den Weg machte, stieß er bald auf Periphetes, auch »Knüppler« genannt, weil er Reisende mit einer riesigen Eisenkeule totzuprügeln pflegte. Theseus wand Periphetes die Keule aus der Hand und erschlug ihn damit. Die Keule leistete Theseus fortan gute Dienste.

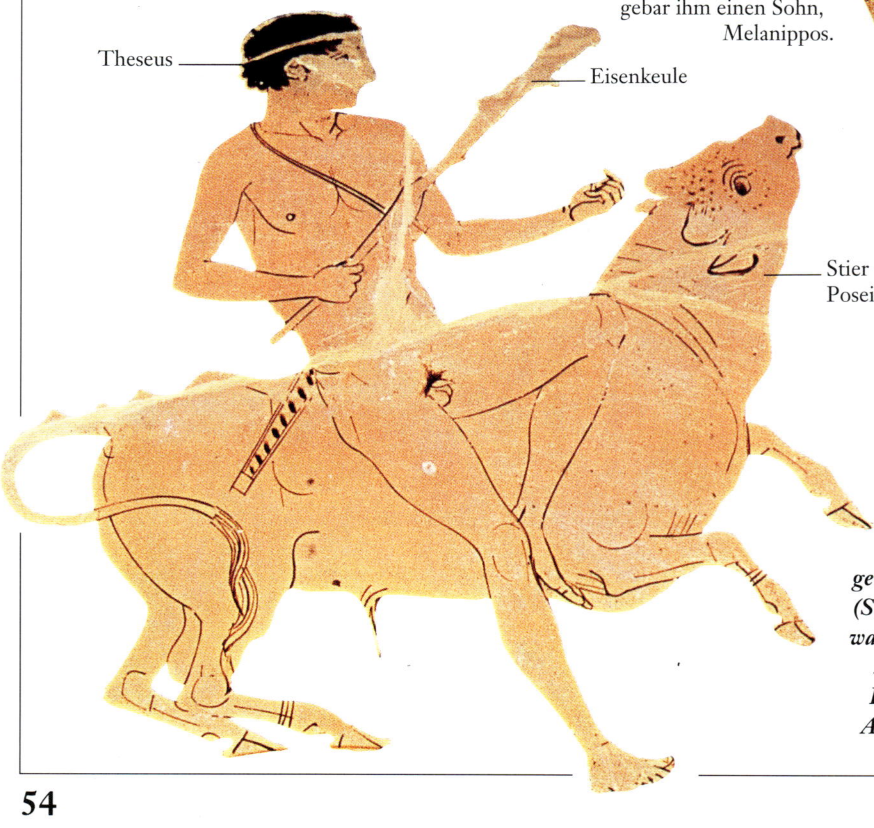

Der Minotauros

Kaum war Theseus in Athen, da mußten die Athener König Minos als Tribut junge Männer und Frauen nach Kreta schicken. Sie sollten dem Ungeheuer Minotauros – halb Mensch, halb Tier – zum Fraß vorgeworfen werden. Theseus meldete sich freiwillig und tötete den Minotauros (S.56–57).

Kurz nach dem Tod seiner Frau Phädra (s.u.) beschloß Theseus, wieder zu heiraten, ebenso wie sein verwitweter Freund Peirithoos, der König von Lapiths und ein Sohn des Zeus. Allerdings sollten die neuen Frauen Töchter des Zeus sein. Zuerst entführten sie Helena von Sparta (S.62) für Theseus, dann besuchten sie die Unterwelt, um Persephone zu entführen. Ihr Gatte Hades hieß die beiden zum Schein willkommen und bot ihnen einen Stuhl an. Doch als sie wieder aufstehen wollten, waren sie wie festgewachsen, und sie verloren die Erinnerung, denn sie saßen auf den Stühlen des Vergessens. Als Herakles nach Jahren kam, um den Kerberos zu holen, erkannte er seinen Cousin Theseus und befreite ihn. Doch als er versuchte, auch Peirithoos zu befreien, bebte die Erde, und er mußte sein Vorhaben aufgeben und ihn zurücklassen.

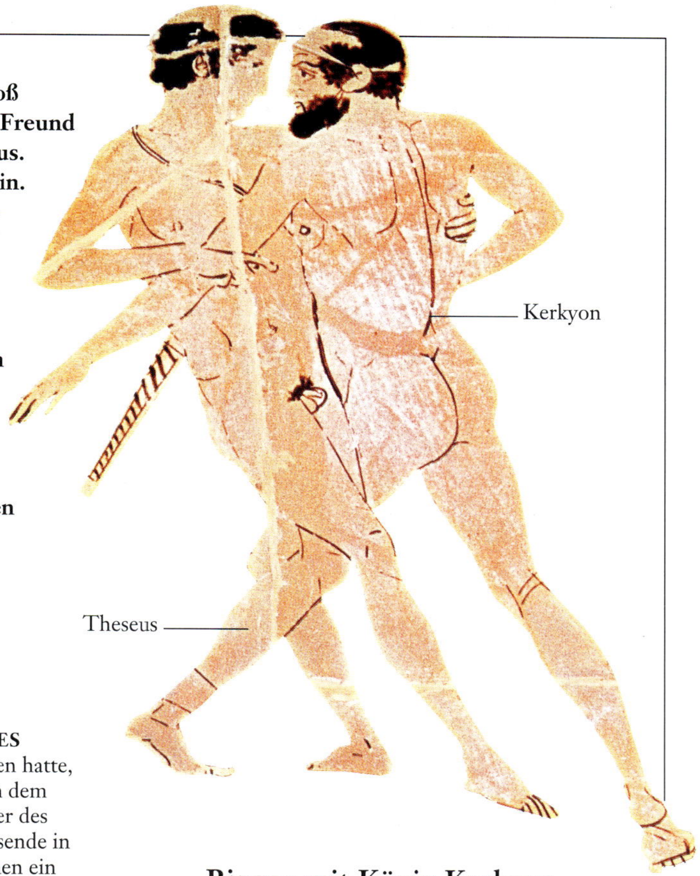

Das Bett des Prokrustes

Nachdem er Kerkyon bezwungen hatte, wurde Theseus in Erineus von dem Riesen Prokrustes (dem Vater des Sinis) aufgehalten, der Reisende in sein Gasthaus bat und ihnen ein Bett für die Nacht anbot. Waren die Reisenden zu klein für das Bett, dann streckte er sie (Prokrustes = »der Strecker«), zu große Reisende paßte er durch Abhacken der Füße an. Theseus tötete Prokrustes, indem er ihn auf das Bett legte und ihm, da er zu groß war, den Kopf abhackte.

Ringen mit König Kerkyon

Nach den ersten vier Heldentaten kam Theseus nach Eleusis. Der dortige König, Kerkyon, zwang Fremde, mit ihm zu ringen, und wer verlor, mußte sterben. Wie Amykos, der mit den Argonauten boxte (S.53), war auch Kerkyon gewohnt zu gewinnen. Doch in Theseus fand er seinen Meister. Dieser hob den König hoch und warf ihn auf den Boden. So gewann er den Thron von Eleusis, das er später Athen anschloß.

Hippolytos, Sohn des Theseus

Hippolyt(os) war der Sohn des Theseus und der Amazonenkönigin Hippolyte oder ihrer Schwester Antiope. Als Theseus die Amazone verließ, um Phädra (S.56–57) zu heiraten, erschien Hippolyte bewaffnet auf der Hochzeit und kam im nachfolgenden Kampf um. Phädra gebar dem Theseus zwei Kinder, doch dann verliebte sie sich in ihren Stiefsohn Hippolytos, der sie als Anhänger der jungfräulichen Göttin Artemis jedoch abwies. Aus Angst, daß die Wahrheit ans Licht käme, klagte Phädra Hippolytos der Vergewaltigung an. Theseus schenkte seiner Frau Glauben und bat Poseidon um Vergeltung. Als Hippolytos mit seinem Pferdewagen entlang der Küste ins Exil fuhr, tauchte aus dem Meer ein ungeheurer Stier auf, die Pferde scheuten, Hippolytos stürzte, verfing sich in den Zügeln und wurde von seinen Pferden zu Tode geschleift. Danach erfuhr Theseus die Wahrheit, und Phädra erhängte sich aus Scham. Artemis überredete Asklepios (S.39), Hippolytos wieder zum Leben zu erwecken. Auf ihn führen die Römer den Diana-(Artemis-)Kult am Nemi-See in Latium zurück.

Peter Paul Rubens (1577–1640): Der Tod des Hippolytos

Skeiron, der Schurke

Nachdem Theseus Krommyon verlassen hatte (S.54), traf er bei Megara auf den Schurken Skeiron. Dieser lauerte Wanderern auf und zwang sie, ihm an einer steilen Klippe die Füße zu waschen. Wenn sie vor ihm knieten, stieß er sie über die Klippe, worauf sie von Riesenschildkröten tief unten in der Bucht gefressen wurden. Theseus ließ sich auf die Fußwaschung ein, doch als er vor Skeiron kniete, packte er dessen Füße und schleuderte den Schurken über die Klippe.

DER MINOTAUROS

König Minos von Kreta hatte Poseidon gekränkt, und dieser sorgte aus Rache dafür, daß sich Minos' Frau Pasiphaë in einen weißen Stier verliebte. Aus dieser Beziehung ging der Minotauros hervor, ein menschenfressendes Mensch-Stier-Mischwesen. Um die Schande zu verbergen und sein Volk zu schützen, ließ Minos den Erfinder Daidalos (Dädalus) ein Labyrinth bauen, aus dem das Ungeheuer niemals entkommen konnte. Als Opfer für den Minotaurus schickte Minos alle neun Jahre sieben junge Frauen und sieben junge Männer ins Labyrinth, die ihm die Athener als Tribut sandten. Als es wieder einmal soweit war, stellte sich Theseus (S.54–55) freiwillig zur Verfügung, damit er das Ungeheuer töten und Athen von dem schrecklichen Tribut befreien konnte. Mit Hilfe der in ihn verliebten Königstochter Ariadne gelang sein Vorhaben. Nach der Tat floh er mit ihr übers Meer, doch er nahm sie nicht mit nach Athen, sondern setzte sie auf der Insel Naxos aus, wo sie den Gott Dionysos heiratete (S.58–59).

DAS LABYRINTH

Labyrinth(os) heißt »Haus der Doppelaxt«, nach der kretischen zweiköpfigen Zeremonienaxt. Das Labyrinth symbolisiert die Unterwelt, in die der Held (Theseus) mit Hilfe der Jungfrau (Ariadne) hinabsteigen muß. Nach seinem Tod wird Minos Richter in der Unterwelt. Labyrinthe erscheinen auf kretischen Vasen, Münzen und Fresken, und rituelle Tänze wurden vermutlich in Labyrinthmustern getanzt. Der Durchgang durch ein Labyrinth war Bestandteil von Initiationsriten und symbolisierte das Auffinden eines geistigen Zentrums wie auch den Aufstieg von der Dunkelheit zum Licht. Initianten mußten u.U. auch über die Hörner eines Stiers springen, wie Fresken in Knossos zeigen.

Minos war der Sohn des Zeus und der Europa (S.45). Europa heiratete König Asterios von Kreta, der Minos adoptierte. Als Minos König wurde, errichtete er einen Altar und bat Poseidon, daß ein Stier aus dem Meer steigen möge, den er opfern könne. Augenblicklich erschien ein schöner weißer Stier. Minos aber behielt das stattliche Tier für sich und opferte einen minderwertigen Bullen. Darüber war Poseidon so erbost, daß er Minos' schöne Frau Pasiphaë in den weißen Stier verliebt machte.

KÖNIGLICHE SCHWESTERN
Ariadne und Phädra waren die Töchter des Minos und der Pasiphaë. Zu ihren Brüdern zählten Androgeos und Glaukos. Für den Mord an seinem Sohn Androgeos verlangte der König von den Athenern den berüchtigten Tribut.

THESEUS UND DER MINOTAUROS
Meister des Campana Cassoni
Dieses Tafelbild zeigt Theseus' Ankunft auf Kreta, seine Begegnung mit den Königstöchtern, die Übergabe des Garnknäuels, Theseus' Kampf mit dem Minotauros und seine Abreise mit Ariadne. Das Schiff trägt die schwarzen Trauersegel, die den Tod seines Vaters verursachen.

THESEUS
Der Held Theseus spricht mit Ariadne und Phädra. Mit Ariadnes Hilfe tötet er den Minotauros.

FREMDE STEUERMÄNNER
Das Schiff der Athener wurde von Phäax und Nausitheos gesteuert. Keiner der beiden kam aus Athen, denn die Athener wußten zu jener Zeit nichts über Navigation.

TRIBUTSCHIFF
Das schwarze Trauerschiff läuft in den Hafen ein, an Bord sieben junge Männer und sieben Mädchen, die König Minos alle neun Jahre von der unterworfenen Stadt Athen als Tribut forderte.

Garnknäuel
Ariadne gab Theseus ein Garnknäuel, das sie von Daidalos, dem Erbauer des Labyrinths, erhalten hatte. Indem Theseus ein Ende des Fadens am Eingang des Labyrinths festband und das Knäuel dann durch die Irrwege abspulte, fand er seinen Weg zurück.

DAIDALOS UND IKAROS

Der Erfinder, Baumeister und Bildhauer Daidalos aus Athen hatte seine Kunst von der Göttin Athene gelernt. Doch er wurde noch übertroffen von seinem Neffen Talos, der schon als Knabe die Säge, das Drechseleisen und die Töpferscheibe erfand. Neiderfüllt tötete Daidalos den Jungen. Dafür sollte er verbannt werden. Er floh nach Kreta und fand Aufnahme bei König Minos, für den er das Labyrinth baute. Mit einer Sklavin hatte er einen Sohn namens Ikaros (Ikarus), und als Theseus den Minotauros besiegt hatte, schloß Minos Daidalos und seinen Sohn im Labyrinth ein. Der einzige Fluchtweg war die Luft. Daidalos fertigte zwei Paar Flügel aus Federn und Wachs. Er gebot Ikaros, nicht zu hoch zu fliegen, damit die Sonne nicht das Wachs schmelze, und nicht zu tief, damit das Meer nicht die Federn nässe. Doch Ikaros packte der Übermut, und er kam der Sonne zu nahe. Das Wachs schmolz, und der Knabe stürzte ins Meer. Daidalos gelangte nach Sizilien und fand Zuflucht bei König Kokalos. Minos aber verfolgte Daidalos; er wurde in den Palast eingeladen und im siedenden Wasser des Bades erstickt, das Daidalos angelegt hatte.

Carlo Saraceni (1580/85–1620): DER STURZ DES IKAROS *(Ausschnitt)*

HALB MENSCH, HALB TIER
Der Minotauros mit seinem Menschenverstand in einem Tierkörper ist eine tragische, bedauernswerte Ungeheuergestalt. Er hatte auch einen menschlichen Namen, den gleichen wie Minos' Ziehvater: Asterios oder Asterion. Beides bedeutet »Stern«, Minotauros dagegen bedeutet einfach »Stier des Minos«.

WILDES TIER
Man mußte damit rechnen, daß der Minotauros wie sein Vater, der weiße Stier, jeden töten würde, der sich ihm in den Weg stellte. Hier wird er eingefangen und ins Labyrinth gesperrt.

TOD IM LABYRINTH
Im Zentrum des Labyrinths kommt es zum Zweikampf zwischen Theseus und dem Minotauros. Nach unterschiedlichen Quellen tötete Theseus das Ungeheuer mit den bloßen Händen, mit einer Keule oder mit einem Schwert, das Ariadne ihm gegeben hatte.

WÄCHTERINNEN
Ariadne und Phädra bewachen das Labyrinth, in dem ihr Halbbruder, der Minotauros, eingesperrt ist.

ATHENISCHER HELD
Der athenische Held Theseus – Erbe des Königs Aigeos – macht sich auf den Weg zum Labyrinth, im Vertrauen darauf, daß die Götter ihm beistehen.

BETROGENE LIEBE
Theseus nimmt Ariadne mit, als er Kreta verläßt. Doch er setzt sie auf der Insel Naxos aus, wo Dionysos sie zur Frau nimmt. Manchen Quellen zufolge verläßt Theseus Ariadne auf Anweisung des Gottes.

HEIRATSVERSPRECHEN
Ariadne verliebte sich in Theseus – möglicherweise durch Eingreifen der Aphrodite – und bot ihm ihre Hilfe an, wenn er sie mit nach Athen nehmen und heiraten würde.

PHÄDRA
Theseus heiratet später Ariadnes Schwester Phädra, die sich jedoch in Hippolytos, Theseus' Sohn mit der Amazone Hippolyte, verliebt.

Schwarze Segel
Die Athener zeigten ihre Trauer, indem sie die Tributschiffe mit schwarzen Segeln ausstatteten. Im Erfolgsfall sollte Theseus sie durch weiße ersetzen, doch er vergaß es. Als Aigeos das heimkehrende Schiff erblickte, wähnte er seinen Sohn tot und die Mission gescheitert. Verzweifelt stürzte er sich ins Meer, das seither Ägäis genannt wird.

DIONYSOS UND ARIADNE

Die kretische Prinzessin Ariadne heiratete auf der Insel Naxos den Gott Dionysos/Bakchos (röm. Bacchus). Ihr Geliebter Theseus (S.54–55) hatte sie heimlich verlassen, während sie schlief. Warum er dies tat, ist unklar. Eine Version der Geschichte besagt, Dionysos habe es von Theseus unter Androhung von Unheil verlangt. Nach einer anderen Darstellung trug Dionysos sie einfach fort. Ariadne gebar dem Dionysos mehrere Söhne, allerdings werden die ersten beiden, Oinopion und Thoas, auch Theseus zugeschrieben. Einer Überlieferung auf Naxos zufolge ließ Theseus Ariadne als Schwangere zurück, und sie starb im Kindbett oder erhängte sich aus Gram. Eine weitere Version der Geschichte besagt, daß Artemis Ariadne tötete, weil Dionysos sie beschuldigte, die heilige Grotte von Naxos entweiht zu haben.

PUTTEN
Die geflügelten Knaben könnten die künftigen Söhne von Dionysos und Ariadne darstellen: Oinopion, Thoas, Staphylos, Latromis, Euanthes und Tauropolos.

DIONYSOS UND ARIADNE
Johann Georg Olatzer
(1704–1761)
Dionysos und Ariadne feiern mit Freunden ihre Hochzeit. Das Bild enthält zahlreiche Anspielungen auf Dionysos' Rolle als Gott des Weins.

HEILIGE BÄUME
Die Eibe, die Fichte, die Feige, der Efeu und der Wein waren dem Dionysos geweiht.

SATYRN
Kennzeichnend für dje Satyrn (Geister mit ziegenartigen Zügen) war vor allem ihre ungezügelte Lust. Dionysos selbst gilt als Vater des phallischen Gottes Priapos, dessen Mutter Aphrodite war.

MÄNADEN
Die Frauen im Gefolge des Dionysos waren als Mänaden (»die Rasenden«) bekannt. Bei ihren ekstatischen Orgien rissen sie Tiere in Stücke – aber auch Menschen wie Pentheus, den König von Theben – und verschlangen das Fleisch roh.

SILENOS
Silenos, der trunksüchtige alte Lehrer des Dionysos, ist ein ständiger Begleiter des Gottes und Anführer seines Gefolges aus Silene, Satyrn und Mänaden.

Panflöte

Der Gott Pan
Pan (S.42–43) findet sich häufig in Gesellschaft des Dionysos. Es gibt sogar Quellen, die in Dionysos den Vater des Pan sehen. Pan besitzt zwar Ziegenmerkmale, ist aber kein Satyr.

MUSIK UND DICHTUNG
Als Gott des Weins, der die Inspiration beflügelt, wurde Dionysos/Bacchus auch zum Schutzpatron der Musiker und Literaten.

IN EKSTASE
Die Bacchanalia mit der orgiastischen Verehrung des Dionysos wurde 186 v.Chr. per Dekret des römischen Senats verboten.

ARIADNE
Die Tochter des Minos und der Pasiphaë trägt einen Brautkranz, den ihr Dionysos geschenkt hat. Er gehörte seiner Stiefmutter, der Meeresnymphe Thetis (S.25). Als Ariadne starb, wurde der Kranz zum Sternbild Corona Borealis (Nördliche Krone).

Herrin des Labyrinths

Die Hochzeit von Dionysos und Ariadne spiegelt alte Mythen der minoischen Kultur wider, in denen Dionysos als Hauptgott die Rolle des Zeus und die des Hades übernahm und häufig als Stier auftrat. Pasiphaës Stier-Geliebter (S.56) und der Minotauros, das Kind aus dieser Verbindung, können beide als Manifestation des Gottes gelten. Ariadne ist als Herrin des Labyrinths (= Unterwelt) die minoische Persephone (S.28–29). Diese Interpretation erklärt die Geschichten, in denen Dionysos der Sohn der Persephone ist, und warum Dio-nysos – in seiner Rolle als Hades – Anspruch auf Ariadne erhebt. Heraklit aus Ephesus schreibt: »Hades und Dionysos sind einer.«

Tempel des Dionysos

Die Insel Naxos (Dia) war dem Dionysos heilig, und einer alten Quelle zufolge war der Gott höchst erbost, weil Theseus und Ariadne in seinem Tempel miteinander schliefen.

Kranz aus Efeu- und Weinblättern

Dionysos wird selten ohne seine »Krone« aus Weinlaub und Efeu abgebildet. Meist hält er einen *thyrsos* in der Hand, einen Stab mit einem Pinienzapfen (als Fruchtbarkeitssymbol), der mit Weinlaub und Efeu umwunden ist.

Heilige Trauben

Weinstöcke und Trauben waren Dionysos als Gott des Weines heilig; er soll den Weinbau eingeführt haben. Ursprünglich aber war er der Gott des Honigs und des daraus gebrauten Mets. Unter seinem zweiten Namen Bakchos wurde er zum römischen Weingott Bacchus, als der er seine anderen Rollen verlor.

Anhängerinnen

Jungfrauen mit goldenen Körben voller Früchte marschierten bei Dionysos-Festen auf.

Dionysos

Der Gott der Vegetation, des Weins und der Ekstase war ein Sohn des Zeus und der Kadmos-Tochter Semele (S.49). Die eifersüchtige Hera bewog Semele, von Zeus zu verlangen, sich ihr in seiner wahren Gestalt (als Blitz) zu zeigen. Semele verbrannte, aber Zeus rettete das ungeborene Kind und trug es bis zum Geburtszeitpunkt in seinem Oberschenkel. Daher wurde Dionysos der »Zweimalgeborene« genannt.

Opferziege

Zum Kult des Dionysos gehörte das Opfern einer Ziege. Als Kind war der Gott von Hermes kurzzeitig in eine Ziege verwandelt worden; Ziegen wurden ebenfalls mit Wein assoziiert.

Dionysos und die Delphine

Tyrrhenische Piraten entdeckten Dionysos in Gestalt eines schönen Jünglings, betrunken und schlafend, auf der Insel Chios und nahmen ihn gefangen. Als er erwachte, wollte er nach Naxos gebracht werden. Die Piraten fuhren aber in eine andere Richtung. Dionysos weinte, um ihr Mitleid zu erregen. Sie aber lachten ihn nur aus. Da brachte der erzürnte Gott das Schiff zum Stillstand und ließ überall Wein wachsen. Die Seeleute verfielen dem Wahnsinn, sprangen ins Meer und wurden in Delphine verwandelt – alle außer dem Steuermann, der sich für Dionysos eingesetzt hatte: Er wurde zum getreuen Anhänger und Priester des Gottes.

Diese griechische Schale (6.Jh.v.Chr.) zeigt Dionysos und die in Delphine verwandelten Seeleute.

Königlich
Ledas Gatte Tyndareos war ein Sohn von Perseus' Tochter Gorgophone; ihr Vater war König Thestios.

LEDA

Als Leda, die Gemahlin des Königs Tyndareos von Sparta, am Fluß Eurotas spazierenging, näherte sich ihr Zeus in Gestalt eines Schwans. Daraufhin legte Leda zwei Eier, aus denen vier Kinder schlüpften: Helena, Klytämnestra, Polydeukes und Kastor – wenngleich nur Helena und Polydeukes als Kinder des Zeus gelten. Später wurde Leda als Nemesis, Göttin der Vergeltung, verehrt. In frühen Versionen der Sage findet Leda das Ei mit Helena, der Tochter des Zeus und der Nemesis. Nemesis hatte versucht, Zeus durch Gestaltwechsel zu entkommen. Sie verwandelte sich immer wieder in ein anderes Tier, doch Zeus folgte ihr in allen Verwandlungen, bis es schließlich zur Paarung zwischen Nemesis als Gans und Zeus als Schwan kam. Nemesis legte ihr Ei in einem Sumpf ab, wo Leda es fand. Nach einer anderen Darstellung täuschte Zeus einen verletzten Schwan vor, und als Nemesis ihn an ihre Brust drückte, vergewaltigte er sie. Hermes warf das Ei zwischen Ledas Schenkel, so daß sie es »gebar«.

KLYTÄMNESTRA

Ledas Tochter Klytämnestra wurde von Agamemnon, König von Mykene, zur Heirat gezwungen, nachdem er ihren Gatten Tantalos und ihr Kind getötet hatte. Sie gebar ihm vier Kinder: Iphigenie, Elektra, Chrysothemis und Orest. Als Agamemnon seine älteste Tochter Iphigenie für günstigen Fahrtwind nach Troja der Artemis opferte, zog er sich den erbitterten Haß seiner Frau zu. In seiner Abwesenheit schmiedete Klytämnestra mit Tantalos' Bruder Aigisthos (ihrem Geliebten) Rachepläne. Als Agamemnon zurückkehrte, erschlug Aigisthos ihn im Bad, und Klytämnestra tötete seine trojanische Geliebte, die Seherin Kassandra, deren Warnungen keiner glaubte. Jahre später rächte Orest seinen Vater, indem er seine Mutter und Aigisthos tötete.

John Collier (1850–1934): Klytämnestra

Leda mit dem Schwan
Kopie eines verlorenen Gemäldes von Leonardo da Vinci (1452–1519)
Francesco Melzi (1493–1570)
Dieses Bild verbindet die Vergewaltigung der Leda durch Zeus in Gestalt eines Schwans mit der »Geburt« von Helena, Polydeukes, Kastor und Klytämnestra aus den Schwaneneiern der Leda. Helena wurde zur Ursache für den Trojanischen Krieg (S.62–63).

»Musen, erzählt von den Söhnen des Zeus mit den strahlenden Augen, Ledas berühmten Kindern ... Jenen Tyndariden, dem Rossebändiger Kastor und Polydeukes, dem Mann ohne Tadel ...«
HOMERISCHE HYMNE AN DIE DIOSKUREN

Von einem Schwan getäuscht
Leda erkannte zu spät, daß es sich bei dem scheinbar sanften Schwan um Zeus in Tiergestalt handelte. Der Gott überwältigte und vergewaltigte sie.

Nemesis, mit der Leda assoziiert wird, war die Tochter der Nacht und die Göttin der göttlichen Vergeltung. Sie wachte über die Verteilung des Reichtums, achtete auf Ausgewogenheit, rächte Hochmut und bestrafte alles Übermaß – selbst das an Glück –, welches das Gleichgewicht der Welt beeinträchtigte.

Wandelbarer Gott
Eines der hervorstechendsten Kennzeichen des Gottes Zeus war seine Fähigkeit, jede beliebige Gestalt anzunehmen. Bei seinen Verführungen oder Vergewaltigungen von Sterblichen näherte er sich diesen oft in Form eines großen, scheinbar zahmen Tieres. Wenn die Frauen ihn streichelten und liebkosten, überwältigte er sie.

Sparta
Im Hintergrund sieht man die Stadt Sparta, in der Leda mit ihrem Gemahl Tyndareos regierte. Tyndareos setzte später Menelaos, den Gatten von Ledas Tochter Helena, als Nachfolger ein.

AUS EINEM EI »GEBOREN«
Nach der Vereinigung mit Zeus legte Leda zwei Eier. Die vier Kinder, die daraus schlüpften, erlangten alle große Bekanntheit. Es gibt verschiedene Darstellungen, wer die Väter der Kinder sind. Meist aber gelten Helena und Polydeukes als Kinder des Zeus, Klytämnestra und Kastor dagegen als Kinder von Tyndareos, dem Ehemann Ledas.

UNZERTRENNLICH
Kastor und Polydeukes waren von Geburt an unzertrennlich, wenngleich einer menschlicher, der andere göttlicher Abstammung war. Kastor war ein mächtiger Krieger und Pferdezähmer, Polydeukes ein großer Boxer. Nur anhand der Boxnarben in Polydeukes' Gesicht konnte man die beiden auseinanderhalten.

HELENA
Helena wuchs zu einem außergewöhnlich schönen Mädchen heran. Nachdem sie im Alter von zwölf Jahren von Theseus entführt (S.54–55) und von ihren Brüdern gerettet worden war, schworen alle Männer, die um sie warben, daß sie an jedem Rache nehmen würden, der sie dem erwählten Gatten entziehen wollte. Helena heiratete König Menelaos. Als der trojanische Prinz Paris sie dann entführte (S.62–63), hielten die Männer ihr Versprechen und zogen in den Krieg gegen Troja.

KLYTÄMNESTRA
Helenas Zwillingsschwester Klytämnestra war in erster Ehe mit Tantalos von Pisa verheiratet, zur zweiten Ehe mit Menelaos' Bruder Agamemnon wurde sie gezwungen (s.o.).

MUTTER SCHICKSALSGESCHLAGENER TÖCHTER
Drei von Ledas Töchtern – Helena, Timandra und Klytämnestra – mußten für den Fehler des Tyndareos büßen, der Aphrodite nicht den nötigen Respekt erwiesen hatte. Sie verdammte sie dazu, mehrfach heiraten zu müssen und ehebrüchig zu werden.

Nach ihrem Tode erlangten die Dioskuren geteilte Unsterblichkeit. Laut spätgriechischen Autoren kamen sie durch Zeus als das Sternbild der Zwillinge (Gemini) an den Himmel. Sie fanden besondere Verehrung in Sparta und später, im 5.Jh.v.Chr., bei den Römern. Die Römer glaubten, daß ihnen heroische Gottheiten, die viele Schlachten geschlagen und Abenteuer bestanden hatten, auf dem Schlachtfeld beistanden.

AKELEIEN
Zu Ledas Füßen blühen purpurfarbene Akeleien, ein Symbol des Siegeswillens. Sie mögen auf Zeus' unumstößliches Vorhaben, Leda zu schwängern, hinweisen. Der wissenschaftliche Name der Akelei lautet *Aquilegia*, vom lateinischen Wort für Adler (wegen der Adlerfängen ähnlichen Spornblüten); Zeus wird oft von einem Adler begleitet (S.44).

Polydeukes

Kastor

Gemeinsam in Leben und Tod

Kastor und Polydeukes, bekannt als die Dioskuren (»Söhne des Zeus«), wurden unter den Namen Castor und Pollux bedeutende römische Gottheiten. Als Kastor im Kampf mit ihren Zwillingsvettern Lykeos und Idas tödlich verwundet wurde, bat Polydeukes seinen Vater Zeus, ihn den Bruder nicht überleben zu lassen. Polydeukes wollte auch seine Unsterblichkeit nicht annehmen, während Kastor in die Unterwelt mußte. So verbrachten sie jeweils einen Tag zusammen auf dem Olymp und den nächsten im Hades.

MYTHENTEPPICH

Die Geschichte von Leda und dem Schwan wurde von Arachne, die Athene zu einem Webwettstreit herausforderte, in einen Bildteppich gewoben. Während Athene in ihrem Teppich das Schicksal vermessener Sterblicher darstellte, webte Arachne die Skandalgeschichten der Götter, darunter Zeus' Vergewaltigung von Leda, Danaë und Europa (S.44–45). Obwohl Arachnes Werk dem der Athene ebenbürtig war, zerstörte die Rivalin es, worauf Arachne sich erhängte. Sie wurde von der Göttin in eine Spinne verwandelt, die die ganze Kunst Arachnes als Weberin bewahrte.

DAS URTEIL DES PARIS

Paris war der Sohn von König Priamos (Priamus) und Königin Hekabe (Hecuba) von Troja (Ilion) in Kleinasien. Vor seiner Geburt träumte Hekabe, sie habe eine brennende Fackel geboren, aus der sich Feuerschlangen wanden. Als sie erwachte, schrie sie, Troja brenne. Hekabes Traum wurde dahingehend gedeutet, daß Paris den Fall Trojas herbeiführen werde. Daher sollte ein Hirte den Knaben auf dem Berg Ida aussetzen. Fünf Tage später aber fand der Hirte den Kleinen unversehrt, von einer Bärin gesäugt, und adoptierte ihn. Als Paris eines Tages die Herde seines Adoptivvaters hütete, trat der Götterbote Hermes in Begleitung der drei Göttinnen Athene, Hera und Aphrodite an ihn heran und bat ihn zu entscheiden, welche der drei Göttinnen die schönste sei, und ihr einen goldenen Apfel zu überreichen. Paris wählte Aphrodite, weil sie ihm Helena, die schönste Frau der Welt, versprach – allerdings war diese mit Menelaos von Sparta verheiratet. Diese verhängnisvolle Entscheidung führte den Trojanischen Krieg herbei.

APHRODITE
Aphrodite steht wie Athene und Hera nackt vor Paris. Hermes erlaubte Paris, die Regeln festzusetzen, und dieser forderte die Göttinnen auf, sich zu entkleiden.

EULE DER WEISHEIT
Athene wurde häufig von einer Eule begleitet, die ihre Bedeutung als Göttin der Weisheit und des Krieges unterstrich.

BLAUE AUGEN
Einer von Athenes Beinamen war »Blauäugige«, daher wurden die Augen ihrer Statuen immer blau angemalt. Athene war die Schutzgöttin der Stadt Athen.

DIE GÖTTIN ATHENE
In ihrer Wut auf Paris unterstützte Athene (ebenso wie Hera) im Trojanischen Krieg die Griechen. Nach dem Fall Trojas aber entzog Athene den Griechen ihre Gunst, weil ein Grieche die trojanische Prinzessin und Seherin Kassandra im Athenetempel vergewaltigt hatte. Nur Odysseus (S.64–65) genoß weiterhin ihren Schutz.

KAMPFSCHILD
Athene war die Göttin des Krieges. In voller Rüstung war sie dem Haupt des Zeus entsprungen, nachdem dieser ihre schwangere Mutter Metis verschlungen hatte – aus Angst, sie könne einen Sohn zur Welt bringen, der ihn stürzte. Das Motiv auf ihrem Schild ist das Haupt der Gorgone Medusa, das sie von Perseus erhielt (S.46–47).

GOTT DER LIEBE
Eros, der schelmische Liebesgott, begleitet Aphrodite, die Göttin der körperlichen Liebe.

HIMMELSKÖNIGIN HERA
Hera, die Königin des Olymp, war die Göttin der Ehe. Ihre eigene Ehe verlief recht stürmisch; sie hatte oft Grund zur Eifersucht und rächte sich. Weil sie Herakles verfolgte (S.50–51), packte Zeus sie bei den Handgelenken und ließ sie vom Olymp herabhängen, die Füße mit Ambossen beschwert.

ACHILLES

Auf diesem römischen Trinkbecher erbittet Priamos von Achilles den Leichnam seines Sohnes Hektor.

Achill(es), Sohn des Peleus und der Thetis, war der Schrecken der Trojaner. Als Neugeborenes war er im Styx gebadet worden und dadurch unverwundbar – bis auf eine Ferse. Nach einem Streit mit Agamemnon weigerte er sich zu kämpfen, und die Griechen begannen zu verlieren. Patroklos kämpfte in der Rüstung seines Freundes Achill und wurde von Hektor getötet. Daraufhin tötete Achill Hektor und schleifte ihn hinter seinem Streitwagen durch Troja.

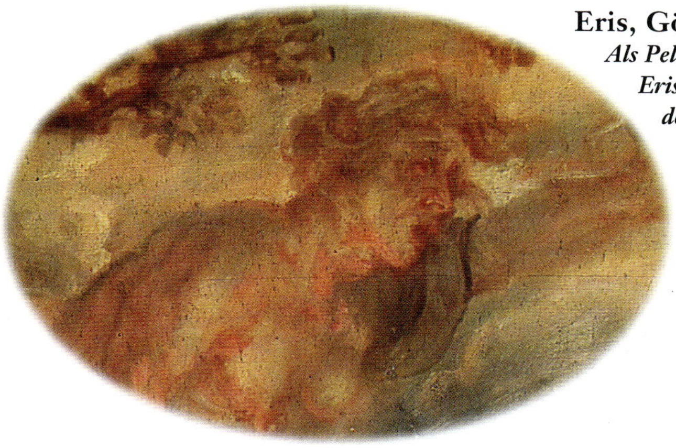

Eris, Göttin des Streits

Als Peleus und die Nymphe Thetis heirateten, war Eris als Personifikation des Zwists nicht eingeladen. Erbost erschien sie auf der Hochzeit und warf den goldenen Apfel mit der Aufschrift »Der Schönsten« unter die Versammlung. Damit begann der Streit, der schließlich den Trojanischen Krieg auslöste.

Der Trojanische Krieg

Vom Trojanischen Krieg erzählt Homer in seinem Epos *Ilias*. Grundlage ist möglicherweise ein Krieg, der im 12.Jh.v.Chr. tatsächlich stattfand. In der homerischen Überlieferung erklärten die Griechen unter Agamemnon den Trojanern den Krieg. Sie wollten Helena zurückholen, die mit Paris nach Troja geflohen war. Neun Jahre blieb der Kampf erfolglos. Erst im zehnten Jahr fiel Troja – durch eine List. Im Glauben, die Griechen hätten aufgeben, holten die Trojaner trotz Laokoons Warnung ein riesiges hölzernes Pferd in die Stadt, das sie für ein Opfer der Griechen an die Götter hielten. Doch im Bauch des Pferdes verborgen saßen griechische Krieger. Diese plünderten Troja und legten es in Schutt und Asche. Der trojanische Prinz Aeneas (S.66–67) konnte entkommen und wurde zum Stammvater Roms.

Gegen Ende des Trojanischen Krieges wurde Paris lebensgefährlich verwundet – von Philokletes, den die Griechen eigens von der Insel Lemnos geholt hatten. Ein Seher hatte prophezeit, ohne ihn werde Troja nie fallen. Mit einem Bogen, der einst Herakles (S.50) gehörte, schoß Philokletes Pfeile, deren Spitzen in das giftige Blut der Hydra getaucht waren. Paris kehrte zum Berg Ida zurück und bat seine frühere Frau Oinone, ihn zu heilen. Doch sie weigerte sich, weil er sie verlassen hatte, und Paris starb. Oinone erhängte sich aus Gram.

HERMES, BOTE DES ZEUS
Als die Göttinnen sich um den goldenen Apfel stritten, lehnte Zeus eine Entscheidung ab und beauftragte Hermes, die Göttinnen zum Berg Ida zu begleiten, wo Paris entscheiden sollte, wem der Titel »Schönste« zukomme.

HEROLDSSTAB
Die beiden Schlangen hefteten sich an Hermes' *caduceus*, als er ihn zwischen die kämpfenden Tiere legte.

PARIS' QUAL DER WAHL
Paris hatte eine schwierige Entscheidung zu treffen. Jede der Göttinnen konnte ihm gefährlich werden, und alle versuchten, ihn zu bestechen. Hera versprach ihm Reichtum und Macht auf Erden, Athene Weisheit und Sieg in der Schlacht, Aphrodite die schöne Helena.

DER BERG IDA
Paris lebte auf dem Berg Ida und hütete die Herden seines Adoptivvaters. Er heiratete Oinone, die Nymphe des Berges und Tochter des Flußgottes Kebren. Mit ihr hatte er einen Sohn Korythos. Doch er verließ sie wegen Helena.

VERFOLGERIN TROJAS
Nachdem Paris Aphrodite gewählt hatte, kannte Heras Wut keine Grenzen. Sie setzte alles daran, die Griechen gegen Troja zu unterstützen. Sie legte sich sogar mit Zeus unter eine Wolkendecke, damit Poseidon den Griechen unbeobachtet helfen konnte.

STOLZER PFAU
Der Pfau war Heras Vogel, wie die Eule Athenes. Er steht für Stolz und Geltungssucht. Die Augen in seinem Schwanz sind die des 100äugigen Wachhundes Argus, den Hermes getötet hatte, um Zeus die Affäre mit Prinzessin Io zu ermöglichen.

Das Urteil des Paris

Peter Paul Rubens (1577–1640)

Paris, hinter dem Hermes an einem Baum lehnt, hält den goldenen Apfel in Händen, während die drei Göttinnen nackt auf seine Entscheidung warten. Eris, die Göttin des Haders, schaut von oben zu.

Zankapfel

Paris hält den goldenen Apfel, unsicher, wem er ihn geben soll. Äpfel waren der Hera heilig. Daher glaubte sie, mehr Anspruch auf ihn zu haben als ihre Rivalinnen. Untereinander hatten sich die Göttinnen nicht einigen können. So sollte Paris entscheiden, der bestaussehende Mann der Welt. Ihm trauten sie zu, daß er wisse, was Schönheit ist.

Goldener Apfel

ODYSSEUS KEHRT HEIM

Odysseus (röm. Ulysses) von Ithaka brauchte nach dem Ende des Trojanischen Krieges, nicht zuletzt aufgrund der Feindschaft des Meeresgottes Poseidon, zehn Jahre, um nach Hause zu kommen. Auf seiner Irrfahrt wurde er zunächst ins Land der Lotosesser verschlagen, wo einige seiner Männer in Trance gefangen blieben, dann ins Land der Kyklopen (s.u.), die mehrere seiner Begleiter verspeisten. Durch die Blendung des Kyklopen Polyphem(os) – Poseidons Sohn – zog er sich den Zorn des Meeresgottes zu. Dieser ließ Odysseus vom Kurs abkommen, Schiffbruch erleiden und seine gesamte Mannschaft verlieren. Zweimal gab es für Odysseus ein romantisches Zwischenspiel – das erste mit der Zauberin Kirke (Circe), die seine Männer in Schweine verwandelte, das zweite mit der Meeresnymphe Kalypso, bei der er sieben Jahre blieb, ehe seine Sehnsucht nach Heimat und Gattin das Mitleid der Götter erregte. Hinter Poseidons Rücken bauten Athene und andere Götter für Odysseus ein Floß. Als Poseidon es entdeckte, wurde er wütend und ließ den Helden erneut Schiffbruch erleiden. Odysseus wurde an Land gespült, wo ihn Nausikaa, die Tochter des Phäakenkönigs Alkinoos, entdeckte. Alkinoos sorgte für Odysseus' Heimkehr.

Odysseus hörte als erster Mensch die Sirenen singen und überlebte. Ihre Insel war mit den Knochen der Seeleute übersät, die sie mit ihrem Gesang in den Tod gelockt hatten. Bisher war es nur den Argonauten (S.52–53) gelungen, lebend an den Sirenen vorbeizukommen – weil Orpheus ihren Gesang mit seinem Leierspiel übertönt hatte.

AN DEN MAST GEBUNDEN
Odysseus hatte seine Männer gebeten, ihn am Mast festzubinden, damit das Lied der Sirenen ihm nicht zum Verhängnis wurde.

ODYSSEUS UND DIE SIRENEN
Herbert James Draper (1864–1920)
Odysseus und seine Männer fahren an der Insel der Sirenen vorbei, deren unwiderstehlicher Gesang Seeleute ins Verderben lockt. Auf Kirkes Rat hin hat er seinen Männern die Ohren mit Wachs verstopft, so daß sie den lockenden Gesang nicht hören können. Sich selbst hat er am Mast festbinden lassen, damit er zuhören, aber nicht von Bord gehen kann.

ANZIEHEN DER FESSELN
Als Odysseus die Stimmen der Sirenen hörte, bedeutete er seinen Männern, ihn loszubinden. Doch diese zogen die Knoten seinen vorherigen Anweisungen gemäß noch fester. Der Mann, der ihn festbindet, ist sein Schwager Eurylochos.

TAUB FÜR ALLE VERSPRECHUNGEN
Odysseus mußte an der Insel der Sirenen vorbeisegeln. Auf den Rat der Zauberin Kirke hin verschloß er die Ohren seiner Männer mit Wachs, so daß sie das verhängnisvolle Lied nicht hören konnten.

DIE KYKLOPEN

Die Kyklopen (Zyklopen) waren einäugige Riesen. Nach Hesiod gab es ihrer drei; sie waren die Donnerkeilschmiede des Zeus und wurden von Apoll getötet (S.39). Die Kyklopen, auf die Odysseus trifft, hüteten auf Sizilien Schafe. Odysseus und seine Männer wurden von einem der Kyklopen in einer Höhle eingeschlossen; einige Männer verspeiste der Riese. Odysseus sagte dem Kyklopen, sein Name sei »Keiner«, machte ihn betrunken und blendete ihn mit einem angespitzten, im Feuer erhitzten Baumstamm. Am nächsten Tag entkamen Odysseus und die verbliebene Mannschaft, verborgen unter dem Bauch der Schafe auf dem Weg zur Weide.

Tibaldi Pellegrino (1527–1596): ODYSSEUS UND POLYPHEMOS
Odysseus bohrt den glühenden Pflock in Polyphems einziges Auge. Auf die Frage, ob jemand ihm etwas antue, schreit der Kyklop: »Keiner«.

Penelope und ihre Freier

Über 20 Jahre wartete Penelope auf Odysseus. Schließlich konnte sie sich der vielen Männer kaum noch erwehren, die die vermeintliche Witwe heiraten wollten. Drei Jahre lang konnte sie sich die Freier vom Leib halten, indem sie vorgab, ein Leichentuch für ihren Schwiegervater Laërtes zu weben, das sie aber nachts immer wieder auftrennte. Als Odysseus schließlich – verkleidet als Bettler – nach Hause kam, war sein Sohn und Erbe Telemachos bereits volljährig. Nur Odysseus' Hund und die alte Amme Eurykleia erkannten den Heimkehrer, der sich daraufhin seinem Sohn zu erkennen gab und mit ihm zusammen die Freier tötete. Penelope konnte er von seiner Identität überzeugen, weil er das Geheimnis ihres Ehebettes kannte, das aus einem noch im Boden verwurzelten Baumstumpf gezimmert war.

Odysseus überlebt
Dank Kirkes Rat überlebte Odysseus die Todesverführung des Sirenengesangs. Auf seinen Reisen halfen ihm viele Frauen, die ihn liebten, u.a. auch die Göttin Athene, die den übrigen Griechen ihren Beistand entzogen hatte.

Vogelfrauen
Die Sirenen stellte man sich als harpyiengleiche, vogelartige Hexen vor. Wenn sie sangen, glichen sie wunderschönen Mädchen. Doch wer sich von ihrem Lied verführen ließ, lernte ihre wahre Natur kennen.

Unweit der Insel der Sirenen lauerten andere Gefahren: der tödliche Strudel Charybdis und das Seeungeheuer Skylla. Odysseus mußte auf seinem Kurs zwischen den beiden lebensgefährlichen Stellen hindurchfahren und kam dabei Skylla zu nahe – das Ungeheuer packte mit jedem seiner sechs Köpfe einen seiner Männer.

Vereitelter Plan
Um ihre Beute gebracht, sollen sich die Sirenen ins Meer gestürzt haben und ertrunken sein. Der Körper der Sirene Parthenope (»Jungfrauenstimme«) wurde in Neapel an Land gespült, und die Stadt trug ursprünglich ihren Namen.

Odysseus und seine Mannschaft sind gerade aus der Unterwelt zurückgekehrt, wo Odysseus den Schatten geopfert hat. Die Schatten eilten herbei, um vom Blut der Opfertiere zu trinken, doch Odysseus wehrte sie ab, bis ihm der Seher Teiresias gesagt hatte, wie er nach Hause kommen könne.

Des Seemanns Verderben
Die Sirenen sind hier als Meerjungfrauen dargestellt. Sie singen von den Freuden, die die Seeleute unter dem Meer erwarten, und locken sie damit ins Verderben.

Verführerische Jugend und Schönheit

Die Sirene singt.

Begleiterinnen einer Göttin
Die Sirenen waren einst die Hofdamen der Persephone und hatten zugelassen, daß Hades sie in die Unterwelt entführte (S.28–29). Zur Strafe wurden sie in groteske Vogelwesen verwandelt. Ihr Lied erzählt von den angeblichen Freuden der Unterwelt, doch sie machten auch Weissagungen.

Dido und Aeneas

Der trojanische Prinz Aeneas (Äneas, griech. Aineas) war der Sohn der Venus (Aphrodite) und des Sterblichen Anchises. Vergils *Aeneis* erzählt, wie Aeneas mit seinem Sohn aus dem brennenden Troja floh – seinen lahmen alten Vater auf den Schultern –, wie er nach langer Reise, auf der sein Vater starb, nach Italien kam und dort, wo heute Rom steht, eine Siedlung gründete, wie es ihm vorbestimmt war. Der wohl bekannteste Teil der Geschichte ist Aeneas' Liebesbeziehung zu Dido, der Königin von Karthago. Juno (Hera), die die Gründung eines neuen Troja vereiteln wollte, schickte einen schweren Sturm, der Aeneas' Flotte vor Karthago stranden ließ. Dido verliebte sich in Aeneas, und er blieb als ihr Geliebter in Karthago, bis Jupiter (Zeus) Merkur (Hermes) schickte, um ihn zum Aufbruch zu mahnen. Dido errichtete einen Scheiterhaufen, und als Aeneas' Schiff Segel setzte, tötete sie sich mit dem Schwert des Geliebten und wurde verbrannt.

Dido und Aeneas entkommen einem Sturm
Johann Heinrich Tischbein d.Ä. (1722–1789)
Bei einem Jagdausflug geraten Dido und Aeneas in einen Sturm und flüchten in eine Höhle. Hier gestehen sie einander ihre Liebe, und Aeneas wird Didos Geliebter.

Dido wurde zu einem Spielball im Machtkampf zwischen Venus und Juno. Juno haßte die Trojaner (S.62) und ließ Aeneas vor ihrer Stadt Karthago Schiffbruch erleiden. Sie stiftete die Vereinigung in der Höhle, weil sie glaubte, daß Aeneas' Siedlungspläne damit scheitern würden. Venus traute Juno nicht und ergriff selbst die Initiative. Sie schickte ihren Sohn Cupido/Amor (Eros), damit er Dido in so großer Liebe zu Aeneas entbrennen ließ, daß sie ihre Verbundenheit mit Juno vergaß.

Dunkle Höhle
Licht scheint aus der Höhle, die Zuflucht vor dem Sturm bietet. Hier stiftete Juno, die Göttin der Ehe, die Vereinigung von Dido, die ihr geopfert hatte, und Aeneas. Sie wollte, daß Aeneas blieb, statt eine Stadt zu gründen, die Karthago den Untergang bringen würde.

Dido, Königin von Karthago
Dido trägt ein gelbes Kleid. Als sie Aeneas und seine Männer in Karthago aufnahm, schenkte er ihr zum Dank ein Kleid mit einer gelben Akanthusblütenborte, das einst Helena von Troja gehört hatte.

Treue Schwester
Didos Schwester Anna bestärkte Dido in ihrer Liebe zu Aeneas. Sie half ihr auch bei der Errichtung des Scheiterhaufens, weil sie glaubte, Dido wolle einen Liebeszauber praktizieren, um Aeneas zurückzuholen.

Aeneas
Wie Dido war Aeneas verheiratet gewesen, doch seine Frau Krëusa war auf der Flucht gestorben. Er hatte einen Sohn namens Ascanius, der in Vergils *Aeneis* schon fast erwachsen ist.

Von Liebe verzehrt
Didos erster Mann, Sychaeus (Sychaios), den sie sehr geliebt hatte, war von ihrem eigenen Bruder getötet worden, und Dido hatte sich geschworen, nie wieder zu heiraten. Doch Cupido entzündete in ihr die verzehrende Flamme der Liebe zu Aeneas.

Aeneas in der Unterwelt

Aeneas wollte seinen toten Vater noch einmal sehen. Er wandte sich an die Sibylle von Cumae. Sie riet ihm, einen goldenen Zweig aus einem heiligen Hain zu holen und ihn Proserpina (Persephone) zu schenken. In der Unterwelt sah Aeneas Dido, die sich wortlos von ihm abwandte, und schließlich fand er seinen Vater. Als er ihn jedoch umarmen wollte, griff er ins Leere. Aeneas sah Seelen das Wasser des Vergessens trinken, damit sie ihr früheres Leben vergaßen und neu geboren werden konnten. Unter ihnen waren auch Tote, die als große Römer wiedergeboren werden sollten, wie Romulus und die römischen Kaiser.

Schiffbruch

Aeneas und seine Männer wurden vor Karthago an Land gespült, weil Juno gehört hatte, daß, sollte Aeneas eine neue Stadt gründen, diese Karthago einst zerstören werde. Durch den Schiffbruch und eine Verbindung zwischen Dido und Aeneas wollte sie dies verhindern.

Göttlicher Sturm
Während Dido und Aeneas auf der Jagd waren, wurden sie von einem Sturm überrascht. Den Sturm hatte Juno gesandt; er sollte die beiden von ihren Begleitern trennen und dazu zwingen, in der Höhle Zuflucht zu suchen.

Eifersüchtiger König
Diese Figur könnte Achates, Aeneas' Waffenträger und Begleiter, darstellen. Doch der finstere Blick weist eher auf Iarbas, den König von Libyen, hin. Als dieser von Didos Liebe zu Aeneas erfuhr, bat er aus Eifersucht seinen Vater Jupiter, die Verbindung zu beenden.

Nymphen
Der Himmel war Zeuge der »Hochzeit« von Dido und Aeneas in der Höhle. Blitze zuckten, und die Nymphen weinten auf den Berggipfeln, weil sie wußten, daß dieser Augenblick zu Didos Tod führen würde.

Die Gründung Roms

Die Zwillinge Romulus und Remus waren die Söhne von Aeneas' Nachfahrin Rhea Silvia, einer vestalischen Jungfrau, und dem Kriegsgott Mars (Ares). Thronusurpator Amulius, der böse Onkel Rhea Silvias, tötete die Mutter und warf die Neugeborenen in den Tiber. Sie wurden ans Ufer gespült und von einer Wölfin gesäugt, bis der Schafhirte Faustulus sie fand. Als die Knaben herangewachsen waren, töteten sie Amulius und brachten ihren Großvater auf den Thron zurück. Sodann wollten sie ihre eigene Stadt am Tiber gründen. Jeder erklomm einen Hügel und wartete auf ein Zeichen. Romulus sah zwölf Geier, Remus nur sechs. Also begann Romulus, mit dem Pflug den Verlauf der Stadtmauern zu markieren. Remus aber war zornig und kränkte seinen Bruder, indem er über die Stadtmauer sprang (ein Sakrileg). Daraufhin erschlug Romulus ihn und bevölkerte seine Stadt mit Gesetzlosen, die ihre Frauen vom Nachbarstamm der Sabiner stahlen. Nach vierzig Jahren friedlicher Herrschaft wurde Romulus von Mars der Erde entrückt.

Dieses Bronzestatue (Romulus und Remus, von der Wölfin gesäugt) stand auf dem Kapitol in Rom; von jenem Hügel aus sah Romulus die zwölf Geier. Wölfe assoziierte man mit dem Kriegsgott, so mag dieser die Wölfin zur Rettung seiner Kinder gesandt haben. Die Wölfin stammt aus dem 5.Jh.v.Chr., die Kinder sind spätere Ergänzungen.

Dido beging Selbstmord, aus Verzweiflung darüber, daß sie nicht einmal ein Kind von Aeneas hatte, das sie an seiner Stelle lieben konnte. Selbst im Tod litt sie noch viele Stunden, ehe Junos Botin Iris ihre Seele durch Abschneiden einer Locke aus dem Körper befreite.

NORDISCHE GÖTTER

Odin, der »Allvater« der nordischen Götter, und seine Brüder Vili und Vé schufen die Welt aus dem Körper des Urwesens Ymir. Der Frostriese Ymir war aus schmelzendem Reif- und Eiswasser hervorgegangen, als Feuerfunken des heißen Südlandes Muspell auf das kalte Nordland Niflheim trafen. Als Odin und seine Brüder Ymir töteten, ertränkte sein Blut alle Frostriesen außer Bergelmir und seiner Frau. Sie wurden die Stammeltern des Riesengeschlechts der Jötunn, die den Göttern feindlich gegenüberstehen (rechts). Aus den Knochen des toten Ymir formten die Brüder die Berge, aus seiner Schädeldecke das Himmelsgewölbe, und sein Blut wurde zum Meer. Dann setzten sie Sonne, Mond und Sterne an den Himmel. Als sie eines Tages am Strand entlanggingen, fanden sie zwei angeschwemmte Baumstämme – den einer Esche und den einer Ulme. Aus diesen schufen sie den ersten Mann und die erste Frau, Ask und Embla. Odin hauchte ihnen den Lebensatem ein, Vili gab ihnen Verstand und Gefühle, Vé Gehör und Sprache. Als Wohngebiet wurde ihnen Midgard, die »Mittewelt« (S.70–71), zugewiesen. Die Götter lebten in Asgard. Es gab zwei einander feindlich gesinnte Göttergeschlechter, die Asen und die Vanen; nach einem Götterkampf schlossen sie Frieden. Auf diesem Bildteppich sind zwei Asen dargestellt, der Kriegsgott Odin und sein Sohn Thor, sowie der Vane Freyr.

Ein Text (11.Jh.) aus dem heidnischen Tempel von Uppsala berichtet, daß Odin, Thor und Freyr die Hauptgötter waren, und beschreibt, wie man sie in Form von Statuen verehrte und daß man ihnen Hunde, Pferde und Menschen opferte. Weit weniger weiß man über die Göttinnen der Wikinger, wenngleich eine Hauptquelle, Snorri Sturlusons *Prosa-Edda*, sie als sehr heilig und mächtig darstellt.

Weltenbaum
Odin hängte sich einmal neun Tage und Nächte an der Weltenesche Yggdrasil auf. Von einem Speer durchbohrt, opferte er sich selbst in einem magischen Ritus auf der Suche nach verborgenem Wissen. Am neunten Tag sah er magische Runen unter sich. Als es ihm gelang, sie aufzuheben, war er frei und von Macht und Kraft erfüllt.

FEHLENDES AUGE
Odin hat nur ein Auge. Das andere opferte er für einen Mund voll Wasser aus dem Brunnen der Weisheit, der unter der zweiten Wurzel der Weltenesche Yggdrasil entsprang (S.70–71).

ODIN, HERR DER HEERE
Odin hatte viele Namen und Gestalten, meist aber ist er als Kriegsgott dargestellt. Hier trägt er eine Streitaxt; häufiger allerdings findet man ihn mit seinem Speer Gungnir abgebildet. Einer seiner Beinamen lautet »Speerschleuderer«. Odin gab Kriegern Kampfgeist und hieß die Gefallenen in Walhall willkommen.

DIE WALKÜREN

Die Walküren waren übernatürliche Frauen. Sie lebten mit Odin in Walhall, wo sie den Schatten in der Schlacht gefallener Krieger Met servierten. Sie ritten in glänzenden Rüstungen auf wilden Rössern in den Kampf, schleuderten Speere und entschieden über Sieg oder Niederlage. Ihr Name leitet sich vom nordischen *valkyrja* = »Totenwählerin« ab. Die beiden Walküren Gunn und Rota wählten die Männer für den Tod aus. Dabei wurden sie von Skuld (»Schuld, Zukunft«), der jüngsten der Nornen (S.70), begleitet. Eine besondere Beziehung bestand zwischen Walküren und Berserkern. Letztere kämpften, erfüllt von Odins Kampfwut, ohne Rüstung mit übermenschlichen Kräften; ihr Platz in Walhall war ihnen sicher. Walhall stellte man sich als gewaltige goldene Halle mit einem Dach aus Schilden, einem Gerüst aus Speeren und 540 Türen vor, durch die jeweils 800 Krieger in die Schlacht von Ragnarök ziehen können.

Arthur Rackham: DER RITT DER WALKÜREN

Die Germanen verehrten Odin als Wotan oder Wodan. Nach ihm wurde der Mittwoch benannt (engl. Wednesday, niederländ. Woensdag), nach seiner Frau Frigg (Freyja) der Freitag. Dem Donnergott Thor war der Donnerstag (engl. Thursday) geweiht. Der Kriegsgott Tiu (Tyr, Tiwaz, Ziu) gab dem Dienstag (engl. Tuesday) den Namen. An ihn erinnert auch das Wort deutsch (ahd. diutisc).

KORNÄHRE
Freyr hält eine Kornähre in der Hand, ein Zeichen seiner Rolle als Vegetationsgott. Er ist auch ein Gott der Fruchtbarkeit, und sein Kult beinhaltete wahrscheinlich auch eine Art ritueller Hochzeit. Seine Schwester Freyja war die Göttin des Frühlings, des Glücks und der Liebe sowie der Weissagung.

LOKI UND DER RIESE

Nach dem Krieg zwischen Asen und Vanen blieb Asgard ohne Schutzwall. Eines Tages erbot sich ein Fremder zu Pferde, die Mauer wieder aufzubauen. Als Lohn verlangte er die Sonne, den Mond und die Göttin Freyja. Die Götter erklärten sich einverstanden, allerdings müsse das Werk innerhalb von sechs Monaten vollendet sein – was sie für unmöglich hielten. Doch der Mann und sein Pferd Svadilfari arbeiteten so schnell, daß sie drei Tage vor Ablauf der Frist nahezu fertig waren. Loki (S.71) verwandelte sich daraufhin in eine Stute und lockte den Hengst Svadilfari weg. Allein konnte der Mann die Mauer nicht fertigstellen. Er wurde zornig, schwoll an und gab sich als Bergriese zu erkennen, als einer der Jötunn, die die Götter haßten. Thor tötete ihn mit einem Schlag seines Hammers. Monate später kehrte Loki mit einem seltsamen Fohlen zurück – seinem Kind von Svadilfari: Sleipnir. Es wurde Odins achtbeiniges Schlachtroß, das schnellste Pferd der Welt.

WIKINGERTEPPICH
Dieses Bild zeigt einen Ausschnitt aus einem Wikingerteppich aus dem 12.Jh. mit den Asen Odin und Thor und dem Vanen Freyr. Der Bildteppich zierte eine Kirche in Halsingland.

ASK, DER ERSTE MANN
Ask und seine Frau Embla waren die ersten Menschen, die Ahnen der Menschheit. Sie wurden von Odin aus zwei an den Strand gespülten Baumstämmen geschaffen.

DIE RABEN DES ODIN
Odin wird oft mit dem Rabenpaar Hugin und Munin (»Gedanke« und »Erinnerung«) auf seinen Schultern dargestellt. Er sandte sie jeden Tag zu Rundflügen über die Welt aus, und sie flüsterten ihm zu, was sie erkundet hatten.

THOR, GOTT DES DONNERS
Thor war Odins ältester Sohn. Seine Mutter war die Erde. Der Donnergott war außergewöhnlich stark und für seinen gewaltigen Appetit bekannt. Bei einem Wettkampf im Riesenland trank er mit einem Schluck soviel Meerwasser, daß er die Gezeiten schuf. Er reiste in einem von zwei Ziegen gezogenen Wagen.

FREYR, GOTT DER FRUCHTBARKEIT
Der Fruchtbarkeitsgott Freyr war ursprünglich einer der Vanen, wurde aber später von den eher kriegerischen Asen aufgenommen. Freyr und seine Schwester Freyja waren die Kinder des Meeresgottes Njord.

Thor, der Donnergott
Diese Bronzefigur stellt den Donnergott Thor dar, dessen Waffe der Hammer Mjöllnir, ein Geschenk des Loki, war. Loki hatte den Hammer durch eine List von den Zwergen bekommen. Mjöllnir konnte sein Ziel nie verfehlen und kehrte immer wieder in die Hand des Werfers zurück.

Hammer

Mit Thors Hammer Mjöllnir konnten die Asen Asgard gegen die Riesen verteidigen. Einmal stahl ein Riese den Hammer und wollte ihn gegen die Göttin Freyja eintauschen. Thor und Loki verkleideten sich als Freyja und ihre Magd. Als Mjöllnir zur Segnung der Ehe in Thors Schoß gelegt wurde, tötete er alle Riesen.

DER WELTENBAUM

In dem Gedicht *Grìmnismàl (Das Grimnirlied)* heißt es: »Die Esche Yggdrasil ist der erste der Bäume.« Die gewaltige Esche steht im Zentrum des Kosmos; sie schützt und nährt die Welt. Die Götter reiten täglich von ihr aus, um das Schicksal der Menschen zu verhandeln, und es war Yggdrasil, wo Odin sich selbst opferte und die Runen der Macht ergreifen konnte. Yggdrasil berührt neun Welten in drei Ebenen. Die oberste Ebene umfaßt Asgard, das Reich der Asen, Vanaheim, das Reich der Vanen, dann Aflheim, das Reich der Lichtalben (Elfen). In der Mitte, mit Asgard über die Regenbogenbrücke Bifröst verbunden, liegen Midgard, die »Mittewelt«, das Reich der sterblichen Menschen, Jötunheim, die Welt der Riesen, Nidavellir, das Reich der Zwerge, und Svartalfheim, das Land der Dunkel- oder Schwarzalben. Darunter ist Niflheim, das Reich der Toten, mit der Zitadelle Hel angesiedelt. Als neunte Welt wird manchmal Hel genannt, manchmal das Urfeuer Muspell, das am Ende der Zeiten die Welt verschlingen wird. Yggdrasil aber überdauert den Weltuntergang und schützt in Hoddmimirs Wald den Mann und die Frau, die die Welt neu bevölkern werden. Yggdrasils Zweige breiten sich über die ganze Welt und reichen bis zum Himmel.

DIE SCHLACHT VON RAGNARÖK

Ragnarök, auch »Götterdämmerung« genannt, ist ein dramatisches Weltuntergangsgeschehen. Nach drei schrecklichen Wintern bricht ein weltweiter Krieg aus, und der Gott Loki (nun ein Feind der Asen) und sein Sohn, der Wolf Fenrir, sprengen ihre Fesseln. Mit einer Armee der Toten zieht Loki in die letzte Schlacht, in der Fenrir die Sonne verschlingt und Odin tötet. Thor erschlägt die Weltenschlange, stirbt aber an deren Gift, und auch alle anderen Götter sterben. Schließlich setzt Surt, der Wächter der Feuer von Muspell, die Flammen frei, und sie löschen die Welt aus. Nach dem Untergang der alten Welt geht eine neue auf. Nur Odins Söhne Vidar und Vali und Thors Söhne Modi und Magni überleben, die Götter Balder (Baldur) und Hod erwachen wieder zum Leben. Im Gras der neuen Welt finden sie die goldenen Schachfiguren der Götter. Zwei Menschen, Lif und Lifthrasir, überleben in den Zweigen des Weltenbaums und bevölkern die neue Erde.

Wikingerstein von Kirk Andreas auf der Isle of Man: Fenrir verschlingt Odin mit einem seiner Raben auf der Schulter.

DER WELTENBAUM
Illustration aus einer alten Handschrift: Yggdrasil, die Weltenesche, wächst durch die neun nordischen Welten hindurch. Hirsche und Ziegen knabbern an ihren Zweigen, der Drache Nidhögg an ihren Wurzeln. Doch die drei Nornen Urd, Verdandi und Skuld bewahren den Baum vor dem Verfall, indem sie ihn täglich mit Wasser aus dem Schicksalsbrunnen besprengen.

AAR
Auf der Kronenspitze der Weltenesche sitzt ein riesiger Adler mit einem Habicht zwischen den Augen. Sein Flügelschlag erzeugt in den Welten unter ihm Wind.

OPFERBAUM
Yggdrasil bedeutet »schreckliches Pferd« oder »Pferd des Odin«. Als Odin sich opfert, wird er als »Yggdrasil reitend« beschrieben. In gleicher Weise sprechen nordische Dichter vom Galgen als einem Pferd.

SPEICHELFLUSS
Aus dem Speichel, der aus Fenrirs Mund fließt, wird der Fluß der Hoffnung.

GEKNEBELT
Als Fenrir merkte, daß er angebunden war, jaulte er so fürchterlich, daß ihm ein Gott ein Schwert als Knebel in den Rachen schob.

FENRIR, DER WOLF

Fenrir war ein Sohn des Loki. Man brachte ihn nach Asgard, doch er wurde so wild, daß nur Tyr es wagte, ihn zu füttern. Die Götter neckten Fenrir und sagten, er könne niemals entkommen, wenn sie ihn mit den beiden Ketten Laeding und Dromi bänden. Er ließ zu, daß sie ihm die Ketten anlegten, und sprengte sie mit Leichtigkeit. Dann aber banden die Götter ihn mit einer magischen Kette, die er nicht sprengen konnte. So muß er bis Ragnarök in Ketten bleiben.

MAGISCHE FESSEL
Fenrir ist mit der magischen Schlinge Gleipnir gefesselt, die zwar dünn und weich wie Seide, aber nicht zerreißbar ist. Sie wurde von den Zwergen angefertigt »aus dem Tappen einer Katze, dem Bart einer Frau, den Wurzeln eines Berges, der Kraft eines Bären, dem Atem eines Fisches und dem Speichel eines Vogels« *(Edda)*.

SCHÜTZENDER BAUM
Yggdrasil schützt die neun Welten. In der Schlacht von Ragnarök wird die Esche einer Frau und einem Mann, Lif und Lifthrasir, Schutz spenden. Sie werden sich vom süßen Morgentau ernähren und Stammeltern der Menschen eines neuen Weltzeitalters werden.

BESONDERE FRUCHT
Die gekochte Frucht von Yggdrasil sorgt für eine sichere Geburt. Aus den Tautropfen machen die Bienen Honig.

VIER HIRSCHE
Vier Hirsche – Dain, Dvalin, Duneyr und Durathror – leben an Yggdrasils Stamm und fressen frische grüne Triebe.

EICHHORNBOTE
Das Eichhörnchen Ratatosk (Nagezahn) rennt den Baum hinauf und hinab und bringt Schmähungen des Drachen an den Wurzeln zum Adler in der Spitze.

BAUMWURZELN
Yggdrasil hat drei Wurzeln. Unter der ersten liegt der Schicksalsbrunnen, bewacht von den drei das Menschenschicksal bestimmenden Nornen. Unter der zweiten liegt der Brunnen der Weisheit, bewacht vom Kopf des Asen Mimir. Mimir wurde von den Vanen getötet, sein Kopf aber von Odin mit Kräutern und Sprüchen konserviert. Unter der dritten Wurzel liegt ein Giftbrunnen, aus dem die Flüsse von Hel entspringen. Am Brunnen der Weisheit liegt das Gjallarhorn des Gottes Heimdall. Auf ihm wird er einst Ragnarök (s.o.) ankündigen.

DRACHE AN DEN WURZELN
Unter der Weltenesche, in Niflheim, liegt der Drache Nidhögg. Er frißt Leichen, trinkt das Blut der Toten und nagt an den Wurzeln des Weltenbaums. Mit dem Adler in der Baumkrone steht er auf Kriegsfuß.

ZITTERNDE BLÄTTER
Wenn Ragnarök hereinbricht, wird der Weltenbaum erzittern.

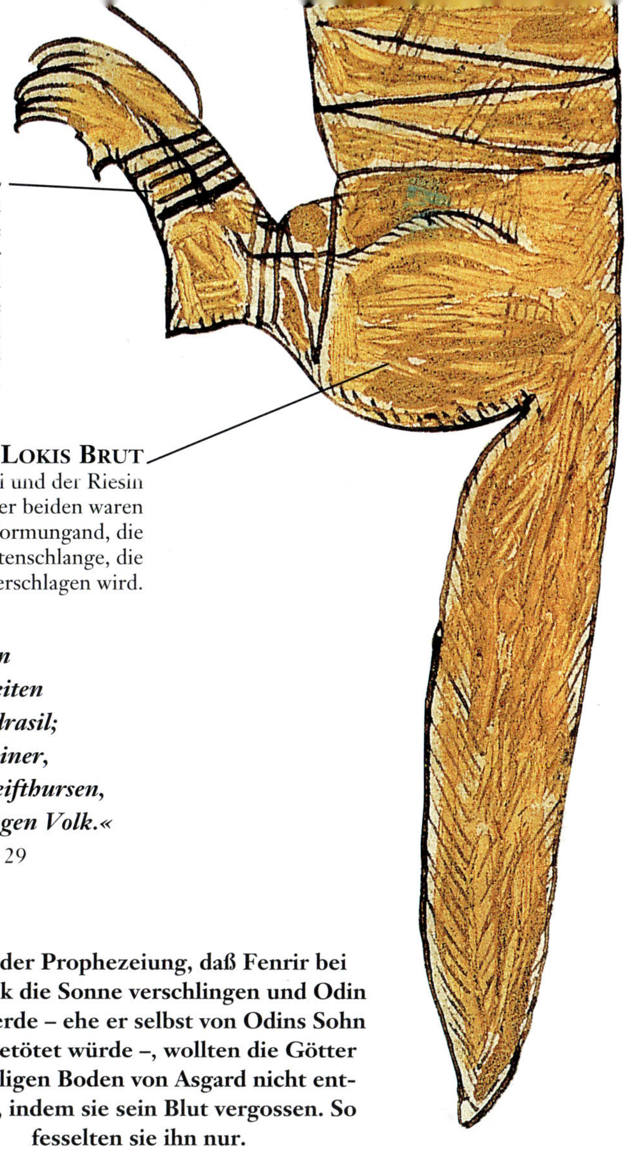

SELTSAME FESSEL
Fenrir war mißtrauisch, als man eine neue Fessel holte, und wollte sich nur binden lassen, wenn einer der Götter ihm die Hand ins Maul legte. Tyr hielt dem Wolf seine rechte Hand in den Rachen, und als Fenrir den Betrug merkte, biß er die Hand ab.

LOKIS BRUT
Fenrir war ein Sohn des Loki und der Riesin Angrboda. Weitere Kinder der beiden waren die Totengöttin Hel und Jormungand, die Midgard umwindende Weltenschlange, die Thor am Ende der Zeiten erschlagen wird.

»Drei Wurzeln
gehn nach drei Seiten
von der Esche Yggdrasil;
Hel wohnt unter einer,
unter der andern die Reifthursen,
unter der dritten der Degen Volk.«
DAS GRIMNIRLIED, 29

Trotz der Prophezeiung, daß Fenrir bei Ragnarök die Sonne verschlingen und Odin töten werde – ehe er selbst von Odins Sohn Vidar getötet würde –, wollten die Götter den heiligen Boden von Asgard nicht entweihen, indem sie sein Blut vergossen. So fesselten sie ihn nur.

LOKI, DER TRICKSTERGOTT

Loki kann gut und böse sein, wird aber in christlich beeinflußten späteren Quellen immer mehr zum Teufel. Loki wuchs als Odins Ziehbruder auf, war aber eigentlich ein Riese. Die Götter akzeptierten ihn wegen seines lebendigen Witzes, doch aufgrund seiner Außenseiterrolle wurde er später bitter und rachsüchtig. Er spielte den Göttern Streiche, stahl und versteckte Schätze wie den Apfel der Jugend (wodurch die Götter alterten) oder Freyjas wertvolle Halskette Brisingamen. Nachdem er den Tod von Odins schönem Sohn Balder herbeigeführt hatte, wurde Loki immer bösartiger. Daher fingen ihn die Götter und ketteten ihn an einen Felsen, wo eine Schlange unaufhörlich Gift über sein Gesicht tropfen läßt, welches Lokis Gattin Sigyn in einer Schale aufzufangen versucht. Erst zu Ragnarök (s.o.) wird es Loki gelingen, sich zu befreien.

Loki, wegen des Mordes an Balder an einen Felsen gekettet (12.Jh.)

SIGURD, DER DRACHENTÖTER

Sigurd, der Sohn des Helden Sigmund und ein Günstling des Odin, wuchs als Waise auf. Auf Geheiß von Regin, dem Schmied, tötete er den Drachen Fafnir und nahm dessen Schatz an sich. Doch zu dem Schatz gehörte auch ein Ring, auf dem ein Fluch lag (s.u.). Sigurd heiratete Gudrun, die Tochter des Nibelungenkönigs Gjuki, und half ihrem Bruder Gunnar, die Walküre Brünhild zur Frau zu gewinnen. Als Gunnar verkleidet, gewann Sigurd Brünhilds Herz, gab ihr den fluchbeladenen Ring, und Gunnar heiratete sie. Nach einiger Zeit kam es zu Eifersüchteleien unter den Schwägerinnen, und Sigurds Frau erzählte Brünhild von dem Betrug, um sie zu demütigen. Brünhild forderte von Gunnar und dessen Bruder Hogni Sigurds Tod. Sie selbst wählte den Freitod. Sigurds Witwe Gudrun heiratete Brünhilds Bruder Atli, und dieser tötete für sie Gunnar und Hogni. Gudrun wurde später wahnsinnig: Sie tötete ihre und Atlis Kinder und servierte dem Gatten die Herzen der Kinder als Kalbfleisch und ihr Blut, vermischt mit Bier, in Schalen aus ihren Schädeln, danach setzte sie Atlis Halle in Brand.

DIE HELDENTATEN DES BEOWULF

Zwölf Jahre lang wurde die Halle des Dänenkönigs Hrothgar Nacht für Nacht von einem Seeungeheuer namens Grendel heimgesucht, das die Männer des Königs tötete. Schließlich kam der schwedische Held Beowulf und schwor, Grendel zu töten. Als das Ungeheuer in jener Nacht in die Halle kam, rang Beowulf mit ihm, riß ihm einen Arm ab, und Grendel floh aus der Halle und starb. In der nächsten Nacht, als alle schliefen, erschien Grendels Mutter, um Rache für den Tod ihres Sohnes zu nehmen. Beowulf folgte ihr am nächsten Morgen zu dem See, in dem sie lebte, tauchte in das trübe Wasser hinab und tötete sie mit einem gewaltigen Schwert, das er auf dem Seegrund gefunden hatte und das nur ein wahrer Held führen konnte. Blutig brodelte das Wasser, und Beowulfs entsetzte Begleiter gaben ihn schon verloren – doch er tauchte wieder auf, die Köpfe von Grendel und dessen Mutter in Händen. Beowulf wurde ein großer König und starb im hohen Alter im Kampf gegen einen feuerspeienden Drachen, der einen Schatz in einem alten Grabhügel bewachte.

Beowulf kämpft unter Wasser gegen Grendels Mutter, die ihren Sohn rächen wollte.

Der sterbende Drache fragte Sigurd, wer er sei. Im Glauben, der Sterbende könne ihn mit seinem Namen verfluchen, log Sigurd: »Wundertier heiß ich; gewandert bin ich, ein mutterloser Mann. Keinen Vater hab ich wie das Volk der Menschen; ging immer einsam.«

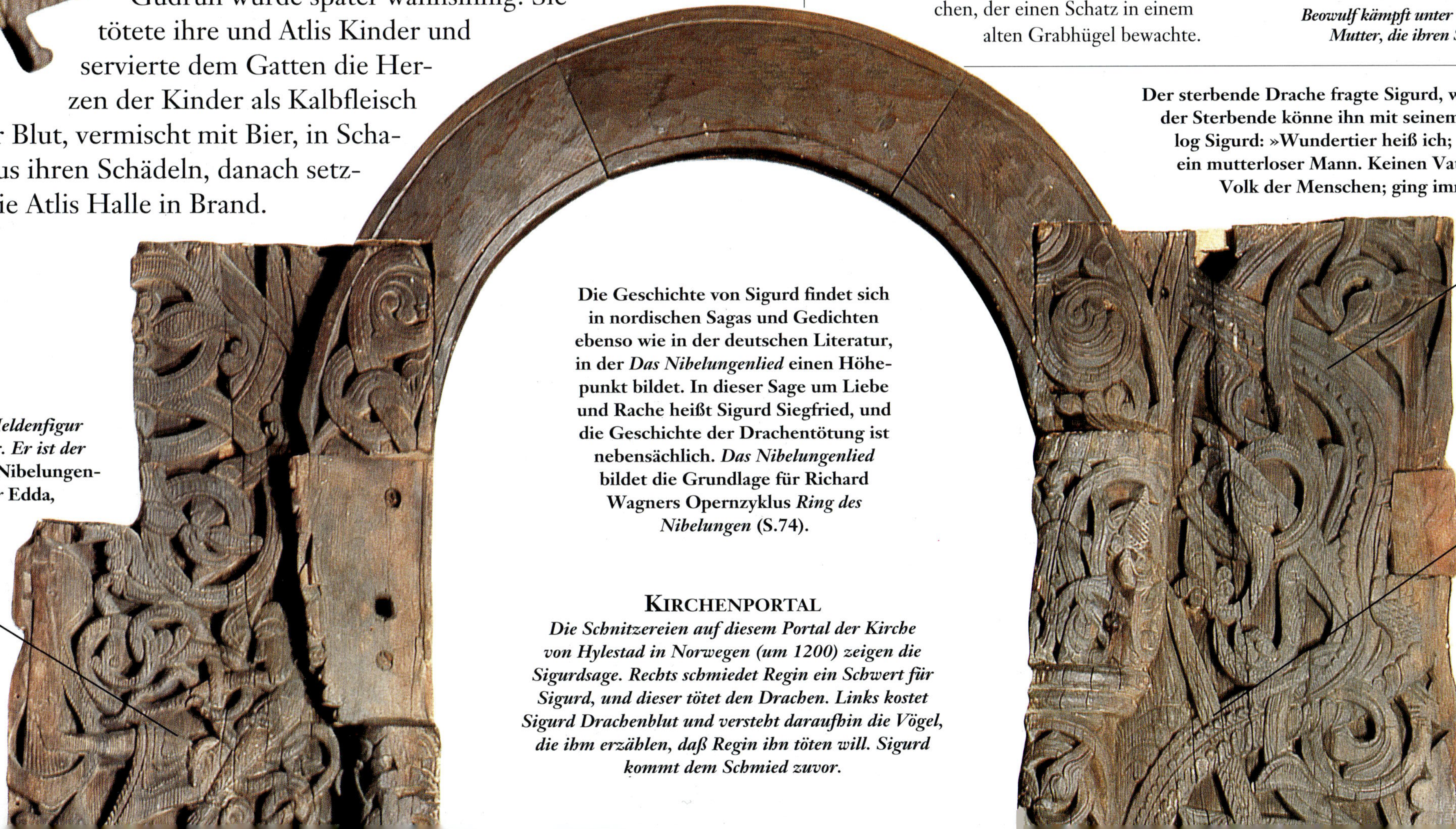

Sigurd
***Sigurd ist die bekannteste Heldenfigur der germanischen Literatur. Er ist der Held der* Volsungasaga, *des* Nibelungenlieds *und vieler Gedichte der* Edda, *u.a. des* Regismàl *und des* Fafnismàl.**

SCHWAGER
Im weiteren Verlauf der Geschichte versucht Sigurds Schwager, aus einer Schlangengrube zu entkommen, indem er, mit seinen Zehen auf einer Leier spielend, die Schlangen beschwört.

Die Geschichte von Sigurd findet sich in nordischen Sagas und Gedichten ebenso wie in der deutschen Literatur, in der *Das Nibelungenlied* einen Höhepunkt bildet. In dieser Sage um Liebe und Rache heißt Sigurd Siegfried, und die Geschichte der Drachentötung ist nebensächlich. *Das Nibelungenlied* bildet die Grundlage für Richard Wagners Opernzyklus *Ring des Nibelungen* (S.74).

KIRCHENPORTAL
Die Schnitzereien auf diesem Portal der Kirche von Hylestad in Norwegen (um 1200) zeigen die Sigurdsage. Rechts schmiedet Regin ein Schwert für Sigurd, und dieser tötet den Drachen. Links kostet Sigurd Drachenblut und versteht daraufhin die Vögel, die ihm erzählen, daß Regin ihn töten will. Sigurd kommt dem Schmied zuvor.

STERBENDER DRACHE
Ehe Fafnir starb, warnte er Sigurd vor dem Schatz, denn er brächte nur Unglück. Doch Sigurd nahm ihn mit, um Gudrun, die Tochter des Nibelungenkönigs Gjuki, gewinnen zu können.

SIGURD TÖTET FAFNIR
In der Grube hockend, stach Sigurd nach oben und durchbohrte den Leib des Drachen. Dabei wurde er vom Blut des Drachen übergossen und dadurch unverwundbar – bis auf eine kleine Stelle, wo ein Lindenblatt auf seiner Haut klebte.

SIGURD TÖTET REGIN
Sigurd hatte Regin vertraut. Von den Vögeln vor Regins Verrat gewarnt, rammte der enttäuschte Sigurd dem Schmied das Schwert in den Leib, das dieser für ihn geschmiedet hatte.

BETROGENER BRUDER
Regin war von seinem Bruder Fafnir um seinen Anteil am Blutgeld für Otter betrogen worden. Regin floh vor Fafnir, der einen Schreckenshelm besaß, und Fafnir verwandelte sich in einen Drachen, so daß er auf dem Schatz liegen und ihn bewachen konnte.

SIGURDS PFERD
Das Pferd Grani stammte von Odins Hengst Sleipnir ab (S.68) und trug keinen außer Sigurd. Hier sieht man Grani von der Last des Drachenschatzes niedergedrückt, zu dem auch der fluchbeladene Ring des Andwari gehört.

VÖGEL IM BAUM
Die Vögel im Baum sangen eine Warnung für Sigurd. Sie wußten, daß Regin ihn nur ausnutzen wollte.

KOCHEN DES HERZENS
Als Sigurd das Herz des Drachen kochte, verbrannte er sich versehentlich den Finger. Als er ihn in den Mund steckte, erkannte er, daß er die Kräfte des Drachen angenommen hatte und die Vögel verstehen konnte.

Nachdem Sigurd Fafnir getötet hatte, enthüllte ihm Regin, daß Fafnir sein Bruder gewesen sei und daß Sigurd ihm gegenüber deshalb eine Blutschuld auf sich geladen habe. Diese Schuld sei abgegolten, wenn Sigurd das Drachenherz für ihn, Regin, koche.

OTTERS BLUTGELD

Bei einem Besuch in Midgard sahen Odin, Loki und Honir einen Otter. Loki tötete das Tier. Als sie an ein Haus kamen, boten die Götter dem Hausherrn das Fleisch als Bezahlung für ein Nachtlager. Doch der Otter war der Sohn ihres Gastgebers Hreidmar gewesen. Mit Zauberkräften machte Hreidmar die Götter wehrlos, fesselte sie mit Hilfe seiner anderen Söhne Fafnir und Regin und drohte ihnen mit dem Tod. Odin bot als Sühne ein Blutgeld an, und Hreidmar verlangte soviel Gold, wie in Otters abgezogene Haut paßte. Loki wurde freigelassen, damit er das Gold herbeischaffe. Er fing den Zwerg Andwari und zwang ihn, seinen Schatz herauszugeben. Der Zwerg durfte nicht einmal den Zauberring behalten, mit dem er sich ein neues Vermögen hätte schaffen können. So verfluchte Andwari den Ring: Er solle jedem Besitzer Unglück bringen. Als Loki zurückkehrte, hatte er fast genug Gold – nur ein Schnurrbarthaar war noch nicht bedeckt. Daher nahm Loki arglistig Andwaris Ring und fügte ihn – und damit Andwaris Fluch – dem Schatz hinzu.

Drachentöter
Sigurd rammte Fafnir das Schwert in den Leib und tötete ihn. Dabei wurde er über und über mit Drachenblut besudelt, das ihn unverwundbar machte. Möglicherweise war ursprünglich Sigurds Vater Sigmund der Drachentöter, denn das angelsächsische Gedicht Beowulf *(8.Jh., s.o.) erzählt, daß er einen Drachen getötet und dessen Schatz an sich genommen habe.*

GIFTZUNGE
Als der Drachen zurückkehrte, spie er Gift.

EINE FALLE FÜR DEN DRACHEN
Sigurd und Regin begaben sich zur Gnitaheide, wo der Drache lebte, und hoben eine Grube aus, in der sich Sigurd versteckte.

SCHWERT-PROBE
Um das umgeschmiedete Schwert zu testen, ließ Sigurd es auf Regins Amboß niedersausen und spaltete ihn mittendurch. Das Schwert war so scharf, daß es einen Wollbausch zerschnitt, der gegen seine Schneide schwebte, als Sigurd es unter fließendes Wasser hielt.

REGIN, SCHMIED EINES KÖNIGS
Regin wurde Schmied am Hofe des Königs Hjalprek von Jütland, dem Ziehvater des jungen Helden der Volsunga, Sigurd. Der grausame Regin nahm Sigurd unter seine Fittiche. Er erzählte dem Jungen von Fafnirs Schatz und bot ihm an, ein Schwert für ihn zu schmieden, mit dem er den Drachen töten und den Schatz gewinnen könne.

Sigurds Schwert wurde aus den Bruchstücken von Gram geschmiedet, dem Schwert, das einst Sigurds Vater, dem Helden Sigmund, gehört hatte. Es war ein Geschenk des Kriegsgottes Odin gewesen, der es selbst in Sigmunds Halle gebracht und in die Firstsäule geschleudert hatte. Nur Sigmund war stark genug gewesen, es herauszuziehen. Als Sigmund starb, zerbrach Odin das Schwert.

LOHENGRIN

Der Schwanenritter Lohengrin ist ein sagenhafter Held des europäischen Mittelalters, dessen Geschichte schließlich mit der Artussage verschmolz, in der Lohengrin der Sohn des Gralsritters Parzival ist (S.80). Nach dem Volksepos *Lohengrin* aus dem 13. Jahrhundert und verwandten Quellen drängte der sterbende Herzog von Brabant seine einzige Tochter Elsa, Friedrich von Telramund zu heiraten. Doch Elsa wies Friedrich ab, und dieser klagte sie bei König Heinrich an: Sie habe ihr Versprechen gebrochen und ihren Vater getötet. Angesichts dieser Vorwürfe und ohne Beistand betete Elsa um Hilfe. Ihr Gebet ließ die Glocke im Gralsreich Montsalvat läuten, und man sandte Lohengrin zu Elsas Rettung. Er besiegte Friedrich im Zweikampf und bewies damit Elsas Unschuld. Friedrich wurde zum Tode verurteilt. Lohengrin heiratete Elsa und wurde Herzog von Brabant, allerdings durfte sie nie nach seinem Namen oder seiner Herkunft fragen. Doch das Unvermeidliche geschah, und Elsa blieb mit gebrochenem Herzen allein zurück.

Der Schwanenritter
Lohengrin, der Schwanenritter, wird hier als Inbegriff des edlen Ritters dargestellt. Er erscheint Elsa im Traum, und sie ist überzeugt, daß er als ihr zukünftiger Gatte kommen wird, um sie zu retten.

SIEGFRIED UND DER SCHATZ DER NIBELUNGEN

Siegfried (Sigurd, S.72–73), Hauptfigur im *Nibelungenlied* (um 1203) und in Wagners *Ring des Nibelungen*, ergriff vom fluchbeladenen Schatz der Nibelungen Besitz und warb um Kriemhild, die Schwester des burgundischen Königs Gunther. Gunther versprach Siegfried die Hand seiner Schwester, wenn er ihm helfe, die Amazonenkönigin Brunhild zu gewinnen. Gemeinsam unterwarfen sie Brunhild, doch es schien, als habe Gunther es allein getan, denn Siegfried trug eine Tarnkappe. Als beide Paare verheiratet waren, kam die List ans Tageslicht. Brunhild schwor Rache und versicherte sich der Hilfe von Gunthers Vasallen Hagen. Dieser bat Kriemhild, die verwundbare Stelle (S.72) auf Siegfrieds Kleidung zu kennzeichnen, damit er ihren Gatten beschützen könne, doch er tötete ihn. Brunhild beging in ihrem Schmerz Selbstmord. Hagen stahl den Schatz der Nibelungen und versteckte ihn im Rhein. Später heiratete Kriemhild den Hunnenkönig Etzel (Attila, Atli) und ließ Gunther töten, Hagen schlug sie eigenhändig das Haupt ab.

Aubrey Beardsley (1872–1898): Akt II der Oper *Siegfried*

***»Loherangrin wuchs auf zum Mann;
nie hing ihm feige Zagheit an,
nachdem er kam zum Rittertum,
erwarb er sich im Gralsdienst Ruhm.«***

WOLFRAM VON ESCHENBACH
PARZIVAL BUCH XVI (UM 1200)
AUS DEM MHD. VON WOLFGANG MOHR

Lohengrin
Diese Illustration zeigt das Ende des 1. Aktes von Wagners Oper* Lohengrin. *Zu diesem Zeitpunkt ist Lohengrin auf wundersame Weise erschienen und hat Friedrich im Zweikampf besiegt und somit Elsas Unschuld bewiesen.

Lohengrins Verbot, ihn nach seinem Namen und seiner Herkunft zu fragen, erinnert an Amors Warnung an Psyche, ihm nicht ins Gesicht zu sehen (S.34). Solch ein Tabu ist in europäischen Volkssagen verbreitet. Man findet es in Geschichten über Vermählungen mit magischen Schwanenmädchen, mit denen die von Lohengrin ursprünglich in Beziehung gestanden haben mag.

DER HEILIGE GRAL
Dieser Gegenstand vieler Legenden (S.80–81) schwebt wie ein Segen über der Szene, in der Lohengrin Elsas Ehre verteidigt. Die Legende vom Schwanenritter wurde erstmals von Wolfram von Eschenbach in *Parzival* (um 1200) in die Artussage eingebaut. Dort ist »Loherangrin« der Sohn des Gralskönigs Parzival und seiner Gattin Condwiramours. Er hat einen Zwillingsbruder, Kardeiz, der Parzivals irdische Thronfolge antritt, während Lohengrin sein spiritueller Nachfolger ist.

SCHWANENHELM
Der Helm mit den Schwanenflügeln kennzeichnet Lohengrin als Held dieser und der spirituellen Welt.

Lohengrin, der in einem von einem Schwan gezogenen Boot nach Antwerpen kommt, sagt Elsa, daß sie nie nach seinem Namen fragen darf. Sie verspricht es – aber nach vielen Jahren, in denen dem Paar mehrere Kinder geboren werden, siegt ihre Neugier. Im ursprünglichen *Lohengrin* treibt sie der Spott der Herzogin von Kleve dazu. In Richard Wagners Oper ist es das Drängen von Friedrichs Gattin Ortrud. Der Gral selbst erließ das Gebot, daß keiner der Gralsritter, der Herrscher in einem anderen Land wird, über sein Herkommen Auskunft geben darf. Sobald seine Identität bekannt würde, müsse er das Land verlassen. So muß Lohengrin in die Gralsburg zurückkehren. Elsa und ihren Kindern bleiben nur sein Schwert, sein Horn und sein Ring als Hinterlassenschaft.

DRACHE
Heiligenstatuen wachen über das Duell zwischen Lohengrin und Friedrich. Die Figur des hl. Georg, der den Drachen tötet, mag an Friedrichs rühmliche Vergangenheit erinnern. Er hatte sich ursprünglich Elsas wert erwiesen, indem er in der Nähe von Stockholm einen Drachen tötete.

ORTRUD
Friedrichs Frau Ortrud ist eine Erfindung Wagners; sie kommt in den mittelalterlichen Quellen nicht vor. Ortrud ist das böse Gegenstück zur unschuldigen, reinen Elsa. Sie drängt Friedrich, Elsa anzuklagen, und verspottet sie wegen der Anonymität ihres Gatten. In Wagners Version der Sage ist Friedrich Elsas Leibwächter, und seine Anklage lautet, sie habe ihren Bruder Gottfried ermordet, den wahren Erben von Brabant. In Wahrheit ist Gottfried durch Ortruds Zauberei in einen Schwan verwandelt worden. Am Ende der Oper wird er von diesem Fluch erlöst.

DUELLIERSCHWERT
Die Vorstellung, daß Schuld oder Unschuld durch einen Zweikampf unter Rittern erwiesen werden konnte, ist in mittelalterlichen Romanzen gang und gäbe. Solch ein Duell war weit mehr als ein Kräftemessen; es wurde als Gottesurteil angesehen.

HEINRICH DER VOGLER
Heinrich der Vogler war eine historische Persönlichkeit, der erste nichtkarolingische Herrscher des Deutschen Reichs (919–936). Seine Frau Mathilde war eine Nachfahrin von Widukind, dem heidnischen Herrscher, der die Sachsen gegen Karl den Großen führte. Zwar wurde sie nach ihrem Tod als Heilige verehrt, doch im Leben fürchtete man sie wegen angeblicher übernatürlicher Kräfte.

FRIEDRICH
Hier sieht man Elsas Widersacher Friedrich von Lohengrin erniedrigt am Boden liegen. Entsprechend dem ritterlichen Ehrenkodex tötete Lohengrin den Besiegten nicht; statt dessen läßt ihn der König enthaupten. In Wagners Oper tötet Lohengrin Friedrich in einem späteren Kampf.

Elsa, Erbin von Brabant
Als Erbin des Herzogtums Brabant war Elsa eine Prinzessin des Heiligen Römischen Reiches. Im Jahr 1204 (als Wolfram von Eschenbach wahrscheinlich am* Parzival *schrieb), erhielt Heinrich von Brabant, der keine Söhne hatte, von Kaiser Philip die Erlaubnis, seine Tochter Maria als Nachfolgerin einzusetzen, wodurch Wolframs Geschichte Aktualität erhielt.

DIE FEE MELUSINE

Als Melusine, die Tochter des schottischen Königs Elinus und der Fee Pressina, erfuhr, daß ihr Vater entgegen den Wünschen der Mutter bei ihrer Geburt zugesehen hatte, kerkerte sie ihn in einem Berg ein. Dafür wurde Melusine von ihrer Mutter bestraft: Jeden Samstag verwandelte sich das Mädchen von der Taille abwärts in eine Schlange. Als eines Tages Graf Raymond von Poitiers durch die Wälder streifte, sah er das Mädchen beim Baden. Er verliebte sich, und Melusine heiratete ihn unter der Bedingung, daß er nie an einem Samstag zu ihr käme. Raymonds Brüder machten ihn glauben, daß sie samstags Liebhaber empfing. Er spionierte ihr nach, sah ihre Schlangengestalt, und sie verschwand für immer.

DIE SAGE VON VÄINÄMÖINEN

Väinämöinen, der Held des finnischen Epos *Kalevala*, war der erste Mann auf Erden, ein Sänger und Dichter mit magischen Kräften, ein großer Schamane und der bedeutendste Seher und Prophet des finnischen Volkes. Er rodete das Land, baute Gerste an und sang Schöpfungslieder. Eines Tages forderte Joukahainen, ein jüngerer Rivale, ihn zu einem Sängerwettstreit heraus. Väinämöinen sang den Jungen in einen Sumpf und befreite ihn erst, als Joukahainen ihm seine Schwester Aino als Frau versprach. Aino aber ertränkte sich verzweifelt in einem See (s.u.). So begab sich Väinämöinen auf die Suche nach einer anderen Frau. Unterwegs erschoß Joukahainen sein Pferd, und der Held fiel ins Meer. Ein Adler rettete ihn ins Nordland, das Reich der Zauberin Louhi. Väinämöinen konnte seine Freiheit wiedererlangen, indem er Louhi den Sampo, ein geheimnisvolles Fruchtbarkeitsidol (rechts), versprach. Viele Schlachten, unlösbare Aufgaben und Abenteuer später segelte Väinämöinen der untergehenden Sonne entgegen und wurde von keinem Sterblichen mehr gesehen.

Alter Mann
Väinämöinen, der ewige Barde, verbrachte 700 Jahre im Mutterleib und wurde schon alt geboren.

»Väinämöinen ward, der alte, gleich von Freude ganz ergriffen, daß ihm Joukahainens Schwester ward als Trost für alte Tage.«
KALEVALA, DRITTER GESANG

»Meine Zeit scheint mir gekommen, mich aus dieser Welt zu machen, Zeit ins Totenland zu ziehen ... unter tiefe Wasserwogen ...«
KALEVALA, VIERTER GESANG

AINO-MYTHOS
Akseli Gallen Kallela (Axel Gallén) (1865–1931)
Dieses Triptychon zeigt eine frühe Episode aus der* Kalevala, *die von Elias Lönnrot (1802–1884) aus mündlichen Überlieferungen finnischer Volkslieder zusammengestellt wurde. Links trifft Väinämöinen Aino. Rechts sitzt Aino nackt am Meer, ehe sie aus Verzweiflung ins Wasser geht. Die mittlere Tafel zeigt Väinämöinen beim Fischen. Dabei fängt er die zu einer Meerjungfrau gewordene Aino, doch sie kann entkommen.

VÄINÄMÖINEN
Väinämöinen, in Ainos Augen ein »Winkelhocker« und »Schwankender«, nähert sich dem jungen Mädchen, als sie im Wald Birkenruten sammelt. »Nicht für andere sollst du, Mädchen, nur für mich allein, mein Mädchen, Perlen um den Hals dir hängen«, ruft er.

EINZIGES MÄDCHEN
Aino bedeutet im Finnischen soviel wie »einzig«. Hier weist Aino Väinämöinen ab. Sie reißt sich die Perlenkette vom Hals und läuft weinend nach Hause.

Zu Ainos Entsetzen stimmte ihre Mutter einer Ehe mit Väinämöinen zu und verstand die Trauer ihrer Tochter nicht. Sie gab ihr von Mondin und Sonnentochter gewebte Hochzeitskleidung.

BIRKENREISER
Aino sammelt gerade Birkenruten für die Sauna, als Väinämöinen sich ihr nähert. In der Sauna bringt ein Hase Ainos Mutter die Nachricht vom Tod ihrer Tochter.

»Nicht für dich und nicht für andre trag ich auf der Brust den Kreuzschmuck, bind ums Haar ich Seidenbänder!«
KALEVALA, VIERTER GESANG

SELTSAMER FISCH
Aino kann entkommen, als Väinämöinen sie beim Fischen entdeckt. Obgleich er alle Gewässer Finnlands nach ihr absuchte, fing er sie doch nie wieder.

In einer *Kalevala*-Quelle, dem *Lied vom Mädchen auf dem Speicher*, erhängt sich das Mädchen, das dort Anni heißt. Ainos Tod durch Ertrinken ist weniger endgültig. Sie wird eins mit dem Meer, vergleicht sein Wasser mit ihrem Blut, seine Fische mit ihrem Fleisch, sein Treibholz mit ihren Knochen und das Gras am Ufer mit ihrem Haar. Aus den Tränen von Ainos Mutter entstehen drei neue Flüsse.

DIE MAGISCHE MÜHLE DES ÜBERFLUSSES

Im Nordland erbot sich die Zauberin Louhi, Väinämöinen zur Heimkehr zu verhelfen und ihm ihre Tochter, die Jungfrau, zur Braut zu geben, wenn er ihr einen magischen Sampo, eine Mühle des Überflusses, schmiede, »aus der Schwanenfeder Spitze, aus der mageren Milch der Geltkuh, aus nur einem Gerstenkorne, aus nur einem Schafwollbüschel«. Da Väinämöinen dies nicht selbst vermochte, bat er Ilmarinen, den Schmied des Himmels, ihm zu helfen, und versprach ihm dafür die Jungfrau. Nach langer, mühseliger Arbeit gelang es Ilmarinen, die Mühle fertigzustellen, die auf der einen Seite Mehl mahlte, auf der anderen Salz und auf der dritten Münzen. Erfreut verschloß Louhi den Schatz hinter neun Schlössern und verwurzelte ihn tief in der Erde. Ilmarinen mußte dennoch allein nach Hause zurückkehren, weil die Jungfrau ihn verschmähte. Später heiratete sie ihn doch noch, starb aber kurz darauf, und Ilmarinens Versuch, aus Gold eine neue Frau zu schmieden, schlug fehl. Deshalb wollte er seinen Sampo wiederhaben. Mit Väinämöinen und dem Luftikus Lemminkäinen segelte er zum Nordland und stahl das Fruchtbarkeitsidol. Auf dem Rückweg wurden sie von Louhi angegriffen, wobei der Sampo ins Meer fiel und zerschellte. Seither ist das Meer reich an Gütern, darunter Salz.

Akseli Gallen Kallela (1865–1931): SCHMIEDEN DES SAMPO

SEEFAHRER
Väinämöinen war auch ein großer Schiffsbauer und Seefahrer. Seine Mutter war die Tochter der Luft, aber er wurde im Meer geboren, und sein Name leitet sich von *väinä* – »Flußmündung« – ab.

Ertrinkendes Mädchen
Als Aino ertrinkt, wird sie zur Meerjungfrau und ist nun »Vellamos Wassermädchen, Ahtos auserwählte Tochter«. Im Ertrinken wird sie eins mit dem Meer, ein Kind der Wassergeister.

TRAURIGER FISCHER
Nach Ainos Tod wollte Väinämöinen sich mit Fischen trösten. Er fing »fürwahr ein Fischlein, hab ein solches nie gesehen«. Als er sein Messer zog, um den Fisch aufzuschneiden, glitt dieser aus dem Boot und gab sich als zur Meerjungfrau gewordene Aino zu erkennen.

TODESGEDANKEN
Aino erreichte das Meer und schwamm zu einem bunten Stein weit draußen. »Als sie eben angekommen, kaum zum Sitzen sich bereitet, ... stürzt der Steinblock in das Wasser ... mit dem Stein zugleich das Mädchen ...«.

VÄINÄMÖINENS GEBURT

Anfangs gab es nur Meer und Luft. Des Alleinseins überdrüssig, legte sich Ilmatar, der Lüfte Tochter, aufs Meer und empfing ein Kind. 700 Jahre konnte sie nicht gebären. Da baute eine Taucherente auf ihrem Knie ein Nest und legte sechs Eier aus Gold und eines aus Eisen hinein. Aus drei Eiern schlüpften Junge, die übrigen zerschellten im Meer. Aus den unteren Hälften entstand die Erde, aus den oberen der Himmel, aus Eigelb die Sonne, aus Eiweiß der Mond, aus der gesprenkelten Schale Sterne und Wolken. Ilmatar gestaltete die Welt, und 30 Jahre später wurde ihr Sohn Väinämöinen, geboren. Er trieb acht Jahre auf dem Meer, bis er trockenes Land erreichte.

DER HERR DER TIERE

Der frühkeltische Gott Cernunnos war der Herr der Tiere und wird als solcher auf einer Reihe von Kultgegenständen dargestellt, u.a. auf dem Gundestrup-Kessel (s.u.). Cernunnos wurde vor allem in Zentralfrankreich verehrt und wird oft von widderköpfigen Schlangen begleitet. Er trägt den Halsreif eines Häuptlings und manchmal eine münzengefüllte Börse. Sein Name bedeutet »der Gehörnte«, und seine Rolle ist ähnlich komplex wie die des griechischen Dionysos (S.58–59). Er ist in erster Linie ein Gott der Fruchtbarkeit und des Reichtums, wird aber auch mit der Unterwelt assoziiert. Eine in Hampshire gefundene Münze zeigt ihn als Sonnengott mit einem Sonnenrad im Geweih. Im nördlichen Britannien nannte man ihn Belatucadros, »der hell Leuchtende«. Die Römer setzten diesen Gott mit ihrem Kriegsgott Mars gleich. Zwar sind keine Geschichten über Cernunnos erhalten, doch im Volksglauben lebt er als geweihtragender Himmelsritter (Herne, der Jäger) fort.

Delphin

Delphin und Reiter sind möglicherweise ein Hinweis, daß Cernunnos Macht über die Tiere des Meeres hatte. Ein Delphin findet sich auch auf einem Zepter mit einem unidentifizierten Himmelsgott, das man im englischen Willingham Fen fand.

DER GUNDESTRUP-KESSEL

Diese Reliefdarstellung einer Gottheit mit Geweih, umgeben von wilden Tieren, ist eine Platte des Gundestrup-Kessels (1./2.Jh.v.Chr.), den man 1891 in Dänemark fand. Der Kessel besteht aus zusammengeschweißten, versilberten Platten.

STIER

Oft sind Stiere mit Cernunnos dargestellt, wie auf einem Steinrelief aus Reims. Dort hält Cernunnos einen Sack, aus dem Münzen auf einen Stier und einen Hirsch herabregnen. Viele irische Mythen haben den versuchten Diebstahl übernatürlicher Stiere zum Thema, so auch die Erzählung *Táin bó Cuailnge*, deren Held Cúchulainn ist, der Sohn des Sonnengottes Lugh. Die beiden Stiere, deren Kampf den Höhepunkt der Geschichte darstellt, sollen ursprünglich göttliche Schweinehirten gewesen sein – und auch nach vielen Verwandlungen zeigen sie noch menschlichen Verstand.

VEGETATION

Cernunnos wird als Gott der Natur, der Fruchtbarkeit und des Überflusses mit Früchten, Getreide und anderen Pflanzen sowie mit Tieren dargestellt.

RANGZEICHEN

Cernunnos trägt einen Halsreif (Torc) und hält zwei weitere in den Händen. Ein keltischer Häuptling trug einen Torc als Zeichen seines Ranges, und Krieger wurden mit Hals- und Armreifen belohnt. Nach Dio Cassius trug die britannische Königin Boudicca einen großartigen gedrehten Halsreif. Gallische Krieger zogen nackt in die Schlacht, allerdings nie ohne ihre Hals- und Armringe.

GEKREUZTE BEINE

Cernunnos' Sitzhaltung könnte auf orientalischen Einfluß zurückgehen, aber auch einfach eine Frage der Bequemlichkeit sein, denn die Kelten pflegten nach Angaben der klassischen Schriftsteller auf dem Boden zu sitzen. Die Haltung erinnert an die einer gehörnten indischen Gottheit auf einem Siegel aus Mohenjo Daro in Pakistan, die ebenfalls von Tieren umgeben ist. Man nimmt an, daß es sich dabei um Shiva als Herr der Tiere (S.112–113) handelt.

Hirschgeweih

Cernunnos, der gehörnte Gott

Das Geweih des Cernunnos und das des Hirsches sind identisch. Ein britannisches Relief zeigt Cernunnos' Arme als widderköpfige Schlangen. Man stellte sich den Gott als Wesen, das halb Mensch, halb Tier ist, vor und glaubte, er könne sich in ein Tier verwandeln.

»Nach dem sechsten Februar sahen und hörten viele Menschen eine Meute Jäger hinter der Beute herjagen. Sie ritten auf schwarzen Pferden und schwarzen Böcken, ihre Hunde waren pechschwarz mit böse starrenden Augen. Dies sah man im Wildgehege der Stadt Petersborough und im ganzen Wald, der sich von dort bis nach Stamford erstreckt. Die ganze Nacht über hörten Mönche sie in ihre Hörner stoßen.«

ANGELSÄCHSISCHE CHRONIK (1127)

Cernunnos' Geweih mag einen Widerhall in dem Kopfschmuck finden, den die Tänzer beim Horntanz tragen, der seit Jahrhunderten jeden September in dem Dorf Abbots Bromley in Staffordshire getanzt wird. Ein dabei benutztes Rentiergeweih wurde mit der Radiokarbonmethode auf etwa das Jahr 1000 datiert.

DIE MUTTERGÖTTIN

Die keltische Mythologie kennt viele starke Frauen, und schon in der Steinzeit scheint der Kult der Großen Mutter in der keltischen Kultur bedeutend gewesen zu sein. Viele Figuren und Darstellungen zeigen eine Muttergottheit mit Symbolen des Lebens und Überflusses, die gleichzeitig Göttin des Todes und des Krieges war – wie die irische Kriegs- und Unterweltsgöttin Morrigan. Es gibt auch eindeutige Mutter- und Fruchtbarkeitsgöttinnen wie die Pferdegöttin Epona und die keltische »Venus«. Die Muttergöttin ist oft Gattin des Stammes-Allvaters, so beim gallischen Götterpaar Sucellos (»der gut zuschlägt«) und Nantosuelta (»schlängelnder Fluß«) oder bei Dagda und Morrigan in Irland. Noch in christlichen Kirchen in Großbritannien und Irland findet man die keltische Muttergöttin in Statuen, die eine sexuelle Aufforderung oder eine Geburt zeigen. Man nennt sie *Sheila-na-gig*.

Diese Fruchtbarkeitsgöttin, bekannt unter dem Namen »Venus von Willendorf«, stammt aus der Jungsteinzeit und ist nach ihrem Fundort in Österreich benannt.

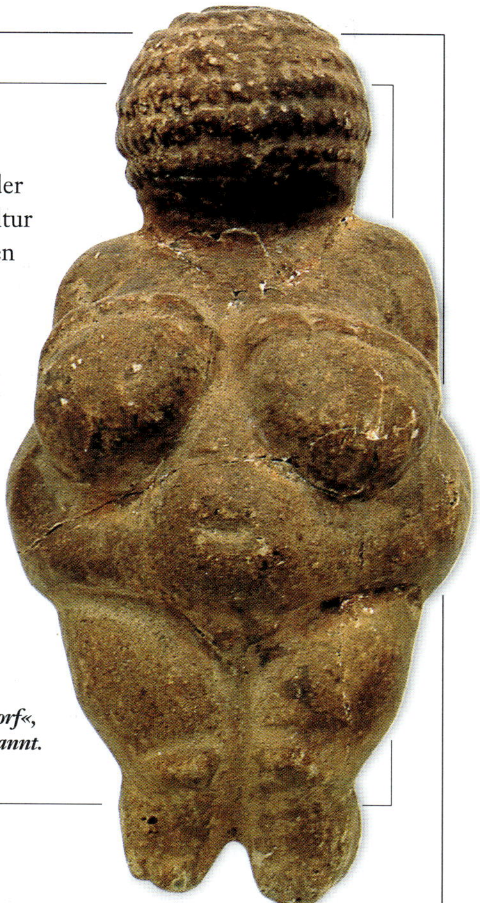

»Auf den Ruf des Hirschs kamen die Tiere, zahlreich wie die Sterne am Himmel ... da waren Schlangen und Löwen und alle Arten von Tieren. Er schaute sie an und befahl ihnen hinzugehen und zu essen, und sie neigten ihr Haupt und ehrten ihn wie Vasallen ihren Herrn.«

MABINOGION (14.JH.)

WIDDERKÖPFIGE SCHLANGE
Cernunnos wird oft zusammen mit Schlangen (mit oder ohne Widderkopf) dargestellt. Sie sind Symbole des Todes und der Fruchtbarkeit. Die Hörner wirken bei den Schlangen eigenartig; möglicherweise spiegeln sie das Geweih (Gehörn) des Gottes wider; die Widderköpfe sind ein Symbol der Kraft.

EBER
Eber waren bei den Kelten von frühester Zeit an von kultischer Bedeutung. Ein gallischer Gott trägt sogar den Namen Moccus (»Schwein«), und ein Eber und eine Schlange begleiten den nordbritannischen Gott Vertis. Ein Eber war auch das erste Lebewesen, das der irische Heilige Ciaran bekehrte; es folgten ein Fuchs, ein Dachs, ein Wolf und ein Hirsch. Dies mag ein Zeichen dafür sein, daß die alte Mythologie mit dem Christentum verschmolz.

WILDE TIERE
Diese beiden kämpfenden Tiere sind nicht näher zu bestimmen, doch Pranken und Mähnen legen nahe, daß es sich um Löwen handelt. Solche Tiere kommen in einigen keltischen Geschichten vor, so z.B. in der frühwalisischen Erzählung *Die Dame von der Quelle*, in der sie mit göttlichen Hirten assoziiert werden.

DER KESSEL DES DAGDA

Ein anderer wichtiger keltischer Gott war der Dis Pater (Unterweltvater), von dem die Kelten laut Julius Cäsar ihre Abstammung und den Druidenglauben ableiteten. Diesen Allvater-Gott, Schöpfer und Herrscher der Unterwelt, nannten die Gallier Sucellos, die Iren Dagda. Der Dagda war in erster Linie ein Stammesgott. Seine rituelle Partnerin war die Morrigan oder Boann, die Göttin des Flusses Boyne. Dagda war der Häuptling der irischen Stammahnen, der Tuatha de Danann, des Volkes der Göttin Danu. Sie besaßen vier magische Talismane, den Stein des Fal, der unter einem gerechten König quietschte, den Speer des Lugh, der den Sieg sicherte, das Schwert des Nuadha, dem keiner entkam, und den Kessel des Dagda oder »Kessel der Fülle«, den keiner ungesättigt verließ. Dieser Kessel ist eine der Grundlagen für den Heiligen Gral (S.80–81). Im walisischen Mythenzyklus *Mabinogion* erscheint er als Kessel der Erneuerung, der tote Krieger wieder lebendig macht. Dagda besaß eine Keule mit ähnlichen Eigenschaften: Ein Ende tötete, das andere Ende erweckte Tote wieder zum Leben.

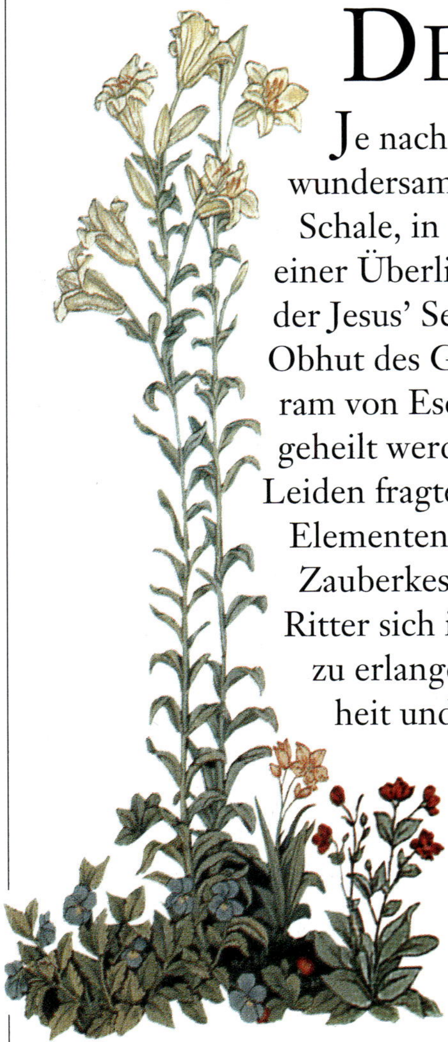

DER HEILIGE GRAL

Je nach Quelle handelt es sich beim Gral um einen Stein mit wundersamen Kräften, um die Abendmahlsschale Christi oder die Schale, in der Josef von Arimathäa das Blut Christi auffing. Nach einer Überlieferung wurde der Gral zusammen mit der Lanze, mit der Jesus' Seite durchbohrt wurde, nach England gebracht und der Obhut des Gralshüters oder Fischerkönigs übergeben. Nach Wolfram von Eschenbach war der Gralshüter krank und konnte nur geheilt werden, wenn ein Ritter von reinem Herzen nach seinem Leiden fragte. Zwar ist die Gralslegende christlich, doch sie fußt auf Elementen der keltischen Mythologie, in denen Füllhörner und Zauberkessel eine Rolle spielen, ebenso Prüfungen, in denen ein Ritter sich in die Anderwelt wagen muß, um einen wertvollen Preis zu erlangen. Die Suche nach dem Gral, die zur Probe der Reinheit und des Werts eines jeden Ritters wurde, beginnt mit einer Gralsvision König Artus' und seiner Ritter. In den vielen Versionen der Geschichte begibt Artus sich nie selbst auf die Suche nach dem Gral, und nur ein einziger Ritter (Parzival oder Galahad) erweist sich letztlich als des Grals würdig.

PARZIVAL, EIN FRÜHER HELD

In älteren Fassungen der Gralslegende ist der Held Parzival. Er wächst bei seiner Mutter in der einsamen Wildnis von Wales auf. Als Jüngling sieht er Ritter in schimmernder Rüstung, hält sie für Engel und macht sich auf, sein Glück zu suchen. Er gelangt zur Gralsburg, versäumt aber, die entscheidenden Fragen zu stellen. Er erreicht den Hof König Artus', und eine alte Frau verflucht ihn, weil er durch sein Versäumnis für die Unfruchtbarkeit des Landes verantwortlich sei. Als Parzival erneut zur Gralsburg kommt, stellt er die richtigen Fragen: »Wem dient der Gral? Warum tropft Blut von der Lanze?« In Wolfram von Eschenbachs *Parzival* lauten die Fragen: »Was schmerzt dich?« und »Wem dient das Ganze hier?« Parzival muß Mitleid zeigen, um sich des Grals würdig zu erweisen.

Fruchtbare Erde
Als die Suche nach dem Gral erfolgreich beendet war, wurde das Land wieder fruchtbar.

ENGEL
Als die Ritter sich der Gralskapelle näherten, erschienen ihnen Engel – ein Zeichen, daß ihnen nun eine überirdische Erfahrung gewährt würde.

RITTER PARZIVAL
Ritter Parzival (Sir Perceval) war der Held einiger früher Gralsromanzen (s.o.), doch in späteren französischen Fassungen von Chrétien de Troyes und Robert de Boron oder in Malorys *Le Morte Darthur* ist er nur noch Begleiter des Ritters Galahad, des reinsten aller Ritter, dessen Suche schließlich von Erfolg gekrönt ist.

RITTER BORS
Bors war Galahads zweiter Begleiter am Ende der Suche und der einzige Ritter, der überlebte und nach Camelot zurückkehrte. Er war Galahads Onkel und hatte in früheren Jahren eine Vision des Grals gehabt, als er darum betete, ein ebenso guter Ritter zu werden wie Lanzelot.

Ritter Galahad
Der reine Galahad findet den Gral, stellt die richtigen Fragen und erlöst so das Land. Er ist der Sohn von Ritter Lanzelot und Elaine, der Tochter des Fischerkönigs Pelles. Lanzelot hatte in trunkenem Zustand und im Glauben, Elaine sei Königin Guinevere (S.85), seine einzig wahre Liebe, Galahad gezeugt.

Galahad hat Helm und Waffen abgelegt, um den Gral anzubeten.

In einer Fassung der Gralslegende heißt der Fischerkönig Bron. Dies schafft eine Verbindung zu Bran, dem sagenhaften König von England im *Mabinogion*. Er besaß ein Füllhorn und einen Kessel, aus dem Tote wieder auferstanden. Nach Brans Tod bestattete man sein Haupt auf dem weißen Berg in London, mit dem Antlitz nach Süden. Solange es dort ruhte, sollte England keine Invasion erleben. König Artus grub den Kopf aus: England brauchte keinen Beschützer außer ihm.

Heiliger Speer
Einer der Engel hält einen Speer in der Hand (Speere, von denen Blut in den Gral tropft, kommen in vielen Geschichten vor). In der christlichen Überlieferung wird er als Speer des Longinus ausgegeben, der damit auf Golgatha die Seite des gekreuzigten Christus öffnete. Das Motiv leitet sich aber vermutlich vom Speer des Gottes Lugh ab. Galahad heilt mit dem Blut des Speers die Leiden des Fischerkönigs.

SOHN DES LANZELOT
Galahads Vater Lanzelot war dem Gral sehr nahe gekommen, doch obwohl er der beste Ritter in König Artus' Tafelrunde war, wurde er wegen seiner ehebrecherischen Liebe zu Königin Guinevere des Grals für unwürdig befunden. Als er sich der Gralskapelle näherte, wurde er ohnmächtig und verbrachte 24 Tage in einem todesgleichen Schlaf.

DIE TAFELRUNDE

Der runde Tisch war ein Geschenk von Artus' Schwiegervater Leodegrance, der ihn wiederum von Artus' Vater, König Uther Pendragon (S.84), erhalten hatte. Hier fanden 150 Ritter Platz, und wenn jemand für würdig befunden worden war, zur Runde zu gehören, fand er seinen Namen in wundersamer Weise von Merlin, dem Zauberer, in Goldbuchstaben auf einen der Stühle um die Tafel geschrieben. Nur ein Platz blieb frei, bis – je nach Quelle – Parzival oder Galahad Anspruch darauf erhoben. In einigen Versionen bringt der Gralsheld einen Fluch über das Land, indem er sich auf diesen Stuhl setzt, und macht dadurch die Suche nach dem Gral erst nötig. Das erinnert an die walisische Geschichte von Pryderi, dem Neffen des Bran, der Verwüstung über Dyfed bringt, nachdem er sich nach einem Bankett auf einem verbotenen Hügel niedergelassen hat.

Diese Illustration (15.Jh.) zeigt die Gralsvision der Ritter der Tafelrunde, als Galahad nach Camelot kommt und auf dem freien Stuhl Platz nimmt.

DIE ERFÜLLUNG
nach einer Vorlage von Edward Burne-Jones (1833–1898)
Dieser Wandteppich beruht auf Thomas Malorys* Le Morte Darthur *(gedruckt 1483) und zeigt Galahad, Bors und Parzival vor dem Heiligen Gral.

DAS ENDE DER SUCHE
Als er vor dem Gral kniet, stellt Galahad die rituellen Fragen: »Was ist der Gral? Wem dient der Gral?« und erfüllt somit seinen Auftrag. Die Lilien, die Galahad umgeben, sind Zeichen seiner Reinheit und Heiligkeit.

GRALSKAPELLE
Die Gralskapelle liegt in der Burg Corbenik, die dem Fischerkönig gehört, der häufig König Pelles genannt wird. Corbenik läßt sich übersetzen mit »Burg des gesegneten Horns« oder »Burg der heiligen Heerscharen«. Galahad, Parzival und Bors werden von Christus selbst aus dem Gral gespeist

DER HEILIGE GRAL
Der Heilige Gral wird als Kelch, Schale oder gar Stein beschrieben; heidnisch-keltische Quellen legen ein Füllhorn nahe. Eine Schale, die alle Wünsche erfüllte, ist in der walisischen Überlieferung einer der 13 Schätze Britanniens. Der Gral versorgte Artus' Ritter mit jeder Speise und jedem Getränk, die sie sich wünschten.

Tristan und Isolde

Eines Tages beschloß König Marke von Kurnewale (Cornwall) zu heiraten und schickte seinen Neffen Tristan als Brautwerber. Tristan kam nach Irland, tötete einen Drachen und hielt dann für seinen Onkel um die Hand der Königstochter Isolde an. Auf dem Heimweg aber tranken die beiden versehentlich von einem Liebestrank, der für Marke und Isolde gedacht war. Dennoch heiratete Isolde Marke, und Tristan wurde ihr Geliebter. Das Ende der Geschichte ist unterschiedlich überliefert: Einmal tötet König Marke Tristan, der sterbend Isolde umarmt und sie mit in den Tod nimmt, worauf beide Seite an Seite begraben werden (s.u.); ein andermal wird Tristan verbannt und heiratet Isolde Weißhand. Als er im Kampf lebensgefährlich verwundet wird, läßt er nach der ersten Isolde schicken, die heilende Hände besitzt. Diese zögert nicht, doch als das Schiff einläuft, sagt Isolde Weißhand ihrem Gatten, es trüge schwarze Segel, zum Zeichen, das Isolde jegliche Hilfe ablehne. Er stirbt an gebrochenem Herzen. Als Isolde den toten Tristan vorfindet, stirbt auch sie vor Gram.

Diarmuid und Grania

Die Geschichte der Liebe zwischen Diarmuid und Grania nimmt im Geschichtenzyklus um den irischen Helden Finn MacCumhal einen wichtigen Platz ein. Es gibt einige Parallelen zu Tristan und Isolde. Grania, die Tochter des irischen Königs, heiratete Finn, verliebte sich aber auf der Hochzeit in dessen Neffen Diarmuid, den ein Liebesfleck auf der Stirn für Frauen unwiderstehlich machte. Grania legte Diarmuid Zauberbande an, er folgte ihr, und die beiden wurden ein Paar. Als Finn sie schließlich fand, lag Diarmuid im Sterben, verwundet von einem wilden Eber. Finn besaß die Macht, ihn zu retten, denn er hatte sich als Kind den Daumen am Lachs der Weisheit verbrannt. Seither wurde jeder, der aus seinen Händen trank, wieder gesund und jung. Zweimal schöpfte Finn Wasser, ließ es aber wieder verrinnen. Beim drittenmal brachte er das Wasser zu Diarmuid, doch es war zu spät. Anders als Isolde starb Grania nicht an gebrochenem Herzen, sondern sie und Finn wurden wieder vereint.

Liebestrank
Isoldes Mutter bereitete einen Liebestrank für Isolde und Marke und übergab diesen der Hofdame Brangäne, doch eine Dienerin, die ihn für Wein hielt, schenkte Tristan und Isolde in Abwesenheit Brangänes auf der Überfahrt davon ein.

Die Geschichte von Tristan und Isolde
nach einem Entwurf von Dante Gabriel Rossetti (1828–1882)
Diese vier Buntglasfenster erzählen von Tristans Sieg über Morolt, seiner Liebe zu Isolde, seinem Wahnsinn und seinem Tod.

Tristan
Morolt, der Schwager des Königs von Irland und ein großer Krieger, hatte einen Tribut eingefordert, den König Marke nicht zahlen wollte. Tristan bat darum, die Entscheidung einem Zweikampf zwischen ihm und Morolt zu überlassen: Er besiegte den irischen Recken.

Morolt
In Morolts tödlicher Schädelwunde fand Isoldes Mutter einen Splitter von Tristans Schwert. Isolde erkannte Tristan später anhand seines beschädigten Schwertes als Bezwinger ihres Onkels. In der französischen Prosafassung des *Tristan* (13.Jh.) nimmt Tristan Morolts Platz in der Tafelrunde ein.

König Marke
Im Hintergrund sieht man König Marke, der drohend die Faust gegen die Liebenden erhebt. Er erfuhr erst einige Zeit nach seiner Hochzeit von der Liebe zwischen Tristan und Isolde, wurde jedoch schon in der Hochzeitsnacht betrogen: Isoldes Hofdame Brangäne schlüpfte statt ihrer Herrin in Markes Bett.

Der Kuss
Tristan hat vom Liebestrank getrunken und küßt Isoldes Hand. Ihr Schicksal ist besiegelt.

Die erste Tristanfigur war Drust, der Sohn des Piktenkönigs Tallorc (8.Jh.), dessen Geschichte in Irland, Wales und der Bretagne zur Tristansage ausgesponnen wurde.

Wie von Midas (S.40–41) heißt es auch von Marke, er habe Tierohren besessen. Nur sein Zwerg wußte davon. Als ihm die Last des Geheimnisses zu groß wurde, vertraute er die Wahrheit einem Weißdornbusch an: »König Marke hat Pferdeohren.« Mark(e) bedeutet im Keltischen »Pferd«.

Tristan inkognito
Tristan kehrte als Barde Tantris nach Cornwall zurück. Er gab vor, wahnsinnig zu sein. So konnte er Isolde sehen und sie an ihre Liebe erinnern.

Johlende Menge
Johlende Schafhirten rannten hinter Tristan her und verhöhnten ihn in seiner augenscheinlichen Tollheit, als er im Wald auf der Harfe spielte. Solch ein bedrohlicher Mob tritt in den Tristansagen mehrfach auf. In Tristan von Beroul z.B. soll Isolde wegen ihres Ehebruchs auf dem Scheiterhaufen verbrannt werden, doch Marke übergibt sie statt dessen einer Horde von 100 Aussätzigen, aus deren Händen Tristan sie befreit.

Tristan und Isolde prägten die Darstellung von Liebespaaren in mittelalterlichen Ritterromanzen. Zwar wurde die Sage mit der von König Artus verknüpft (Tristan wird ein Ritter der Tafelrunde), doch sie ist ursprünglich keltisch, die Geschichte spielt in Irland und Cornwall.

Eifersüchtiger König
Marke ist eine zwiespältige Figur – ein liebender Ehemann, aber auch eifersüchtig und rachsüchtig. Als die französische Prosafassung *Tristan* entstand, hatte Marke sich zu einer vorwiegend bösen Gestalt gewandelt. Er war ein Schurke und Feind von König Artus und tötete Tristan, als dieser für Isolde Harfe spielte. Isolde starb daraufhin aus Gram.

Verhängnisvolle Liebe
Isolde klammert sich an den sterbenden Tristan. Die Tragik ihrer Situation (die Tatsache, daß sie unwillentlich Opfer des Liebestranks wurden) ist ein zentraler Aspekt der Geschichte. Noch im Tod behielt der Trank seine Wirkung: Aus den Gräbern der beiden wuchsen Bäume, deren Zweige sich umschlangen und immer wieder neu austrieben, obwohl König Marke sie abhackte.

Verrückt vor Liebe
Der Liebestrank wirkte unaufhörlich, und Tristan und Isolde setzten ihre Beziehung trotz der Wachsamkeit des eifersüchtigen Königs fort. Mehrfach entging das Paar nur knapp der Entdeckung. Schließlich wurde Tristan in die Bretagne verbannt, wo er Isolde Weißhand heiratete. Doch er verzehrte sich weiterhin nach Isolde. Daher kam er als scheinbar verrückter Sänger Tantris verkleidet noch einmal nach Cornwall, um Isolde zu sehen. Anderen Darstellungen zufolge verlor er tatsächlich den Verstand.

Sir Gawain und der Grüne Ritter

Die Verserzählung *Sir Gawain und der Grüne Ritter* datiert von etwa 1400. Sie erzählt von der Mut- und Tugendprobe des Ritters Gawain. An einem Neujahrstag erscheint am Hofe König Artus' ein grüngewandeter hünenhafter Ritter und befiehlt Gawain, ihm den Kopf abzuschlagen. Als Gawain dies getan hat, hebt der Grüne seinen Kopf auf und fordert Gawain in einem Jahr bei der Grünen Kapelle zum Gegenstreich. Auf dem Weg dorthin verbringt Gawain drei Tage in der Burg des Bertilak. Bertilaks Frau versucht vergeblich, Gawain zu verführen. Er nimmt jedoch ein Geschenk von ihr an, einen unsichtbar machenden Zaubergürtel. Am nächsten Tag an der Grünen Kapelle fügt ihm der Grüne Ritter nur eine kleine Wunde zu und gibt sich sodann als Bertilak zu erkennen, der von der Fee Morgana (S.85) seine schreckliche Gestalt erhielt, um die Ehre der Artusritter auf die Probe zu stellen. Gawain glaubt zunächst, versagt zu haben, weil er aus Liebe zum Leben von Bertilaks Frau den Zaubergürtel annahm, doch seitdem trugen die Ritter der Tafelrunde ihm zu Ehren grüne Gürtel.

Diese mittelalterliche Buchmalerei zeigt Bertilaks Frau bei dem Versuch, Gawain zu verführen.

KÖNIG ARTUS' TOD

König Artus (Arthur) und seine Ritter verkörperten das Ideal des mittelalterlichen Ritters – rein im Herzen und edel, Verteidiger der Schwachen gegen die Starken. Doch selbst sie hatten ihre Fehler, und der des Ritters Lanzelot – seine Liebe zu Artus' Frau Guinevere – führte zu Artus' Untergang. Als Ritter Agravain Artus die Beziehung der beiden verriet, verurteilte der König Guinevere zum Tod. Lanzelot rettete sie, tötete dabei aber Agravains Brüder Gareth und Gaheris. Ein weiterer Bruder, Gawain (S.83), überredete Artus, Lanzelot nach Frankreich zu verfolgen. Artus betraute seinen Sohn und Neffen Mordred (s.u.) mit der Regierung. Mordred aber übte Verrat, und Artus mußte in der Schlacht von Camlann gegen ihn kämpfen. Er verwundete Mordred tödlich, doch mit übermenschlichen Kräften versetzte der Sterbende Artus einen tödlichen Hieb. Als man Artus vom Schlachtfeld trug, bat er Ritter Bedivere, sein Zauberschwert Excalibur in den See zu werfen. Eine Hand nahm es in Empfang, dann erschien eine Barke und brachte Artus zur mystischen Insel Avalon.

Man errichtete einen Grabstein mit der Inschrift *Hic iacet Arthurus, rex quondam rexque futurus* (»Hier liegt Arthur, der einstige und zukünftige König«). Es heißt, Artus und seine Ritter lägen schlafend unter einem Hügel und würden in der Stunde größter Not erwachen und Britannien führen.

Der Zauberer Merlin
Merlin, ein Zauberer und Traumdeuter, war Artus' Lehrer. Durch ihn konnte Artus' Vater Uther Pendragon die Gestalt des Herzogs von Cornwall annehmen und so dessen Frau Igraine beiwohnen. Als Lohn verlangte Merlin jedoch das Kind aus dieser Vereinigung.

DIE DAME VOM SEE
Nimue, eine Dame vom See, war der Grund, warum Merlin Artus in seiner letzten Schlacht nicht beistehen konnte. Von der Schönen betört, hatte Merlin ihr seine magischen Geheimnisse anvertraut, und sie setzte ihn damit in einem Felsen (oder einem Weißdorn) gefangen.

ARTUS, VOM EIGENEN SOHN GETÖTET
Mordred war Artus' Sohn, seine Mutter war Artus' Schwester Morgause. Auf Merlins Anraten hatte Artus versucht, das Baby zu töten, indem er alle an dem bewußten Maitag geborenen Kinder auf dem Wasser aussetzte. Als das Boot unterging, wurde nur Mordred gerettet – selbst König Artus konnte seinem Schicksal nicht entkommen.

DRACHE
Der Drache auf Artus' Brust ist das Wappentier seiner Familie, der Pendragons.

DAS SCHWERT IM STEIN

Artus wuchs als Sohn von Sir Ector auf, dem Merlin das neugeborene Kind untergeschoben hatte. Jahre später starb König Uther Pendragon, scheinbar ohne einen Erben zu hinterlassen, und sein Reich zerfiel. Da ließ Merlin sein Schwert durch einen Amboß in einen Stein einer Londoner Kirche fahren und versah diesen mit einer Inschrift, die besagte, wer das Schwert herausziehen könne, sei der rechtmäßige König von England. Alle englischen Ritter versuchten es – erfolglos. Als Artus' Ziehbruder Kay sein Schwert verloren hatte, sollte Artus' ihm ein neues beschaffen. Er zog das Schwert aus dem Stein und brachte es Kay. Dieser erkannte das Schwert und meldete Ansprüche auf den Thron an. Doch Ector brachte die Wahrheit ans Licht, und so wurde Artus König und Kay sein Seneschall.

ZAUBERBARKE
Wie von Zauberhand erscheinen Schiffe, um die Artusritter von einem Ort zum anderen zu bringen, u.a. auf der Suche nach dem Gral. Dieses Schiff erscheint, um Artus zur Insel Avalon zu bringen.

DER HEILIGE GRAL
Artus beteiligte sich zwar selbst nie an der Gralssuche, doch hier läßt der Maler dem sterbenden König den Gral erscheinen – als Zeichen der Hoffnung auf ein neues Leben.

Manche halten Glastonbury für die Insel Avalon. Wahrscheinlicher jedoch ist es eine keltische Insel der Seligen, ähnlich wie das Land der Jugend, Tir na n'Og. In Tennysons Gedicht *Morte d'Arthur* liegt Avalon im Westen, in Richtung der untergehenden Sonne.

WEINENDE KÖNIGINNEN
Drei weinende Königinnen kümmerten sich um den sterbenden Artus und begleiteten ihn auf die Insel Avalon. Genannt wird nur Morgan le Fay (die Fee Morgana), doch waren sie alle sowohl in der Menschenwelt wie auch im Feenreich zu Hause.

ARTHURS TOD
James Archer (1824–1904)
Das Bild beruht auf Tennysons Gedicht Morte d'Arthur. *Es zeigt den sterbenden Artus (Arthur), ehe er nach Avalon entrückt wird. Vier Frauen, allen voran Artus' Halbschwester Morgan le Fay, kümmern sich um ihn. Angedeutet sind auch andere Aspekte aus Artus' Leben, z.B. Merlin und der Gral.*

LANZELOT UND GUINEVERE

Lanzelot und Guinevere (Ausschnitt aus der französischen Handschrift L'ystoire Lancelot du Lac, *um 1470)*

Die verbotene Liebe zwischen Lanzelot und Guinevere zieht sich wie ein roter Faden durch die Artus-Dichtung. Als edler, loyaler Ritter war Lanzelot tief beschämt und kämpfte gegen seine Liebe an. Doch wie Tristan und Isolde konnten Lanzelot und Guinevere einander nicht widerstehen; ihre Liebe war vorherbestimmt. Aufgrund dieser unseligen Leidenschaft konnte Lanzelot sich dem Heiligen Gral nicht nähern, und nach Rettung Guineveres spalteten sich die Ritter der Tafelrunde in zwei Parteien. So konnte Mordred seinen Vater verraten und töten. Nach der Schlacht von Camlann kehrte Lanzelot nach England zurück und sah Guinevere noch einmal. Sie wollte in ein Kloster eintreten, weil sie durch ihre Liebe Artus' Tod heraufbeschworen hatte. Lanzelot lebte fortan als Einsiedler und erlangte dadurch Vergebung seiner Schuld.

Morgan le Fay
Die Zauberin Morgan le Fay war eine Tochter der Igraine von Cornwall und somit Artus' Halbschwester. Sie wird als Artus' unversöhnliche Erzfeindin dargestellt, aber sie ist auch eine der drei Königinnen, die ihn ins Feenreich Avalon holen. Ihre Schwester Morgause war mit König Lot von Orkney verheiratet und hatte mit ihm vier Söhne, die alle Ritter der Tafelrunde wurden: Gawain, Agravain, Gaheris und Gareth. Als Artus König wurde, erklärte Lot ihm den Krieg, und Morgause verführte ihn, worauf sie ihren Sohn Mordred gebar.

Menschenprüfer
Exu stellt die Menschen auf die Probe, damit sie ihre wahre Natur erkennen. Widerstehen sie der Versuchung, belohnt er sie, wenn nicht, bestraft er sie.

DER TRICKREICHE EXU

Exu (Eshu, Esu), der Trickstergott der westafrikanischen Yoruba, ist ein Mittler zwischen Göttern und Menschen und spielt als Orakelgott eine wichtige Rolle im »Eckstein der Yorubakultur«, einem Ritual, das die gegensätzlichen Kräfte der Welt auflöst und ausbalanciert. Exu ist dynamisch und unberechenbar, voller Gegensätze. Die Mythen der Yoruba erzählen von ihm mehr als vom höchsten Gott Olodumare oder vom Schöpfer Obatala. Die Orisha (gute Götter) wie Gewittergott Shango (s.u.), Kriegs- und Eisengott Ogun und Orakelgott Ifa stehen den Ajogun (böse Götter) wie Iku (Tod) und Arun (Krankheit) gegenüber. Im ewigen Kampf zwischen Gut und Böse kommt Exu die Aufgabe zu, die Ajogun auszutricksen. Doch wie der nordische Loki (S.69) gehört Exu ebenso zu den bösen Ajogun wie zu den guten Orisha; er ist gleichsam ein Bindeglied zwischen Gut und Böse. Wie Loki wurde er vielfach mit dem christlichen Teufel gleichgesetzt. Der Zorn der Ajogun kann durch Opfer an Exu abgewendet werden. Er spielt somit die Rolle eines Schicksalsgottes.

BLITZ
Diese Verzierung stellt möglicherweise einen Blitz dar. Der Blitz war Exus Geschenk an den Gewittergott Shango.

VERWANDLUNG
Exu kann 256 Gestalten annehmen; das einzig Konstante an ihm ist seine Wechselhaftigkeit. Er kann als Zwerg oder als Riese erscheinen, als frecher Knabe oder als weiser alter Mann, und er spricht alle Sprachen.

Exu-Statuette
Diese Holzfigur gehört zur Tracht eines Exu-Priesters und wird über der Schulter getragen. Sie stellt Exu als Priester dar, der entsprechend eine Exu-Statuette über der linken Schulter trägt. Exus widersprüchliche Natur zeigt sich in der Doppelgesichtigkeit der Statuette; das zweite Gesicht sitzt am Ende der phallischen Kopfbedeckung (s.o.). Ein Gesicht schaut in die Geisterwelt, das andere in die der Menschen. Auch die beiden Seiten der Figur sind unterschiedlich.

Doppelaxt als Donnersymbol

SHANGO, DER GEWITTERGOTT

Shango war der vierte König des alten Oyo und wurde erst später zum Gewittergott. Seine irdische Regentschaft endete mit seiner Verbannung aus Oyo durch den überlegenen Helden Gbonka. Shango erhängte sich aus Scham im Wald, starb aber nicht, sondern wurde in den Himmel aufgenommen. Von dort aus wacht er über die Menschen, schickt ihnen aber auch Gewitter. Shango hatte drei Frauen: Oya, Oshun und Oba. Oya ist die Göttin des Flusses Niger, in den sie ging, als Shangos irdisches Leben zu Ende war. Shango wird oft mit Widderkopf und -hörnern dargestellt, und der Klang des Donners soll dem Brüllen eines Widders ähneln. Shango bestraft Schuldige durch seine Donnerschläge; er gilt als Gott der Gerechtigkeit. Die Doppelaxt symbolisiert den Donnerkeil, der in beide Richtungen zuschlagen kann, d.h., keiner entgeht ihm. Anhänger des Shango, die von ihm besessen sind, halten, wenn sie zum Klang der Bata-Trommel tanzen, einen Stab in Händen, der die Donneraxt repräsentiert. Die Bata-Trommel soll von Shango erfunden worden sein, um seine Gegner in Schrecken zu versetzen. Der mächtige Shango wird in seiner Bedeutung jedoch von Exu übertroffen.

Ein Shango-Stab

»Exu wirft heute einen Stein, der gestern trifft.«
YORUBA-SPRICHWORT

Exu soll an Toren und Kreuzungen umhergeistern und Menschen vom beabsichtigten Weg abbringen.

»Exu macht Richtiges falsch und Falsches richtig.«
YORUBA-SPRICHWORT

DER TRICKREICHE HASE

Ein afrikanisches Märchen erzählt, daß der von Natur aus listige Hase dem Elefanten und dem Krokodil Geld schuldete. Er stellte ihnen in Aussicht, sie würden die Schulden samt Zinsen zurückerhalten – sie müßten nur an dieser bzw. jener Liane ziehen, und schon fänden sie eine Schatztruhe. Ohne es zu merken, veranstalteten die beiden ein Tauziehen, jeder an einem anderen Ende ein und desselben Lianenseils. Während sie sich so abmühten, machte sich der Hase aus dem Staub. In einer anderen Geschichte, die an die bekannte deutsche Fabel vom Wettlauf zwischen Hase und Igel erinnert, wird der Hase allerdings selbst überlistet: beim Wettlauf mit der Schildkröte. Mehrere Mitglieder der Schildkrötenfamilie zeigen sich an unterschiedlichen Stellen der Rennbahn, und die Schildkröte erwartet den Hasen am Ziel.

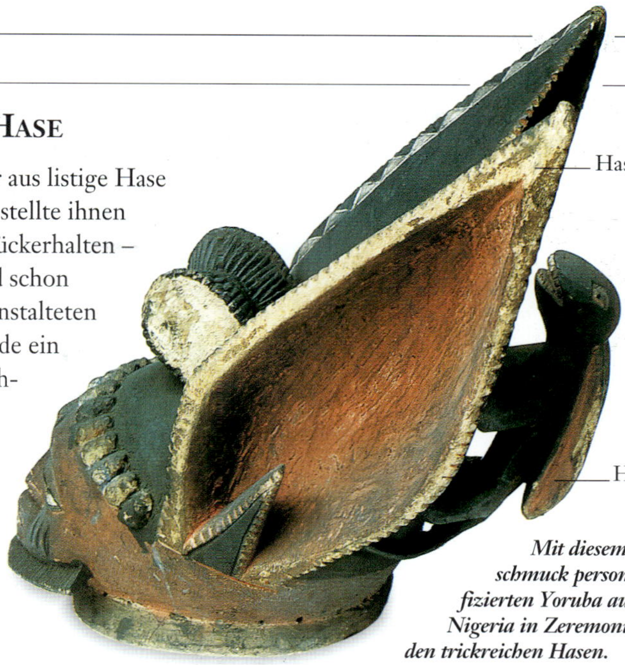

Mit diesem Kopfschmuck personifizierten Yoruba aus Nigeria in Zeremonien den trickreichen Hasen.

ZWEI SEITEN, EIN MANN
Exus Kopfbedeckung ist rechts und links unterschiedlich, was auf seine Wandelbarkeit hinweist. In einer Geschichte zerstört er eine Freundschaft zwischen zwei Männern, weil er einen Hut trägt, der auf der einen Seite schwarz, auf der anderen weiß ist. Die Männer, die jeweils nur eine Seite sehen, geraten über die Farbe des Hutes in Streit.

EXUS AUGEN
Wenn Exu zornig ist, weint er blutige Tränen oder schlägt so lange auf einen Stein, bis dieser blutet.

MEDIZINKALEBASSEN
Die Kalebassen auf Exus Kopfbedeckung weisen auf seine magischen Kräfte hin.

EXU-FIGUR
Exu trägt eine kleine Statue seiner selbst, genau wie es die Priester tun. Seine Fähigkeit, im Leben Positives wie Negatives herbeizuführen, macht ihn zu einem gefürchteten Gott. Er gilt aber als hilfsbereit, wenn man ihm in einem Ritual, dem ein Priester vorsteht, opfert.

Exus Zauberkräfte ließen Shango Blitze spucken. Eines Tages bat der machthungrige Shango Exu um eine Medizin, mit deren Hilfe er seine Feinde schrecken könnte. Er schickte seine Frau Oya, die Medizin zu holen. Doch das Päckchen war so klein, daß Oya an der Wirksamkeit der Medizin zweifelte und erst einmal davon probierte. Als sie nach Hause kam und Shango begrüßte, schlugen Flammen aus ihrem Mund. Wütend wollte Shango sie mit seinen Donnersteinen töten, doch sie versteckte sich. Als sein Zorn abgekühlt war, probierte er selbst die Medizin. Daraufhin spie er so viele Flammen, daß die ganze Stadt Oyo in Schutt und Asche gelegt wurde.

»Tod, Krankheit, Verlust, Lähmung, Unheil, Fluch, Gefangenschaft, Not, sie alle sind Boten des Exu.«
YORUBA-SPRICHWORT

»Exu hilft nur denen, die ihm opfern.«
YORUBA-SPRICHWORT

ANANSI, DIE SPINNE

Die Spinne Anansi ist eine (männliche) Trickstergestalt der westafrikanischen Aschanti, beim Stamm der Zande heißt sie Ture. Ein bekannter Mythos erzählt, wie Anansi den Himmelsgott Onyankopon (Nyame) fragt, ob er ihm die Geschichten verkauft, die man über ihn erzählt. Der Gott sagt, er habe sie sogar den Großen und Mächtigen verweigert und er, Anansi, sei unbedeutend. Doch Anansi besteht auf einem Preis, und so sagt Onyankopon, er solle ihm den Python Onini, den Leoparden Osebo, den Hornissenschwarm Mmoboro und den Geist Mmoatia bringen – Wesen, die zu fangen er für unmöglich hält. Doch mit Hilfe seiner Frau fängt Anansi alle und gibt auch noch seine Mutter als Zugabe drein. Der Himmelsgott ist so beeindruckt, daß er Anansi alle seine Geschichten gibt. Seither heißen sie Spinnengeschichten, Anansi- oder Nancy-Geschichten (letzteres in der Karibik).

Radnetzspinne

DIE WELTENSCHLANGE

Die Fon aus Dahome erzählen, wie die Weltenschlange Aido-Hwedo am Anbeginn der Zeit von der Schöpfergottheit ins Leben gerufen wurde, einem androgynen Wesen mit zwei Gesichtern: Mawu, dem weiblichen Mond, und Lisa, der männlichen Sonne. Aido-Hwedo trug die Schöpfergottheit im Maul, während sich die Welt bildete. Als das Werk vollendet war, drückte das Gewicht der Schöpfung die Erde – zu viele Bäume, zu viele Berge, zu viele Elefanten, zu viel von allem. So bat die Schöpfergottheit Aido-Hwedo, sich aufzurollen und als Stützpolster unter die überladene Erde zu legen. Zur Kühlung schuf Mawu-Lisa für Aido-Hwedo den Ozean. Doch die Erde drückt Aido-Hwedo, und wenn er sich bewegt, um das Gewicht zu verlagern, verursacht dies Erdbeben. Aido-Hwedo frißt Eisenstangen, die die roten Affen unter dem Meer für ihn schmieden. Wenn das Eisen je zur Neige geht, wird Aido-Hwedo seinen eigenen Schwanz fressen, die Erde wird aus dem Gleichgewicht geraten und ins Meer stürzen. Ein zweiter Aido-Hwedo, die Regenbogenschlange, lebt am Himmel und schickt die Donnerkeile der Götter zur Erde.

GU, DER GOTT DES EISENS

Gu, der Schutzgott der Eisenschmiede, ist eines der 14 Kinder von Mawu-Lisa. Die ersten drei waren Da Zodji, der Häuptling des Erdpantheons, So, der Häuptling des Donnerpantheons, und Agbe, der Häuptling des Meerespantheons. Weitere Schlüsselfiguren sind der Jagdgott Agè, der Luftgott Djo und der Trickster und Mittler Legba, das Äquivalent der Fon zum Exu der Yoruba (S.86–87). Als Eisengott ist Gu auch der Gott des Krieges (auch Ebo genannt), der Waffen und Werkzeuge. Gu ist aus Eisen oder besitzt einen Körper aus Stein und einen Kopf in Form eines Eisenschwertes. Der schwertförmige Kopf geht auf einen Mythos zurück, nach dem Lisa von Mawu ausgesandt wird, Gu als Werkzeug zu benutzen, um den Wald zu roden und die Menschen zu lehren, wie man Hütten baut und den Acker umgräbt. Seither heißt die Machete, die Mawu-Lisa den Menschen gab, *Ali-su-gbo-gu-kle* (»Der Weg ist versperrt, und Gu öffnet ihn«). Doch Gu ist nicht nur die Personifizierung des ersten Messerwerkzeugs. Als Gott der Schmiede gilt er selbst als fleißiger Schmied. Seine Schreine haben daher nie ein Dach, damit sie nicht niederbrennen.

Eine Eisenstatue des Gottes Gu

BEMALTE HOLZSCHALE

Diese bemalte Holzschale aus Westafrika zeigt einen Mann, eine Frau und eine Schlange. Die Fon glauben, daß der erste Mann und die erste Frau in Gesellschaft der kosmischen Schlange Aido-Hwedo auf die Welt kamen. Aido-Hwedo soll der Schöpfergottheit geholfen haben, die Welt wie eine große Kalebasse zu formen. In der Mythologie des Fon-Himmelskultes schuf Nana-Buluku die Erde, die dann von Mawu gestaltet und bevölkert wurde. Doch wie viele afrikanische Hochgötter ist Nana-Buluku heute fast vergessen, und Mawu wurde den Fon gleichbedeutend mit »Gott«.

Als die Welt erschaffen war, bildete die Schöpfergottheit aus Lehm und Wasser die ersten Menschen. Sie mischte den Lehm genauso an, wie man ihn als Baumaterial für ein Haus anrührt.

Aido-Hwedo kann als Personifikation der schöpferischen Kraft verstanden werden – einer Kraft, die man heute noch im Regenbogen, im Wasser, in den Gezeiten und im Tanz der Sterne erkennt.

AIDO-HWEDO
Der Name Aido-Hwedo bedeutet entweder »Du wurdest geschaffen vor der Erde und vor dem Himmel« oder »Du bist in der Erde und im Himmel«. Aido-Hwedo im Meer trägt die Erde und alles auf ihr, die Regenbogenschlange am Himmel sendet Donnerkeile auf die Erde. Der jeweils zweite Donnerschlag ist der Klang von Aido-Hwedos Schwanz, der zurückschwingt, nachdem er den Donnerkeil auf die Erde geschleudert hat. Die beiden Aido-Hwedos gelten manchmal als Zwillinge.

SCHLANGENKOPF
Aido-Hwedo trug die Schöpfergottheit im Maul, als die Welt geformt wurde, daher hat die Welt so viele Kurven und Windungen. Der Schöpfer drückte die Erde zur Form einer Kalebasse zusammen, und Aido-Hwedo wickelte sich um sie. Über der Erde sollen 3500 Schlangenwindungen sein, unter der Erde ebenfalls 3500.

ERSTE MENSCHEN
Zwar gilt Mawu als Schöpfer der Menschen, doch nach einer alten Überlieferung kamen der erste Mann und die erste Frau vom Himmel auf die Erde. Sie brachten einen langen Stab und eine Kalebasse mit sich. An dem Tag, als sie auf die Erde kamen, regnete es, ebenso die nächsten 17 Tage. In dieser Zeit sprachen die beiden nicht, sondern riefen nur den Namen des Gottes, der sie auf die Erde geschickt hatte: »Segbo, Segbo, Segbo ...!« Segbo ist ein anderer Name für Mawu.

UNERREICHBARER HORIZONT
Die Stelle, an der sich Himmel und Meer am Horizont berühren, gilt als für Menschen unerreichbares Paradies. Es wird durch den Rand des Gefäßes symbolisiert, an dem Unterteil und Deckel (einer zweigeteilten Kalebasse) sich berühren.

KALEBASSENWELT
Die Welt ist rund wie eine Kalebasse, ein hohler Kürbis, den man als Wassertopf oder Rassel benutzen kann. In Fontempeln finden sich mit Schnitzereien und Malereien verzierte Kalebassen, gefüllt mit Gaben an die Götter.

GÖTTERVEREHRUNG
Der erste Mann und die erste Frau, Adanhu und Yewa, begründeten den Kult der Himmelsgötter Mawu und Lisa und die Verehrung von deren Kindern, der niederen Gottheiten, so des Eisengottes Gu und des Jagdgottes Agè.

Aido-Hwedo
Dieses Basrelief aus dem Palast des Königs Ghezo von Dahome zeigt Aido-Hwedo mit seinem Schwanz im Maul (s.o.). Aido-Hwedo wird auch Da Aido-Hwedo genannt. »Da« ist das Wort für Schlange, aber in Da Aido-Hwedo bedeutet es die lebendige Eigenschaft all dessen, was biegsam, sehnig und feucht ist wie der Regenbogen, Rauch, die Nabelschnur oder Nerven. »Da« bedeutet auch Reichtum, Glück und alle flüchtigen, wünschenswerten Dinge.

Aido-Hwedo existierte vor allen Kindern der Schöpfergottheit, »geschaffen von dem, der die Welt schuf«. Daß Aido-Hwedo mit dem ersten Mann und der ersten Frau auf die Welt kam, kann als Anspielung auf die phallische Eigenschaft der Schlange oder die Identifizierung der Schlange als Lebenskraft gedeutet werden. In einigen Geschichten der Fon lehrt die Schlange den ersten Mann und die erste Frau das Geheimnis der Fortpflanzung.

DIE HERKUNFT DES TODES

Die Zulu erzählen, wie der Schöpfer das Chamäleon Unwabu schickte, damit es den Menschen sage, sie müßten nicht sterben, und die Eidechse, um ihnen zu sagen, sie müßten sterben. Das Chamäleon trödelte, die Eidechse aber lief geradewegs zu den Menschen und brachte die Todesbotschaft. Bei den Hottentotten schickte der (weibliche) Mond ein Insekt, das sagen sollte »... wie ich sterbe und sterbend lebe, so sollen auch sie«. Unterwegs traf das Insekt den Hasen. Der Hase als schnellerer Läufer erbot sich, die Nachricht zu überbringen. Als er die Erde erreichte, richtete er aus: »Wie ich sterbe und sterbend untergehe, so sollt auch ihr sterben und verlöschen.« Als der Hase dem Mond erzählte, was er gesagt hatte, trug ihm dies einen Schlag auf die Nase ein. Seither haben Hasen eine gespaltene Nase.

Erzulie Freda

Erzulie Freda ist ein Aspekt der Liebesgöttin Erzulie (Ezili). Sie ist die Gemahlin des Meeresgottes Agwé, tändelt jedoch auch mit dem Donnergott Damballah Wedo oder dem Kriegs- und Eisengott Ogoun und mit Guede in seiner Rolle als Totengräber Guede Nimbo.

VOODOOGÖTTER

Die Voodoogötter von Haiti (und ihre Entsprechungen im Candomblé- und Santería-Kult Brasiliens und Kubas) leiten sich aus der westafrikanischen Mythologie ab, sind aber auch geprägt durch die Sklaverei und den Einfluß der katholischen Kirche in der Neuen Welt. Voodoo *(wudu)* bedeutet in der Sprache der afrikanischen Fon »Gott«. Voodoo ist eine Religion mit vielen *Loas* (Geistern), die den Menschen zu Diensten sind, wenn diese sie aufnehmen und gut nähren. Es gibt kaum Schöpfungs- oder Heldenmythen im Voodoo. Die Götter agieren im Leben ihrer Gläubigen und ergreifen in Voodooriten von ihnen Besitz. Daher sind die menschlichen Attribute der Götter von größerer Bedeutung als ihre Geschichte. Die Geschichte eines Trupps von Gueden, der den Präsidentenpalast (rechts) belagerte, zeigt z.B., daß man den Voodoogöttern die Macht zuspricht, die Gegenwart und Zukunft Haitis zu gestalten.

GUEDE, HERR ÜBER LEBEN UND TOD

Guede (Ghede), der Herr der Unterwelt, ist auch der Herr des Lebens, ein Gott der Sexualität und Schutzpatron der Kinder. Er ist ein Fresser und Säufer, der das Essen mit beiden Händen in den Mund stopft und es mit Schnaps hinunterspült. Doch er kann auch elegant und gebildet auftreten. Seine Autorität darf keinesfalls in Frage gestellt werden. Zu Beginn des 20.Jh.s marschierte eine Gruppe von Gueden (von Guede besessene Voodoopriester) zum Palast des Präsidenten Borno in Port-au-Prince und sang »Papa Guede ist ein schöner Kerl«. Alle trugen Guedes Ausgehanzug: Frack und Zylinder, Sonnenbrille, Zigarette oder Zigarre und einen Spazierstock. Sie verlangten Geld, und der Präsident, der wußte, daß niemand stärker ist als der Tod, gab es ihnen. Guede trägt eine dunkle Brille, weil er soviel Zeit in der Unterwelt verbringt, daß seine Augen in der Sonne höchst empfindlich sind. Mit seinem linken Auge wacht er über das Universum, das rechte ist auf sein Essen gerichtet.

Auf Altären für Baron Samedi finden sich immer Kreuz, Totenschädel, Hut, Sonnenbrille und Rum.

Alle Voodoogötter tragen Züge katholischer Heiliger oder Engel. Erzulie entspricht der Jungfrau Maria, Legba sowohl Petrus als auch Lazarus, Ogoun Jakobus dem Älteren, Damballah Wedo dem hl. Patrick, Azacca dem hl. Isidor, Baron Samedi dem hl. Expedit usw.

DIE VOODOOGÖTTER ERBARMEN SICH DES SCHICKSALS HAITIS

Cameau Rameau

Dieses Bild spiegelt den Glauben wider, daß die Götter in die Politik eingreifen und helfen, einen Präsidenten zu wählen oder loszuwerden. Es zeigt die Hauptgottheiten des Rada Voodoo (einer gemäßigten Form des Voodoo) bei einer Beratung über die Zukunft Haitis.

OGOUN
Ogoun, der Gott des Krieges und des Feuers und Schutzpatron der Eisenschmiede, reitet auf seinem weißen Pferd. Er hat politische Bedeutung: Die Konferenz der Götter über die Zukunft Haitis kann ohne ihn nicht beginnen.

GLÄUBIGE
Die Anhänger des Ogoun hoffen, daß in Riten ein *Loa* von ihnen Besitz ergreift. *Loa* ersetzt die Seele des Menschen, auch *gros-bon-ange* (großer guter Engel), die den irdischen Tod überlebt, um einer der Geister *(les Invisibles)* zu werden.

AUS DEN BERGEN
Der Petro-Voodoo-Kult, geboren aus der Wut über die Sklaverei, entstand in den Bergen Haitis unter entlaufenen Sklaven, die man Maroons nannte. 1791 führte eine Petro-Zeremonie unter Leitung des Voodoopriesters Boukman Dutty zu einem Aufstand.

GRAB
Das Kreuz auf diesem Grab ist das Symbol von Baron Samedi, die Kreuzung des Todes. An seinem Fuß steht ein Rumopfer für Guede.

SCHLANGE
Die um Legbas Gehstock (Zeichen seines hohen Alters) gewundene Schlange stellt Damballah und Ayida Wedo (Aido-Hwedo, S.88) dar, die männliche und die weibliche Regenbogenschlange, die die Welt über dem Himmel und unter dem Meer umfassen.

AZACCA
Der in Bauerntracht gekleidete und eine Strohtasche tragende Azacca (Azaka) ist der Schutzpatron der Bauern und aller Feldarbeiter. Möglicherweise leitet er sich von einer alten Maisgottheit der indianischen Urbevölkerung Haitis ab und weniger aus afrikanischen Wurzeln. Azacca gilt als jüngerer Bruder des Guede (s.o.), doch im Gegensatz zu dem gebildeten, weltgewandten Guede ist er schlicht und naiv.

LEID EINER MUTTER
Hier wird Erzulie Freda mit der christlichen Schmerzensmutter gleichgesetzt. Sie weint um ihr einziges Kind von Ogoun, ein Mädchen namens Ursule, das ertrunken ist.

KIND
Das Kind auf Erzulie Fredas Arm steht mit großer Sicherheit für die Zwillingskinder der Voodoo-Mythologie, die Marassa. Sie spielen im Voodooglauben eine große Rolle, und ihr Fest, einst zur Erntezeit abgehalten, verschmolz mit Weihnachten und der Geburt des Christkindes.

ERZULIE DANTO
Hier sieht man Erzulie in ihrer fröhlicheren Form, die mit *Notre Dame de la Grace* (Unsere gnädige Jungfrau) identifiziert wird. Als Gattin Agwès im Meer heißt sie auch *La Sirene* (die Sirene). Erzulie tritt auch als alte Frau auf, Gran Erzulie, und in rasendem Schmerz als Erzulie Ge-Rouge.

BARON SAMEDI
Der Todesgott Guede wird hier in seiner mächtigsten Rolle, als Baron Samedi, dargestellt, der über alles im Leben informiert werden muß. Er ist fröhlich und oft unverantwortlich, und er trägt einen Totenkopf auf dem Hut, damit trotz seiner Späße niemand vergißt, daß seine Lebenskraft aus seiner Beherrschung des Todes kommt.

Die Voodoogötter gehen hauptsächlich auf die der Fon (S.88–89) zurück. Legba, Aido-Wedo, Agbè und Gu haben viele Fon-Merkmale behalten, wenngleich Gu den Nagos-Namen Ogoun trägt. Die härteren Petro-Riten, die im Aufstand gegen die weißen Herren in der Neuen Welt entstanden, haben kongolesische, Bomba- und Limba-Wurzeln.

STOCK
Guedes Stock ist das phallische Symbol eines Gottes, dessen Handlungen oft obszön sind, aber auch eine Waage, auf der der Herr des Todes die Seelen wägt.

SCHNAPSKRUG
Der Krug enthält wahrscheinlich hochprozentigen Alkohol, möglicherweise Guedes Spezialität: Rum mit scharfen Gewürzen, den nur er verträgt.

HAHN
Der schwarze Hahn ist ein Opfertier, das für Guede geschlachtet wird.

PAPA LEGBA
Papa Legba wird als gebrechlicher alter Mann dargestellt und dennoch als Herr des Lebens gefeiert. Anläßlich einer Geburt betet man zu Legba, er möge »den Weg öffnen« und keine bösen Geister diesen versperren lassen. Ohne Legbas Mittlertätigkeit kommt keine Verbindung zwischen *Loas* und Menschen zustande.

Anrufung der Götter
Die Vevers genannten Muster dienen der Anrufung der Götter und werden mit Mehl auf die Erde gezeichnet. Im Zentrum des Kreises befindet sich bei Voodoo-Zeremonien der Poteau-mitan, der Mittelpfosten, über den die Götter in die Zeremonie eintreten. Das Schiffssymbol steht für den Meeresgott Agwé, den Gatten der Erzulie. Er ist großmütig, treu und stark.

PAPA GOTT UND GENERAL TOD

Ein haitianisches Märchen erzählt: Papa Gott und General Tod gingen einmal spazieren. General Tod wies auf ein Haus, aus dem er am nächsten Tag eine Seele holen wollte. »Du nimmst immer nur, während ich gebe«, sagte Papa Gott. »Deshalb bin ich den Menschen lieber.« General Tod war anderer Meinung. Sie beschlossen, den Mann zu besuchen, dessen Seele General Tod am nächsten Tag holen wollte. Als Papa Gott den Mann um einen Becher Wasser bat, wies dieser ihn ab. »Ich muß zehn Meilen gehen, um Wasser zu holen.« »Aber ich bin Papa Gott.« »Trotzdem habe ich kein Wasser für dich, doch General Tod würde ich welches geben.« »Warum das?« »Weil er, anders als du, der du mir kein Wasser gibst, während andere darin schwimmen, keinen Unterschied zwischen den Menschen macht.« Und tatsächlich, als General Tod fragte, gab der Mann ihm soviel kühles Wasser, wie er wollte. General Tod war so erfreut, daß er die Seele des Mannes noch lange nicht holte.

WEG DER BERGE

Eines Tages wurde Sohn der Berge, ein junger Navajo, von Ute-Kriegern gefangengenommen. Eingesperrt in einer Hütte am Rande einer Schlucht, betete er zu Sprechendem Gott, dem Großvater der Götter, Gott der Morgendämmerung und des Osthimmels. Dieser kam als Blitz durch den Rauchabzug und verhalf dem Navajo zur Flucht. Auf dem Heimweg traf der junge Mann viele Tiere und Menschen, auch die Heiligen Wesen, die ihm Schönheit wie ihresgleichen verliehen und ihn den *Mountainway* (Weg der Berge) lehrten. Das hier gezeigte Sandbild ist Bestandteil der dazu gehörenden Zeremonien und geht auf eine Nacht zurück, die der junge Mann mit vier Bären in einer Höhle verbrachte. Als Sohn der Berge die Bären entdeckte, lagen sie in der gleichen Position um das Feuer wie die Heiligen Wesen auf dem Bild. Als der junge Mann nach Hause kam, mißfiel ihm der Geruch. So kehrte er, nachdem er seiner Familie die Geheimnisse des *Mountainway* anvertraut hatte, zum Heiligen Volk zurück.

SICH WANDELNDE FRAU

Sich Wandelnde Frau ist die Tochter von Junge Langes Leben und Mädchen Glück. Sprechender Gott erweckte sie aus einem Türkisbild zum Leben, Erster Mann und Erste Frau zogen sie auf. Sich Wandelnde Frau spielt eine Rolle bei der Schöpfung; sie steht für die Essenz des Lebens und wird in einem endlosen Kreislauf der Erneuerung alt und wieder jung. Ihre Schwester ist die Frau der Weißen Muschel, ihr Gatte (mit dem sie aber nicht lebt) der Sonnengott, der die Sonne auf seinem Rücken trägt und sie jeden Abend an der Westwand seiner Hütte aufhängt. Ihre Söhne, die heldenhaften Zwillinge Ungeheuertöter und Wassergeborener, fanden mit Hilfe der Spinnenfrau (rechts) ihren Vater, und dieser half ihnen, die Erde von Ungeheuern zu befreien. Alter, Kälte und Hunger konnten sie allerdings nicht töten.

Heilige Wesen
Jede der Figuren stellt ein Heiliges Wesen der Kulturpflanzen dar. Jede hat eine andere Farbe, die für die jeweilige Pflanze steht, doch ansonsten tragen sie alle eine einzelne Feder auf dem Kopf, außerdem Ohrringe und Armbänder aus Türkis und Korallen, die Sich Wandelnde Frau und Frau der Weißen Muschel (s.o.) symbolisieren. Die Zickzackmuster auf den Armen der Götter symbolisieren Blitze vor Gewitterwolken.

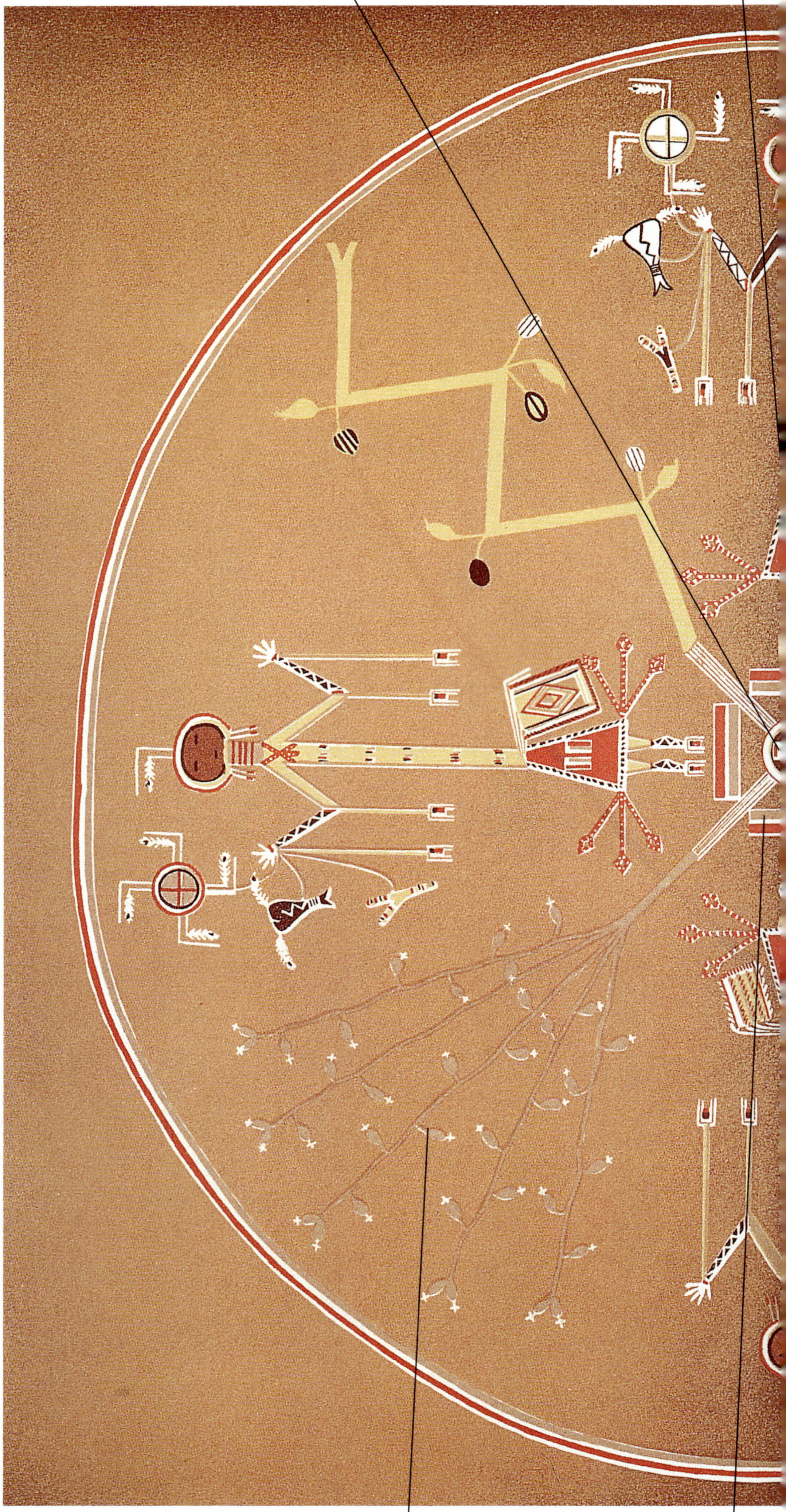

WASSERSCHALE
Im Zentrum des Bildes befindet sich eine von Sonnenstrahlensymbolen umgebene Schale mit heiligem Wasser.

GEISTER DES SONNENLICHTS
Die Heiligen Wesen tragen Röcke aus roten Sonnenstrahlen. *Mountain Chants* (Lieder des Wegs der Berge) beschwören u.a. Tageslichtjunge und Tageslichtmädchen auf ihrer Reise vom Haus der Morgendämmerung zum Haus des Abendlichts.

NUTZPFLANZEN
Jede Pflanze gehört zu dem Heiligen Wesen links von ihr. Im Uhrzeigersinn von oben rechts (Nordosten): Tabak, Mais, Bohnen- und Kürbispflanze. Die Farbe der Pflanze ist die gleiche wie die des jeweiligen Heiligen Wesens. Ihre Wurzeln reichen ins heilige Wasser im Mittelpunkt des Bildes.

SONNENSTRAHLENFLÖSSE
Die Heiligen Wesen stehen auf Sonnenstrahlenflößen. Sie weisen in die vier Himmelsrichtungen, die bei Ritualen der nordamerikanischen Indianer eine große Rolle spielen.

Die Bären in der Geschichte lagen um ein Feuer, das ohne Holz brannte – die Flammen stiegen aus vier farbigen Kieseln auf. Die Bären lehrten Sohn der Berge Bären-*Kethawns* zu fertigen, Stöcke, die den Bären geopfert werden.

REGENBOGENGÖTTIN
Sprechender Gott überbrückte eine Schlucht, indem er einen Regenbogen ausatmete, der Sohn der Berge zu der Bärenhöhle führte. Diese Figur stellt Regenbogenfrau, die Göttin des Regenbogens, dar.

Navajo-Webdecke

SPINNENFRAU

Die Spinnenfrau ist eine wichtige Figur in der Mythologie der Völker des Südwestens der USA. Bei den Navajo tritt sie in Gestalt einer hilfsbereiten alten Frau auf. Sie steht den Heldenzwillingen Ungeheuertöter und Wassergeborener bei und lehrt die Navajo die Webkunst. Daher dürfen Navajo keine Spinnen töten, die zudem Fliegen, Mücken und anderes Ungeziefer fangen. Wenn ein Kind eine Spinne tötet, heißt es, so werden seine zweiten Zähne schief, denn die Spinnenfrau hat spitze, nach hinten gebogene Zähne, mit denen sie ihre Beute am Entkommen hindert. Damit die Navajomädchen unermüdliche Weberinnen werden, reibt man ihre Arme mit Spinnweben ein. Und wenn eine Navajofrau mit dem Wissen der Spinnenfrau einen Teppich webt, muß sie am Musterende einen Spalt lassen, damit ihre Seele wieder zurückkehren kann.

Der *Mountainway* ist eine der vielen Gesangszeremonien, die Mythen durch Lieder, Gebete, Tänze, Rituale und Sandmalereien zum Ausdruck bringen, meist zu Heilungszwecken. Das Sandbild wird im Laufe der Zeremonie geschaffen und wieder zerstört. Dann wird der Sand auf den Körper der Person gestreut, für die die Zeremonie abgehalten wird. Die hier gezeigte Sandmalerei ist eine der ersten, die mit Zustimmung des Sängers fotografisch festgehalten wurden.

VÖGEL DER DÄMMERUNG
Diese blauen Vögel gelten den Navajo als Boten der Dämmerung und gehören zu Sprechender Gott, dem Gott der Dämmerung und des Osthimmels, der sich mit deutlichem »Hu-hu-hu-hu« nähert.

TASCHEN
Jeder Gott trägt eine mit Stachelschweinstacheln bedeckte Tasche. Diese Taschen hatten für die Navajo großen Wert, weil sie sie zum Tauschhandel mit anderen Völkern, z.B. mit den Ute, brauchten. Als Sohn der Berge flieht, nimmt er auf Geheiß von Sprechender Gott zwei Beutel mit Stickereien sowie Tabak, den er später den Bären anbietet, mit.

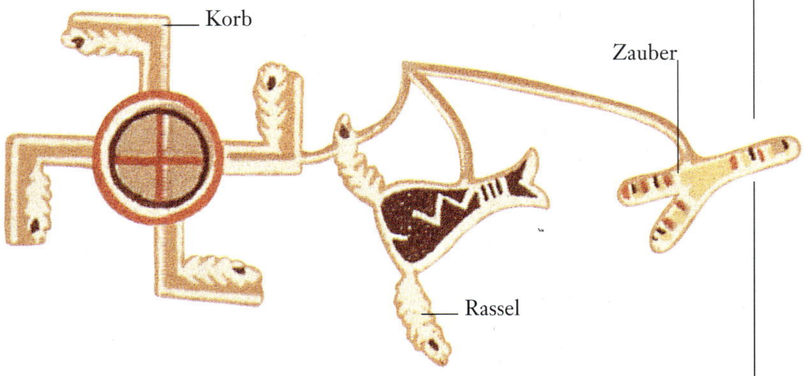

Heilige Gegenstände

Jeder Gott hält drei heilige Gegenstände in der Hand: einen Zauber, eine Rassel und einen Korb. Die schwarzen Rasseln mit weißem Muster symbolisieren Regenwolke und Blitz. Die Körbe, in Form des alten Swastika-Sonnensymbols, sind mit Adlerfedern verziert und weisen gegen den Uhrzeigersinn.

Als Sohn der Berge wieder zu den Heiligen Wesen zog, sagte er seinem Bruder: »Du wirst mich nie wiedersehen – aber wenn Schauer vorüberziehen und der Donner rollt, wirst du sagen: ›Da ist die Stimme meines älteren Bruders.‹«

NAVAJO-SANDBILD
Solche Sandbilder sind heilig; ihr Navajo-Name bedeutet »Ort, an dem die Götter kommen und gehen«.

LONE MAN

Nach dem Schöpfungsmythos der Mandanen war die Erde am Anfang mit Wasser bedeckt, und es herrschte Dunkelheit. Da sahen Erster Schöpfer und Lone Man (Einsamer Mann) eine Ente. Sie fragten das Tier, wovon es sich ernähre, und es holte ihnen ein Sandkorn. Erster Schöpfer und Einsamer Mann machten aus dem Sand das Land. Erster Schöpfer formte die Berge mit ihren Tieren, Einsamer Mann die Ebenen. Dann schuf Einsamer Mann die Menschen. Er wollte mit ihnen leben, sie beschützen und leiten. So verwandelte er sich in einen Maiskolben, und ein Mandanenmädchen aß ihn und wurde seine Mutter. Einsamer Mann wuchs rein und gut auf, reiste mit zwölf Männern in einem Kanu und vollbrachte Wunder. Als die Zeit gekommen war, daß er die Menschen verlassen mußte, gebot er ihnen, einen rot bemalten Zedernstamm in der Dorfmitte aufzustellen und als Opfer Weihrauch zu verbrennen. Er sagte, die Zeder sei sein Körper, den er den Menschen als Schutz vor allem Unheil hinterlasse. Er hieß sie einen faßförmigen Schutzzaun um die Zeder errichten. Sollte eine Flut kommen, würde das Wasser nicht höher als bis zum ersten Ringeisen steigen.

Opfer
Die Mandanen opferten dem Großen Geist wertvolles Tuch. Außerhalb der Medizinhütte standen vier Pfähle, an denen Tücher als Geister aufgehängt wurden.

MEDIZINHÜTTE
Die heilige Medizinhütte wurde nur bei der Okipa-Zeremonie benutzt. Sie war die größte Hütte des Dorfes.

Im Rahmen der Okipa-Zeremonie fand die Initiation der jungen Männer statt. Während der Stamm draußen tanzte, fasteten und wachten die Initianten in der Medizinhütte und unterzogen sich körperlicher Marter.

DER BÜFFELTANZ
George Catlin (1794–1872)
Mandanen vom Oberlauf des Missouri feiern bei der alljährlichen Okipa-Zeremonie den Rückgang des Wassers nach der Sintflut, deren einziger Überlebender Einsamer Mann war. Er landete mit seinem großen Kanu auf einem hohen Berg im Westen, wo er noch immer lebt. Die Mandanen glaubten, daß eine neue Sintflut käme, wenn sie diese Zeremonie nicht vollzögen.

BÜFFELTÄNZER
Acht in Büffelfelle gekleidete Tänzer tanzten beim Okipa vor der Medizinhütte, um eine gute Büffeljagd für das kommende Jahr zu beschwören.

WEIDENZWEIGE
Auf dem Rücken tragen die Tänzer Weidenzweige, die an den Weidenzweig erinnern, den eine Taube nach dem Rückgang der Sintflut zu Einsamer Mann trug. Die Zeremonie fand immer dann statt, wenn die Weiden am Fluß saftig grün waren.

MORGENSTRAHLEN
Vier Tänzer im Lendenschurz und mit Kopfschmuck aus Adlerfedern und Hermelinfell begleiten die vier Büffeltänzerpaare. Die beiden mit der rot-weißen Streifenbemalung nannte man Morgenstrahlen.

SCHILDKRÖTENTROMMELN
Vier alte Mandanen schlugen die vier heiligen Schildkrötentrommeln. Sie symbolisieren die Schildkröte, die die Welt trägt.

Böser Geist ist mit schwarzer Fettschmiere bedeckt. Bei der Zeremonie bewirft die Frau ihn mit gelbem Staub.

Der Stab des Bösen Geistes wird von der Frau zerbrochen.

Der Böse Geist
O-ke-hée-de (die Eule oder Böser Geist) erschien am vierten Tag, um die Tanzenden in Angst und Schrecken zu versetzen. Der Medizinmann beschwichtigte ihn mit der heiligen Pfeife, schließlich wurde er von einer der Frauen bezwungen. Sie leitete die Zeremonie dieser Nacht mit der Macht der Schöpfung, der Macht über Leben und Tod, als Mutter der Büffel.

Fast alles an der Okipa-Zeremonie beruhte auf dem Glauben, daß die Mandanen im Zentrum der Welt lebten. Sie selbst nannten sich Numakaki – »Menschen«. Im Bel-lohk-na-pick, dem Büffeltanz, teilten sich die acht Büffeltänzer in vier Paare auf, die nach Norden, Osten, Süden und Westen tanzten.

Grosses Kanu

Der faßförmige Gegenstand in der Dorfmitte ist der Schrein mit dem Zedernstamm, den Einsamer Mann statt seiner hinterlassen hatte. Im Kontext der Okipa-Zeremonie symbolisierte er die Arche des Mandanen-Sintflutmythos, in den um 1830 eine Reihe von Elementen aus der biblischen Sintflutgeschichte eingeflossen waren.

Erdhütten

Die Mandanen lebten in Erdhütten aus einem Holzgerüst, das mit Weidenruten verflochten und mit einer etwa 50 cm dicken Lehmschicht bedeckt war. Die ausgehärteten Lehmdächer waren so stabil, daß alle 20–30 Hüttenbewohner darauf sitzen konnten.

Anrufung des Grossen Geistes

Während des Tanzes lehnt sich der Medizinmann, in der Hand die heilige Pfeife, an das große Kanu und ruft den Großen Geist um Hilfe für das nächste Jahr an.

Grizzlybären

Zwei als Grizzlybären verkleidete Männer sitzen am großen Kanu und drohen jeden zu verschlingen, der sich ihnen nähert. Frauen bringen ihnen zur Besänftigung Fleischgerichte.

Die Nacht

Zwei der vier Einzeltänzer waren mit Holzkohle und Fett pechschwarz angemalt und mit weißen »Sternen« gesprenkelt. Man nannte sie »die Nacht«.

Das jährliche, viertägige Okipa-Fest begann damit, daß Einsamer Mann das Dorf betrat, zur Initiation der jungen Männer eine Pfeife rauchte und den großen Geist anrief, damit er ihnen Kraft für das Ritual gebe. Der oben dargestellte Büffeltanz wurde abgehalten, um den Großen Geist zu bitten, daß er im kommenden Jahr viele Büffel senden möge. Der letzte Büffeltanz fand 1836/37 statt. Kurz darauf löschte eine Pockenepidemie fast den ganzen Stamm aus.

Die Madoc-Sage

Die Parallelen zur christlichen Mythologie und Kultur bei den Mandanen sowie die Ähnlichkeit zwischen dem Büffelboot der Mandanen und der walisischen Coracle (einem Ruderboot) erstaunten George Catlin. Er vermutete, daß die Mandanen Nachkommen einer verschollenen Expedition von Walisern waren, die 1170 unter Führung des Prinzen Madoc nach Amerika segelten und dort eine Kolonie gründeten. Die Madoc-Sage ist allerdings zweifelhaften Ursprungs. Möglicherweise wurde sie im England der Tudor-Zeit erfunden, um die spanischen Ansprüche auf amerikanische Territorien in Frage zu stellen. Andererseits gibt es 15 indianische Sprachen, die als »walisisch« eingestuft werden und von denen das Mandan die bekannteste ist. Einige Mandanensagen erzählen, daß Lone Man ein Weißer war, der die Mandanen in seinem großen Kanu über ein großes Wasser zum Golf von Mexiko brachte.

Die erwachsenen Tänzer sangen »Medizinlieder« – heilige, einfach formulierte Liedgedichte. Ein von Frances Densmore aufgeschriebenes Lied des Wounded Face von der Schwarzmundgesellschaft der Mandanen lautet vollständig übersetzt: »Die Erde ist ewig.«

Antilopen

Die Mandanen-Knaben wurden gelb angemalt, um im Tanz die Rolle von Antilopen übernehmen zu können. Abwechselnd jagten sie als Weißkopfseeadler, Wölfe, Schwäne, Klapperschlangen, Geier und Biber verkleidete Männer und wurden von ihnen gejagt.

Schildkröten-Mythos

Die vier heiligen Trommeln der Mandanen bestanden aus Büffelhäuten, die in Form großer Schildkröten zusammengenäht waren. Sie enthielten Wasser, das nach dem Rückzug der Sintflut von allen vier Enden der Erde gesammelt worden war. Die Mandanen glaubten, die Erde ruhe auf dem Rücken von vier Schildkröten. Ob die Sintflut vor oder nach der Erschaffung der Welt durch Erster Schöpfer und Einsamer Mann stattfand, ist nicht klar. Ursprünglich war der Sintflut-Mythos nach dem Auftauchen der Welt angesiedelt, und Einsamer Mann scheint keine Rolle dabei gespielt zu haben. Seine Geschichte wurde vermutlich von Noah und von Christus beeinflußt. Sintflut-Mythen sind bei den Indianervölkern weit verbreitet, ebenso die Vorstellung der auf vier Schildkröten ruhenden Welt.

Dieser Cheyenne-Schild zeigt die Schildkröte als »Erdtaucher«, eine Rolle, die bei den Mandanen die Ente übernimmt.

MYTHEN VOM POLARKREIS

Das rauhe Klima der Arktis prägte eine gleichermaßen rauhe Mythologie, in der Schlüsselfiguren wie Sedna, die Herrin der Seetiere (s.u.), Urgewalt ausüben. Die hier abgebildete Robbenhautmalerei zeigt diese verwirrende Welt, in der Geister und Menschen die gleiche Luft atmen und in der man immer damit rechnen muß, daß sich ein Wesen in ein anderes verwandelt. Die ganze Welt auf einer Robbenhaut: Eingeschränktheit und Grenzenlosigkeit. Diese Gegensätze finden sich im weitverbreiteten Inuit-Mythos der zwei Paare, die sich aufmachen, die ganze Weite der Welt zu entdecken. Sie nehmen ihre Schlitten und ziehen in entgegengesetzter Richtung los. Jahrelang wandern sie über das Eis. Schließlich kehren sie, alt geworden, nach einer ganzen Umkreisung der Welt an ihren Ausgangspunkt zurück. »Die Welt ist groß!« sagt der erste Mann. »Noch größer, als wir dachten!« sagt der zweite. Und damit sterben sie.

Iglu
Inuit bauen aus Eisblöcken ein Iglu. Der Mythos von den Inuit, die um die Welt reisten, zeigt, daß die Welt als rund wie ein Iglu angesehen wird. Die benachbarten Tschuktschen leben in Zelten.

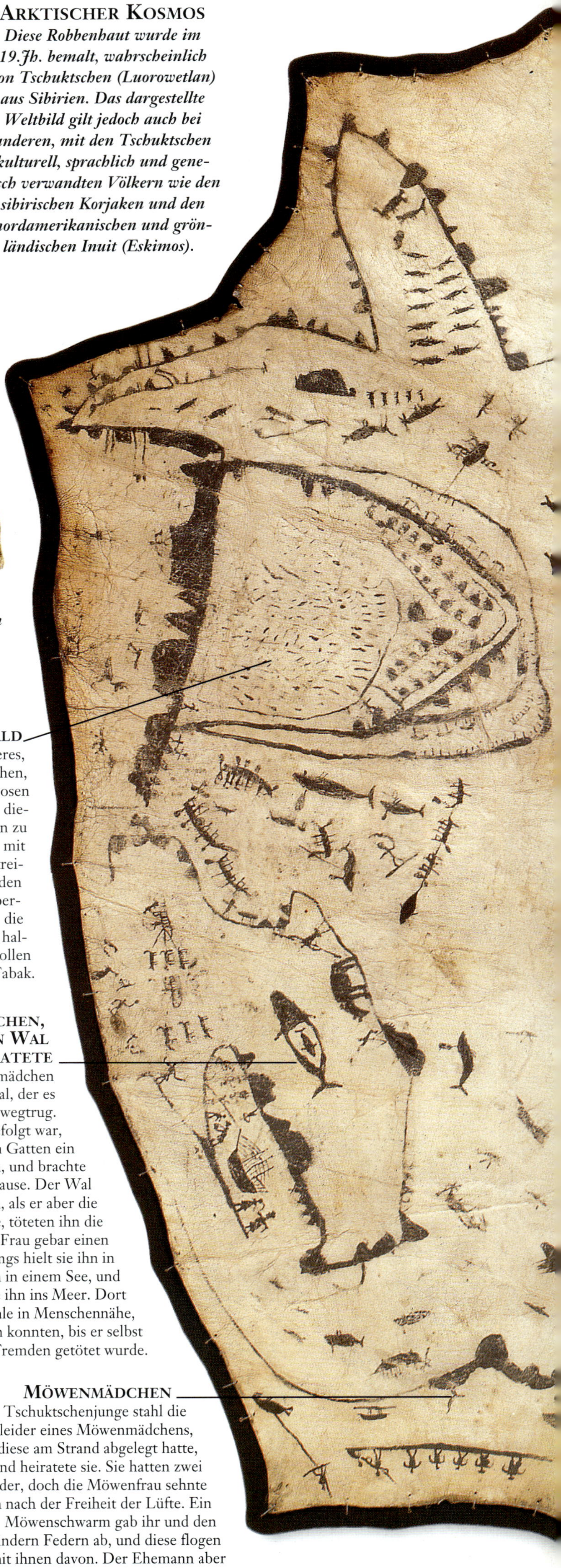

ARKTISCHER KOSMOS
Diese Robbenhaut wurde im 19. Jh. bemalt, wahrscheinlich von Tschuktschen (Luorowetlan) aus Sibirien. Das dargestellte Weltbild gilt jedoch auch bei anderen, mit den Tschuktschen kulturell, sprachlich und genetisch verwandten Völkern wie den sibirischen Korjaken und den nordamerikanischen und grönländischen Inuit (Eskimos).

ENDLOSER WALD
Jenseits des Meeres, sagen die Tschuktschen, gibt es einen endlosen Wald. Die Geister dieses Waldes kommen zu den Menschen, um mit ihnen Handel zu treiben. Sie sind an den Fuchs- oder Biberfellen zu erkennen, die sie in den Händen halten. Als Bezahlung wollen sie am liebsten Tabak.

DAS MÄDCHEN, DAS EINEN WAL HEIRATETE
Ein Tschuktschenmädchen heiratete einen Wal, der es weit von zu Hause wegtrug. Ihr Bruder, der ihr gefolgt war, überredete sie, dem Gatten ein Schlaflied zu singen, und brachte sie wieder nach Hause. Der Wal schwamm ihr nach, als er aber die Küste erreichte, töteten ihn die Menschen. Seine Frau gebar einen kleinen Wal. Anfangs hielt sie ihn in einer Schüssel, dann in einem See, und schließlich entließ sie ihn ins Meer. Dort führte er andere Wale in Menschennähe, damit diese sie jagen konnten, bis er selbst von einem Fremden getötet wurde.

MÖWENMÄDCHEN
Ein Tschuktschenjunge stahl die Kleider eines Möwenmädchens, das diese am Strand abgelegt hatte, und heiratete sie. Sie hatten zwei Kinder, doch die Möwenfrau sehnte sich nach der Freiheit der Lüfte. Ein Möwenschwarm gab ihr und den Kindern Federn ab, und diese flogen mit ihnen davon. Der Ehemann aber reiste ins Land der Vögel und holte seine Frau zurück. Er salbte sie mit Rentierblut (Ritus der Tschuktschenhochzeit), und sie wurde ein echter Mensch.

SEDNA, INUITGÖTTIN DES MEERES

Das Inuitmädchen Sedna lehnte alle menschlichen Freier ab, heiratete einen Hund und gebar zwei Welpen. Entsetzt warf der Vater Sedna ins Meer und hackte ihr die Finger ab, als sie sich wieder ins Boot ziehen wollte. Sedna sank auf den Meeresgrund und wurde zu einem mächtigen Geist, ihre abgehackten Finger zu Robben. Als Herrin des Meeres ist Sedna unerläßlich für das Überleben der Menschen. Doch manchmal verschließt sie die Meerestiere in der See, und die Menschen müssen hungern. Dann muß ein Schamane die Reise zu ihrem Haus auf sich nehmen und Sedna gegenübertreten. Da alle Sünden der Menschheit ins Meer fallen und Sednas Haare verkleben, muß der Schamane diese reinigen und zu zwei dicken Zöpfen flechten, denn ohne Finger kann Sedna dies nicht selbst tun. Wenn der Schamane seine Aufgabe vollendet hat, läßt die dankbare Göttin die Meerestiere wieder frei, und die Menschen haben wieder Nahrung.

Germaine Arnaktauyok: SEDNA
Sedna sinkt zum Meeresgrund, aus ihren Fingern werden Robben.

Die Tschuktschenschöpfung

Am Anfang waren der Schöpfer, ein alter Mann, und Tangen, ein Knabe. Sie rangen, bis sie müde waren, dann sagte Tangen: »Laß uns Menschen schaffen.« »So soll es sein«, sagte der Schöpfer. Sie nahmen Hände voll Erde, hauchten diese an und formten die grashaarigen Menschen. Doch diese konnten nicht sprechen. Tangen schrieb zwei Jahre lang und gab ihnen die Schriften – doch sie konnten noch immer nicht sprechen, und der Schöpfer lachte nur. Tangen schrieb weitere drei Jahre und noch einmal drei, doch nach wie vor konnten die Menschen nicht sprechen. Da verwandelte sich der Schöpfer in einen Raben und krächzte die Menschen an. Sie krächzten zurück, und da konnten sie sprechen. In Rabengestalt erstattete der Schöpfer dem Göttlichen Wesen im Himmel Bericht, und das Göttliche Wesen sandte den Menschen Rentiere als Nahrung. Ehe das Göttliche Wesen die Sonne an den Himmel setzen konnte, stahl der Schöpfer/Rabe sie und verbarg sie in seinem Schnabel. Tangens Boten kitzelten ihn, so daß er lachen mußte, wobei die Sonne aus seinem Schnabel ans Firmament schlüpfte und die Welt erleuchtete.

Bogenschütze
Für die Tschuktschen ist der Oriongürtel der durch die Schläge seiner Frau krumme Rücken des Bogenschützen Rulte'nnin.

Rabe
Der Rabe gilt den Tschuktschen, Korjaken und Inuit als Schöpfer allen Lebens und als Lichtbringer.

Die Sonnenfrau
Eine Tschuktschenfrau heiratete Herrn Sonne. Ein schwarzer Käfer überredete sie zum Kleidertausch, so daß Sonne den Käfer als Frau heimführte. Die richtige Frau aber gebar einen Sohn. Dieser suchte seinen Vater auf, der tötete den Käfer und führte seine richtige Frau heim. Bei den Inuit ist die Sonne weiblich, und eine Sage erzählt, wie sie von ihrem Bruder, dem Mond, vergewaltigt wurde.

Rabe erschafft die Welt
Ein Tschuktschen-Mythos erzählt, daß Rabe das Land aus seinem Kot und das Wasser aus seinem Urin machte. Er hackte Bäume klein und formte aus den Stücken die Tiere.

Sedna
Sedna, die Herrin der Tiere (bekannt bei Inuit und Tschuktschen), ist hier mit verklebten Haaren, ihre Welpenkinder in den Armen, abgebildet. Der Herr der Landtiere ist Igaluk (oder Tarqeq), der Mondmann.

Die Mondfrau
Das Gesicht der Mondfrau ist hier zur Hälfte mit Ruß geschwärzt. Die Tschuktschen erzählen, wie der Mond sie vor einem bösen Ehemann rettete. In einer anderen Version wurde sie zum Verhungern ausgesetzt. Auf der Suche nach Eßbarem kam sie zum Haus des Mondes und wurde dessen Frau. Als sie aber ein Tabu brach, schickte er sie auf die Erde zurück.

Robbenjagd
Zwei Tschuktschenvettern lebten am Meer. Als der eine nicht mehr jagen konnte, ließ der andere ihn auf einer Insel zum Sterben zurück. Nach drei Tagen fand der Zurückgelassene einen gestrandeten Wal – genug Nahrung für ein Jahr. Ein Jahr später kehrte der böse Cousin zurück, sah die Walknochen und stieg aus seinem Boot, um sie genauer zu betrachten. Sein Vetter aber sprang ins Boot und ruderte davon. Als er ein Jahr später wiederkam und das Skelett seines Cousins fand, trat er den Schädel mit Füßen und sagte: »Du hast bekommen, was du verdienst.«

Küstengeister
Auas sind kleine weibliche Geister, die an der Meeresküste leben. Sie tragen einen spitzen Fellhut, sind klug, freundlich und Menschen gegenüber hilfsbereit. Sie sind nicht größer als ein Menschenarm.

Kajakreisende
Tschuktschen und Inuit erzählen, daß es durch die hohen Berge, die die Welt umgeben, nur einen Eingang gibt. Durch ihn kamen die Menschen in die Welt. Später fanden Kajakfahrer den Eingang, doch die Klippen schlossen sich und brachen ein Ende des Kajaks ab – so haben Kajaks heute nur noch eine Spitze.

SAGEN VON QUETZALCOATL

Der Quetzalcoatl der Azteken war ein Schöpfergott und Kulturbringer. Er brachte den Menschen den Mais und lehrte sie viele Künste und Wissenschaften, darunter auch die Zeitrechnung. Er war auch ein Gott der Lüfte und damit Wegbereiter der lebenspendenden Regengötter. Als Ehecatl (»Wind«), Gott des Lebens, stieg er nach Mictlan, in die Unterwelt, hinab, um von seinem Vater Mictlantecuhtli, dem Gott des Todes (s.u.), die Gebeine der Menschheit zu stehlen. Auf der Flucht aus der Unterwelt ließ er die Knochen fallen, und eine Wachtel pickte an ihnen. Daher entstanden aus dem Gebein, das Quetzalcoatl mit seinem Blut belebte, Menschen unterschiedlicher Größe, dazu verdammt, wieder zu sterben. Quetzalcoatls Bruder und Gegenspieler, der Kriegsgott Tetzcatlipoca, machte Quetzalcoatl mit Pulque betrunken und sorgte dafür, daß er im Rausch mit seiner Schwester Quetzalpetlatl schlief. Beschämt segelte Quetzalcoatl auf einem Schlangenfloß davon, versprach aber wiederzukommen. Als 1519 der Spanier Hernán Cortés, von Osten kommend, in Mexiko landete, hielten die Azteken ihn für den wiederkehrenden Quetzalcoatl.

AZTEKENGÖTTINNEN

Die Mondgöttin Coyolxauhqui war die böse ältere Schwester des Hochgottes Huitzilopochtli, des Sonnen- und Feuergottes. Als sie feststellte, daß ihre Mutter Coatlicue schwanger war, tötete sie sie, wobei ihr ihre 400 Geschwister, die Sterne, halfen. Im Sterben gebar Coatlicue Huitzilopochtli. Er kam in voller Rüstung und bis an die Zähne bewaffnet auf die Welt und verstümmelte seine verräterische Schwester. Diese Urschlacht begründet die aztekischen Menschenopfer. Weniger schrecklich ist die Liebesgöttin Xochiquetzal, die immer in der Blüte ihrer Schönheit dargestellt wird. Wenngleich sie auch Schutzgöttin der Schwangerschaft und Geburt war, teilte sie diese Rolle doch mit Chalchiuhtlicue, der Göttin der Flüsse und stehenden Gewässer, die oft mit zwei Kindern dargestellt wird, die unter ihrem Jaderock hervorfließen. Weitere wichtige Göttinnen waren die Maisgöttin Chicomecoatl (die Göttin des reifen Maises, es gab auch eine des jungen) und Tlazolteotl, die »Schmutzfressende«, bei der Sünder beichten konnten.

Zeremonienstab
***Aus Knochen gefertigter Zeremonienstab mit Glocken* (chicahuaztli)**

GLYPHEN
Die Glyphen entlang der Seitenränder dieses Bildes sind ein Kalender für das 260tägige Ritualjahr, das *tonalpohualli* (»Buch der Tage«), das in 20 13-Tages-Abschnitte unterteilt war. Dieser Ritualkalender war Ausdruck des aztekischen Verständnisses der komplizierten Beziehungen zwischen Götter- und Menschenwelt. Neben diesem hatten die Azteken noch einen 365-Tages-Sonnenkalender (ohne Schaltjahre). Die beiden Kalender stimmten alle 52 Jahre überein.

KEGELHUT
Quetzalcoatls kegelförmiger Hut *(copilli)* ist ein Erkennungszeichen. Sein Tempel im heiligen Bezirk von Tenochtitlan hatte ein kegelförmiges Dach, das an diesen Hut erinnerte. Ein Grund dafür, daß man Cortés für Quetzalcoatl hielt, war auch der hohe, spitze Hut, den er trug.

GOTT UND KÖNIG
Manche Quellen beschreiben Quetzalcoatl als Gott, andere als göttliche Inkarnation in Gestalt des Königs der sagenhaften Stadt Tollan. Er war das Vorbild aller Aztekenkönige.

Quetzalcoatl heißt »Gefiederte Schlange«: Der Gott war halb Klapperschlange und halb Quetzal (»Paradiesvogel«). Er war ein Gott des Himmels (»Feder«) und der Erde (»Schlange«) und wurde auch mit der Sonne assoziiert.

WINDZEICHEN
Das Tageszeichen für Wind erinnert an Quetzalcoatl in seiner Manifestation als Windgott.

TODESGOTT
Mictlantecuhtli ist als Skelett dargestellt, blutüberströmt und mit einer Halskette aus Augäpfeln. Alle 260 Tage wurde nachts ein Mann, der diesen Gott darstellte, im Tempel von Tlalxicco, dem »Nabel der Welt«, geopfert. Möglicherweise aßen Priester sein Fleisch.

GOTT DES WINDES
Hier sieht man Quetzalcoatl als Windgott Ehecatl mit Brustpanzer in Form einer Meeresschnecke (»Windjuwel«) und einer roten Maske mit Entenschnabel mit hauerartigen Schneidezähnen. Die Azteken glaubten, daß die Sonne nur über den Himmel ziehe, weil sie von Quetzalcoatl vorwärtsgepustet werde.

BLUTFLECKEN
Die Azteken glaubten, die Götter hätten ihr Blut zur Schaffung eines neuen Menschengeschlechts vergossen, und zahlten den Göttern ihre Blutschuld durch Blutopfer zurück.

TOD
Dies ist das Tageszeichen für Tod. Es erinnert an den Todesgott Mictlantecuhtli.

SCHÄDEL
Ein stilisierter Schädel, möglicherweise ein Symbol der Erde, trägt die Götter.

MENSCHENOPFER
Diese Hieroglyphe, *chalchiuitl*, stand für ein Menschenopfer oder eine Opferstätte.

»Und dann ging Quetzalcoatl nach Mictlan. Er näherte sich Mictlantecuhtli und Mictlancihuatl; zugleich sprach er zu ihnen: ›Ich komme auf der Suche nach den kostbaren Gebeinen in eurem Besitz.‹«
LEYENDA DE LOS SOLES

HIRSCH
Der Hirsch ist der dritte 13-Tages-Abschnitt. Beginnend beim Alligator (darunter), lautet der Kalender: Alligator, Jaguar (gegenüber), Hirsch, Blume, Rohr, Tod, Regen, Gras, Schlange, Feuerstein, Affe, Eidechse, Bewegung, Hund, Haus, Geier, Wasser, Wind, Adler, Kaninchen.

BUCH AZTEKISCHER GEHEIMNISSE
Diese Illustration aus einer Bilderhandschrift der Azteken, dem Codex Borgia, *zeigt Quetzalcoatl/Ehecatl und den Todesgott Mictlantecuhtli Rücken an Rücken auf einem umgedrehten Schädel stehend. Die Handschrift diente wahrscheinlich einem Aztekenpriester bei der Vorhersage der Zukunft. Viele Seiten des Buches beinhalten (wie diese) Kalender.*

Zwei gegensätzliche Götter gleichsam in einer Person: Die Dualität von Gegensätzen (Leben und Tod, Tag und Nacht) spielt im religiösen Denken der mittelamerikanischen Kulturen eine zentrale Rolle. Die höchsten Himmel wurden von Ometeotl regiert, der sowohl männlich als auch weiblich war. Quetzalcoatl wurde, als er in die Unterwelt hinabstieg, von seinem »Double«, dem Kojoten Xolotl (»Zwilling«), begleitet.

TAGESSCHEIBEN
Die zwölf Punkte stellen den zweiten bis 13. Tag eines jeden »Monats« dar. Der Alligator rechts ist der erste Tag des ersten »Monats«, der erste Punkt ist der zweite Tag usw. Das erste Bild auf der linken Seite ist der erste Tag des nächsten »Monats«, und die Punkte müssen dann von links nach rechts bis zum Hirsch gelesen werden, dann von rechts nach links bis zur Blume usw. bis zum Kaninchen links oben.

Quetzalcoatls Hut
In seiner Rolle als Windgott Ehecatl trägt Quetzalcoatl einen Jaguarfellhut oder, wie hier, einen in schwarze und rote Bereiche unterteilten Hut mit einem Auge in der Mitte. Auch die schwarzen Federn weisen Augen auf. Das stufige Muster symbolisiert wahrscheinlich die Bewegung des Windes. Im Hutband stecken die Werkzeuge für Blutopfer: ein Knochenmesser und ein Agavendorn.

DER REGENGOTT TLALOC

Tlaloc, der aztekische Gott des Regens und des Blitzes, ist an seinen Froschaugen und Jaguarzähnen erkennbar. Die Jaguarzüge haben olmekische Wurzeln. Bei den Olmeken wurde der Regengott als Werjaguar dargestellt, und sie leiteten sich als »Volk des Jaguar« von einem mythischen Jaguarahnen ab. Tlaloc bedeutet »Er, der sprießen macht«: Sein Geschenk an die Menschen war der Regen, der den Mais wachsen ließ. Tlaloc beherrschte das Wetter und die Geister der Berge.

Dieses Steinrelief zeigt Tlaloc, wie er einen seiner neun Regeneimer ausschüttet.

HELDENZWILLINGE

Seerosenjaguar
Blutspeiende Seerosenjaguare bilden zwei Ecken des Tempels. Die anderen beiden Ecken zeigen Xoc-Fisch-Ungeheuer. Der Seerosenjaguar ist eine Form des Jaguar-Unterweltsgottes und symbolisiert die Sonne in der Unterwelt.

Die göttlichen Heldenzwillinge Hunahpu und Xbalanque wurden von den Maya verehrt, weil sie die Welt von Riesen und anderen Ungeheuern befreit hatten. Sie bezwangen die Götter der Unterwelt und holten die sterblichen Überreste ihres Vaters und ihres Onkels zurück. Einst waren ihr Vater Hun Hunahpu und ihr Onkel Vucub Hunahpu von Einstod und Siebentod, den Herren von Xibalba, zu einem rituellen Ballspiel *(tlachtli)* herausgefordert, überlistet, geopfert und unter dem Ballspielplatz begraben worden. Als die Zwillinge herangewachsen waren, stiegen sie in die düsteren Gefilde von Xibalba hinab. Sie schlugen die Götter im Ballspiel und überstanden ihre Aufenthalte im Haus der Messer, im Haus der Kälte, im Haus des Jaguars, im Haus des Feuers und im Haus der Fledermäuse. Die Unterweltsgötter wollten die Zwillinge auch nach ihrem Sieg töten. Die Helden starben mehrere Tode, doch immer wieder erwachten sie zum Leben. Schließlich enthauptete Xbalanque Hunahpu, riß ihm das Herz aus dem Leib – und erweckte ihn wieder zum Leben. Dieses Wunder wollten die mächtigsten Totengötter am eigenen Leib erfahren. Die Zwillinge töteten sie, erweckten sie aber nicht mehr zum Leben.

DIE GÖTTLICHEN ZWILLINGE
Dieses Bild von einer Vase zeigt die verkleideten Zwillinge mit Einstod, dem obersten Herrn der Unterwelt. Ihre Geschichte erzählt das Popol Vuh (»Buch des Rates«), eine Aufzeichnung der Mythen der Quiché-Maya.

AXT
Hunahpu opfert einen Mann, um seine Macht zu zeigen. Er schlägt mit der Opferaxt von Chac-Xib-Chac, eines mit dem rituellen Tanz des Todes assoziierten Gottes, zu.

OPFER
Die Opferrolle des Mannes wird durch die dunklen Flecken *(akbal)* auf Rücken und Beinen ersichtlich.

HUNAHPU
Hunahpu trägt einen Rock aus Jaguarfell und das Stirnband des Narrengottes. Die Könige der Maya trugen Narrengott-Jadekopfschmuck. Der Hofnarr ist hier eine gute Tarnung für Hunahpu, als er Zauberkunststücke für die Götter von Xibalba aufführt.

SCHLANGEN
Eine Visionsschlange steigt vom Opfer zu Xbalanque hinauf. Sie ist ein Symbol der Wiedergeburt und wird durch Blutopfer geschaffen. Viele Darstellungen zeigen Visionsschlangen, die von Blutopfern aufsteigen und Götter und Ahnen speien.

XBALANQUE
Xbalanque ist ebenso wie sein Bruder verkleidet, doch für den Betrachter ist seine Identität durch die Jaguarpfote auf der Nase seiner Maske eindeutig. Xbalanque trug Jaguarspuren auf Gesicht, Armen und Beinen.

Die Zwillinge opferten erst einen Hund, dann einen Mann, und danach opferte Xbalanque Hunahpu. Immer erweckten sie die Toten wieder zum Leben. Einstod und Siebentod wollten das auch erfahren. Doch als die Zwillinge sie getötet hatten, ließen sie sie im Tod und brachen so die Macht von Xibalba.

DIE WICHTIGSTEN GÖTTER DER INKA

Die Inka in Peru verehrten Inti, die Sonne, als Ahnen. Seine Frau und Schwester war Mama Kilya, der Mond. Zwei weitere Hauptgötter, der Feuer- und Erdgott Pachacamac und der Regen- und Wassergott Viracocha, galten als ihre Söhne. Viracocha, dessen Frau und Schwester die Meeresmutter Mama Cocha war, galt außerdem als Schöpfer. Die erste Schöpfung war eine Welt der Dunkelheit, bewohnt von Riesen, die er aus Stein geschaffen hatte. Dann machte er Menschen aus Lehm und erleuchtete die Welt, indem er Sonne, Mond und Sterne aus seinem Wohnsitz im Titicacasee an den Himmel schickte. Als er die Menschen leben gelehrt hatte, segelte er davon wie Quetzalcoatl (S.98).

DIE GESCHICHTE DER SCHLANGENFRAU

Die zweiköpfige Himmelsschlange aus Peru erinnert an die menschenköpfigen Geisterschlangen unter den Dienern des Pillan, des Donnergottes der chilenischen Indios. Solche Himmelsgeister können durch schamanistische Initiations- oder Heilungsrituale beschworen werden. Dem rechts gezeigten Tuch könnte ein Mythos wie der von der Schlangenfrau der peruanischen Sharanhua zugrunde liegen. Die Schlangenfrau wurde von einem Mann, der sie verführen wollte, aus ihrem See gelockt. Doch als er nach ihr griff, wuchs sie bis zum Himmel. Dann schrumpfte sie wieder zur Größe des Mannes, schlang sich um ihn und zog ihn hinab in ihr Wasserheim. Der Mann hielt seine neue Frau für wunderschön, doch als er das Halluzinogen *Shori* trank, erkannte er ihre wahre Gestalt und erschrak. Ihr Bruder hatte Mitleid und brachte den Mann nach Hause.

Zweiköpfige Himmelsschlange auf einem Stück Stoff aus einem peruanischen Grab

EULENBOTE
Einer der Eulenboten von Xibalba sitzt auf Einstods Hut. Die Eulenboten sind auch Führer in die Unterwelt.

HOHE STIRN
Der hohe, spitz zulaufende Kopf galt in der Mayakultur als schön. Daher umwickelte man den Kindern bei der Geburt die Köpfe, um den Schädel in die entsprechende Form zu pressen.

KAHLKÖPFIGE GÖTTINNEN
Einstod wird von fünf kahlköpfigen Göttinnen bedient, die als vornehme, schöne Damen dargestellt sind. Diese hier gießt eine Flüssigkeit, möglicherweise das alkoholische Getränk Pulque, in einem Becher.

Die göttlichen Zwillinge sind maskiert und in Verkleidung dargestellt. Sie haben sich wieder zum Leben erweckt, nachdem sie von Einstod und Siebentod geopfert wurden.

AUFMERKSAMKEIT ERWECKEN
Eine der Göttinnen tippt eine andere am Fuß an, um ihre Aufmerksamkeit auf die verkleideten Heldenzwillinge zu lenken. Im Land des Todes wirkten die Auferstehungswunder der Zwillinge doppelt geheimnisvoll.

EINSTOD
Der oberste Herr von Xibalba sitzt auf seinem Thron in einem Unterwelttempel, umgeben von Göttinnen. Er bindet der vor ihm knienden die Manschette fest; zwei andere sitzen im Schneidersitz zu seinen Füßen, eine vierte schenkt ihm ein Getränk ein, und eine fünfte beugt sich über sein Rückenkissen.

Die Unterwelt, Xibalba (»Ort des Schreckens«), war eine schreckliche Hölle. Nur diejenigen, die eines gewaltsamen Todes starben, kamen in den Himmel, die anderen nach Xibalba. Das Totenland lag im Westen und konnte durch eine Höhle oder über einen stillen See erreicht werden.

Kaninchenschreiber

Ein Kaninchen half den Zwillingen, als die Todesfledermaus Hunahpus Kopf abgebissen hatte: Die Götter wollten ihn als Ball benutzen. Damit Xbalanque den Ersatzkopf (Kürbis) gegen den richtigen Kopf austauschen konnte, lenkte das Kaninchen die Götter ab. In der Mayakunst findet man auch das Motiv des Kaninchens, das die Herrschaftsinsignien von Einstod stiehlt. Schreiber sind meist die Affenzwillinge Hun Batz und Hun Chuen, die Halbbrüder der göttlichen Zwillinge.

Ein Kaninchen schreibt in ein in Jaguarfell gebundenes Buch.

DIE TRAUMZEIT

Die »Traumzeit« der australischen Ureinwohner (Aborigines) ist die Zeit der Weltschöpfung, die jedoch nicht als Vergangenheit gilt, sondern als ewige Gegenwart, die durch entsprechende Zeremonien fortgeführt werden kann. Traumzeit-Geschichten erzählen von den Errungenschaften der Ahnen. Alle Handlungen der Menschen sind Nachahmungen von deren Erstlingstaten. Die Geschichten der Traumzeit finden sich in Gesängen und in Malereien, die eine mythologische Karte der australischen Landschaft darstellen, ein Netz heiliger Erinnerungen, deren Herz Uluru (der Berg Ayers Rock) bildet. Die Traumzeit-Ahnen gelten als Wesen, die in der Urwelt schliefen; dann erwachten sie und schufen Menschen und ein Land, in dem sie leben konnten. Das Bild unten erzählt die Geschichte vom Feuerland, eine Traumzeit-Geschichte des Volkes der Warlpiri aus Inneraustralien: Zwei Ahnen aus dem Jangala-Clan werden von ihrem Vater, einem mächtigen Schamanen, verfolgt, weil sie ein ihm heiliges Känguruh getötet und es ihm zu essen gegeben haben. Aus Rache schickt er ein magisches Feuer, das sie überallhin verfolgt und schließlich verbrennt.

GOANNA

Ein sehr bedeutendes Traumzeit-Tier ist der Waran Goanna, auf den u.a. die Erfindung des Kanus zurückgeht. In einer Geschichte heißt es: Die Tiere beschlossen, untereinander zu heiraten. Die männlichen Goannas heirateten Elstern oder Krickenten. Die Goannas, die ursprünglich Vegetarier gewesen waren, begannen, ihre eigenen Jungen sowie kleine Stachelschweine zu fressen. Diese Nahrung machte sie faul und böse. Dann kam eine große Dürre, und alle litten entsetzlichen Durst – außer den Goannas, die einen geheimen Wasservorrat besaßen. Ihre Frauen baten sie, das Wasser doch mit den verdurstenden Tieren zu teilen, die Echsen aber weigerten sich. Die Frau des Goannahäuptlings entdeckte jedoch das geheime Reservoir und leitete es mit Hilfe von Buschgeistern in den Fluß Murray um, und ein Strudel trennte fortan die Goannas und ihre Frauen. Seither weigern sich Krickenten, Goannas zu heiraten.

Kaapa Tjampitjinpa (um 1920–1989): GOANNA-TRAUM

FEUERLAND-GESANG 1988
Dolly Nampijinpa Daniels und Uni Nampijinpa Martin
***Die Geschichte vom Feuerland ist eine bedeutende Traumzeit-Geschichte der Warlpiri. Die hier abgebildete Version geht auf eine mündliche Darstellung von Uni Nampijinpa (1990) zurück. Das Warlpiri-Wort für Traumzeit ist* Jukurrpa.**

SPEERE
Wie seine Söhne hat der alte Mann seine Speere griffbereit. Der ovale Gegenstand links ist seine Speerschleuder.

BLAUZÜNGIGER ECHSENMANN
Der alte Mann Blauzunge (Blauzungen heißt eine australische Echsengattung) gab vor, blind zu sein, damit seine Söhne für ihn jagten. Sobald sie aber das Lager verlassen hatten, nahm er seine Waffen und jagte sein eigenes Wild, das er nicht mit ihnen teilte.

LAGERFEUER
Zwei Lagerfeuer kennzeichnen das Lager der beiden Jangala und ihres Vaters. Wenn die Söhne auf die Jagd gingen, ließen sie ihren Vater am warmen Feuer zurück.

FLUCH
Dieses schwarze Muster ist der Zauberspruch, mit dem der Vater das Feuer auf seine Söhne hetzt.

ZWEI SÖHNE
Die beiden Söhne werden als gutaussehende junge Männer geschildert, die für die Pflege ihres Vaters Schmerz und Mühsal auf sich nahmen. Sie gaben ihm das Beste von allem zu essen, z.B. den Schwanz des Känguruhs.

JAGDSPUREN DER SÖHNE
Die Spuren der Söhne führen nach Kirrkirrmanu, wo sie das dem alten Mann heilige Känguruh töteten.

TODESORT
Dies ist der Salzsee Ngarra, an dem die beiden Jangala anhielten – zu erschöpft, um weiterzulaufen. Es ist ein heiliger Ort, den nur Männer betreten dürfen. Die senkrechten Linien darunter sind die beiden toten Söhne.

EMUSPUREN
Diese Pfeile stellen Spuren eines Emus mit einem gebrochenen Bein dar. Ein Warlpiri-Mythos erzählt von einem Emu, der durch das Feuerland zieht, und in der hier gezeigten heiligen Landschaft sind seine Spuren aufgezeichnet.

LAGER DER SÖHNE
Diese Kreise markieren Lager der Söhne (Hufeisenformen). Wenn sie nachts schliefen, erstarb das Feuer, wenn sie aufstanden, flammte es erneut auf.

FLUCHT DER SÖHNE
Diese Spuren zeigen den Fluchtweg der Söhne. Beide hatten durch das Feuer am ganzen Körper schlimme Verbrennungen erlitten und waren nun dem Tod nahe.

GRENZE
Hier verläuft die Grenze zum Land der Pitjatjantjara. Der Teil der Geschichte, in dem die Brüder vor dem Feuer über die Grenze flüchteten, gehört zu den Traumzeit-Geschichten der Pitjatjantjara.

SCHÖPFERGOTT BUNJIL

Der Adler Bunjil, der Himmels- und Schöpfergott der Kurnai aus Victoria, hatte zwei Frauen und einen Sohn, den Regenbogen Binbeal. Bunjil schuf Berge, Flüsse, Buchten, Pflanzen und Tiere und lehrte die Menschen leben. Dann bat er die Krähe Bellin-Bellin, ihren Beutel zu öffnen und Wind herauszulassen. Sogleich flog ein Wirbelsturm heraus, der die Bäume von der Erde fegte. Doch Bunjil verlangte mehr Wind, und Bellin-Bellin öffnete den Beutel weiter, bis Bunjil und seine Familie in den Himmel geweht wurden. Im Glauben der Kurnai wurde der Himmel von vier Stützen getragen. Als die ersten Weißen kamen, hieß es, die östliche Stütze sei am Verrotten. Bald darauf brach die Welt der Aborigines zusammen.

Schlangenhöhle

Fußspuren

Spuren des alten Mannes
Die Spuren des alten Mannes führen zur Schlangenhöhle Ngama. Der alte Mann erhielt seine Zauberkräfte von der Regenbogenschlange (S.105).

Macht über das Feuer ist ein Kennzeichen der Schamanen oder »Männer hohen Ranges«. Bei den Kattang sprechenden Völkern, die die Nordküste von Port Stephens bewohnten, gehörte zur Initiation ein Todes- und Auferstehungsbrauch, bei dem der Initiant in ein Feuer geworfen, dann herausgehoben und über das Feuer gehalten wurde, bis es erlosch.

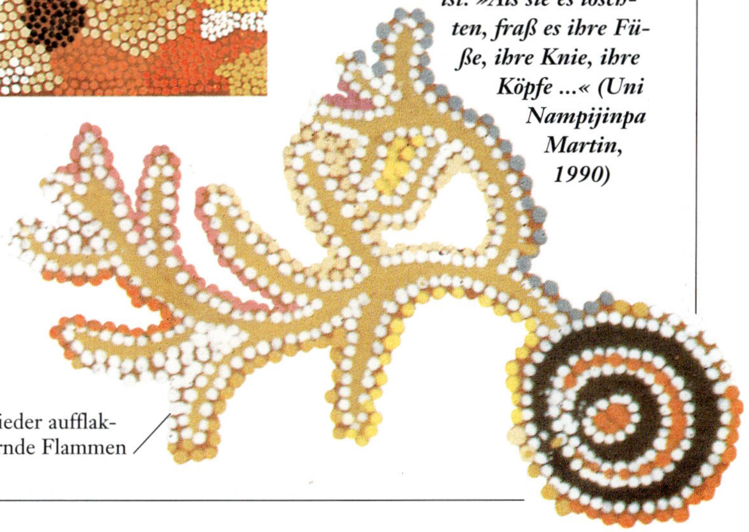

Wieder aufflakkernde Flammen

Immer wieder aufflammendes Feuer
Die Jangala werden von einem Feuer gejagt, das »immer da« ist. »Als sie es löschten, fraß es ihre Füße, ihre Knie, ihre Köpfe ...« (Uni Nampijinpa Martin, 1990)

DER MORD AN LUMALUMA

Lumaluma war ein Wal, der in Gestalt eines Mannes bei Cape Stewart in der Nähe von Milingimbi in Arnhemland an der Nordküste Australiens strandete. Er nahm sich zwei Frauen, zog nach Westen und brachte den Menschen wichtige religiöse Rituale (*mareiin*, *whar* und *lorgun*). Doch Lumaluma war gierig und mißbrauchte seinen Einfluß. Immer wenn er schmackhafte Speisen wie süßen wilden Honig oder saftige Yamswurzeln sah, erklärte er sie *mareiin* – heilig – und beanspruchte sie für sich allein. Doch zugleich zeigte er den Menschen die Riten, schlug seine Stöcke zusammen und sagte, daß alles gut sei. Er kam an einen Ort, wo die Menschen Bäume fällten, um ein Lager zu errichten. Als er ihre Feuer sah und ihr Essen roch, stürmte er das Lager und erklärte die Speisen für heilig. Er aß alle großen Stücke und ließ den Menschen nur ein paar kleine Reste. Dies tat er immer wieder, und schließlich aß er sogar Kinderleichen. Doch das war zuviel: Die Menschen ergriffen ihre Speere, Stöcke und Speerschleudern und töteten Lumaluma und seine Frauen.

Lumaluma
Über Lumalumas Leichnam erbauten die Menschen eine schattenspendende Hütte, wie es den Riten, die sie von Lumaluma gelernt hatten, entsprach. Den Leichnam lehnten sie an einen Baum am Strand, und ein Strick um den Hals hielt ihn fest.

IN DIE ENGE GETRIEBEN
Lumaluma wurde von den zornigen Menschen am Strand gestellt. Er hatte den Bogen überspannt, deshalb töteten sie ihn und seine Frauen.

HEILIGE MUSTER
Lumalumas Körper ist mit Mustern bedeckt, die er sich vor seinem Tod zur Demonstration der *mareiin*-Zeremonie eintätowiert hatte. Die Ockermuster erzählen heilige Geschichten vom Ahnenland jedes Menschen. Andere Elemente der Lehren Lumalumas waren heilige Tänze und Gesänge für religiöse Zeremonien.

STERBENDER LUMALUMA
Als die Menschen ihn mit Speeren durchbohrten, bat Lumaluma sie innezuhalten, damit er ihnen noch einmal zeigen konnte, wie sie sich in der *mareiin*-Zeremonie auf dem Weg zu ihrem heiligen Ort verwandeln konnten.

EHEFRAUEN
Als Lumaluma an Land ging, stahl er zwei Frauen, während die Männer zum Fischen auf dem Meer waren. Die Frauen reisten mit ihm durchs Land und gingen mit ihm in den Tod; ihre Skelette liegen in der Nähe ihres Gatten. Wie Lumaluma gaben sie die heiligen Rituale auch dann noch weiter, als man sie mit Speeren durchbohrte. Sie waren für die religiöse Unterweisung der Frauen zuständig.

BAUMSTAMM-SARG
Der Baumstamm-Sarg zeigt auf einer Seite einen Wasserpython, auf der anderen (hier nicht zu sehen) einen Goanna. Er wurde wie der lange Fisch darüber von Mitgliedern des Yiridja-Clans geschnitzt. Diese traditionellen Muster werden auch für Körperbemalung und Rindenmalereien verwendet.

Lumaluma war in Begleitung der Regenbogenschlange. Wenn seine Angreifer ihn begraben hätten, wäre er für immer tot gewesen. Da sie seinen Leichnam aber am Strand zurückließen, konnte er wieder ins Meer gleiten und »wie eine Regenbogenschlange« als Meereslebewesen zu neuem Leben erwachen. Doch er kam nie wieder an Land.

KUNAPIPI

Kunapipi ist die Schöpfer- und Muttergöttin der Menschen des östlichen Arnhemland. Sie schuf das Land und gebar viele Kinder, vor allem Tiere und Pflanzen. Viele – häufig eindeutig erotische – Lieder stellen ihre Weiblichkeit dem männlichen Symbolismus der Regenbogenschlange gegenüber. Regenbogenschlange verleibte sich geheimes Wissen um Rituale und Fruchtbarkeit ein, als er seine Töchter, die Wauwalak- oder Wawalag-Schwestern, verschlang.

Mangurug, eine der ältesten Frauen der Gunwinggu aus dem westlichen Arnhemland, erzählte im Jahr 1950 der Anthropologin Catherine H. Berndt die Geschichte von Lumaluma. Die Gunwinggu betrachten Lumaluma als ihren heiligen Ahnen. Das hier gezeigte Bild wurde von einem Mann aus dem Born-Clan der Gunwinggu geschaffen.

DIE REGENBOGENSCHLANGE

Die Regenbogenschlange soll in der Traumzeit, der Schöpfungszeit, aus einem Wasserloch gestiegen sein (wie Lumaluma aus dem Meer). Als sie über das Land wanderte, schuf sie durch ihre Bewegungen Berge und Täler und vor allem die Wasserstraßen des Ahnenlandes, die heute zu den heiligsten Orten der Aborigines gehören. Die Riesenschlange wölbt sich nun als Regenbogen über das Land und ist auch in der Brechung des Lichts im Wasser erkennbar – nachts auf dem Meer, in Pfützen und in den sprühenden Tropfen eines Wasserfalls –, außerdem in bestimmten Stoffen wie Quarz oder Perlmutt. Von der Regenbogenschlange erhalten die Schamanen der australischen Ureinwohner ihre Kräfte, die sie mit Hilfe von Quarzkristallen in die gewünschten Bahnen leiten. Die Regenbogenschlange hat viele Namen: Bei den Gunwinggu z.B. heißt sie Ngalyod und wird eher als mehrere Regenbogenschlangen denn als ein Einzelwesen verstanden. Eine Geschichte erzählt, wie die Gunwinggu einen Ngalyod töteten. Dieser hatte eine ganze Stammesgemeinschaft verschlungen, weil ihn das ständige Weinen eines Kindes erzürnt hatte.

Keith Kaapa Tjangala (geb. 1962): SCHLANGENTRAUM (1989)

DER MORD AN LUMALUMA

Djorlom Nalorlman (1988)

Dieses Bild ist mit Erdfarben auf einem ockergrundierten Stück Rinde gemalt und zeigt den Höhepunkt des Lumaluma-Mythos als Fries, das von rechts nach links zu lesen ist. Oben besteigen Männer der Dua und Yiridja (unten rechts) ihre Kanus. Links töten sie Lumaluma. Sein Skelett und das seiner beiden Frauen sieht man links unten. Rechts von den Skeletten sind verschiedene heilige Gegenstände abgebildet.

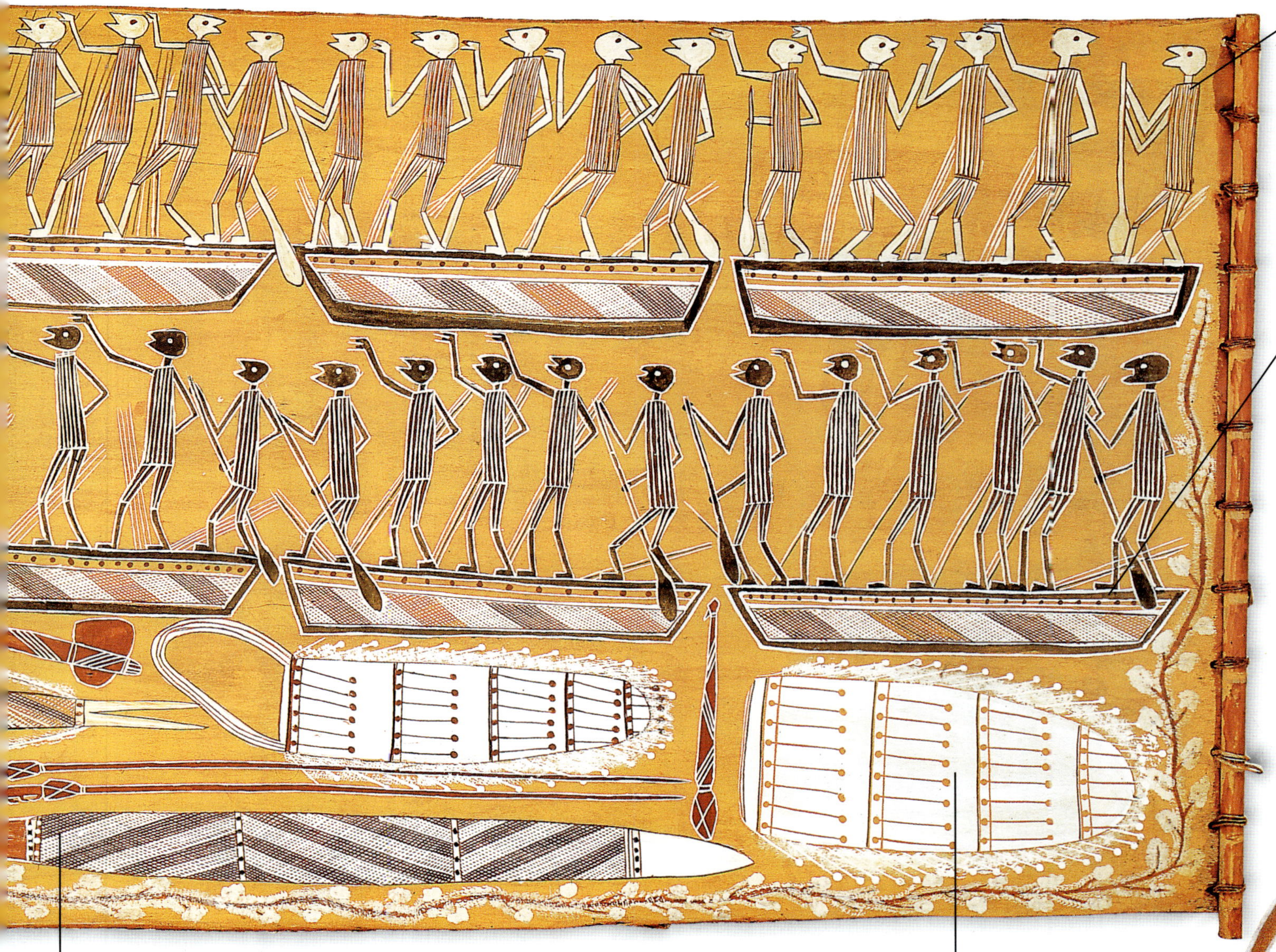

AUF RACHE AUS
Männer der Dua- und Yiridja-Hälften des Stammes der Yolngu machen sich auf die Suche nach Lumaluma. Die Stammesgemeinschaften der Aborigines sind meist in zwei Hälften unterteilt, die jeweils nach ihren eigenen Ahnengeistern benannt sind. Die Ahnen der Dua kamen aus dem Meer, die der Yiridja über das Land.

KANUS
Einige der Männer verfolgen Lumaluma in Kanus, weil er ursprünglich ein Meereswesen war. Selbst als er Menschengestalt angenommen hatte, konnte er sich noch in einen Wal verwandeln, um Fische zu jagen. Auch die Kanus haben ihren Ursprung in der Traumzeit. Das erste Kanu wurde von Goanna, dem Waran, gebaut, der damals Menschengestalt besaß.

HEILIGE GEGENSTÄNDE
Als Lumaluma starb, sammelten die Menschen seine Singstöcke und Ritualkörbe sowie andere heilige Gegenstände auf, die sein Körper für religiöse Zeremonien freigab. Das heilige Rangga-Emblem wird von den Dua nach dem Vorbild einer Yamswurzel geschnitzt. Weiterhin sieht man eine Steinaxt, eine Yiridja-Tasche (mit Tragriemen), eine Dua-Tasche (ohne Riemen) und zwischen den Dilly-Taschen eine Speerschleuder.

DILLY-TASCHE
Dilly-Taschen sind aus Pflanzenbast gewebt und werden für den Transport heiliger Gegenstände benutzt. Der Inhalt ist geheim, die Tasche selbst aber wird für alle erkennbar getragen. Die Taschen sollen jeweils die Gebärmutter einer der Djanggawul-Schwestern, mythischer Ahnen, symbolisieren.

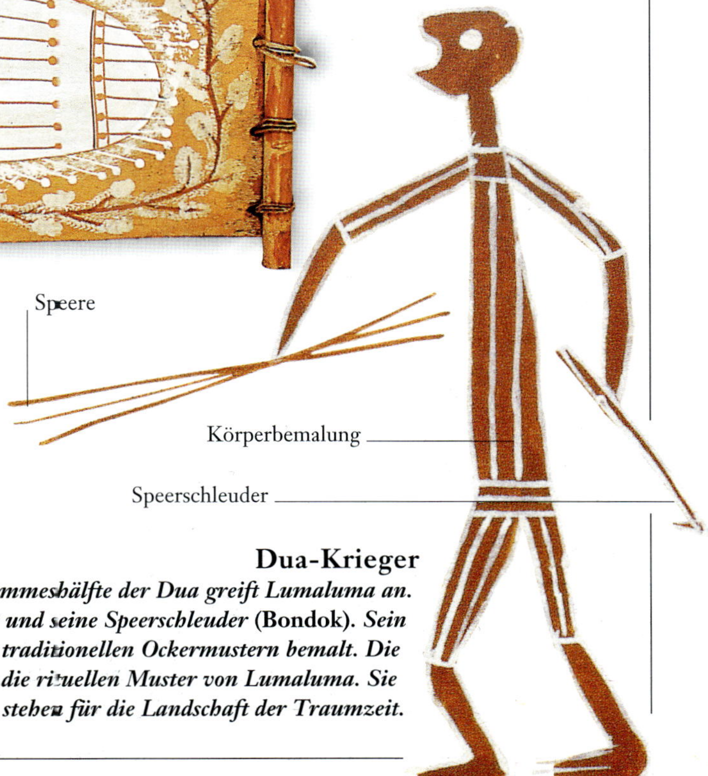

Dua-Krieger

Ein Krieger der Stammeshälfte der Dua greift Lumaluma an. Er trägt seine Speere und seine Speerschleuder* (Bondok). *Sein Körper ist mit den traditionellen Ockermustern bemalt. Die Gunwinggu lernten die rituellen Muster von Lumaluma. Sie stehen für die Landschaft der Traumzeit.

»Lumaluma blieb noch eine Weile am Leben ... Er gab ihnen allen dieses heilige Ritual. Er fragte sie: ›Habt ihr verstanden ...? Habt ihr all das Heilige verstanden, das ich euch gegeben habe? Sagt es mir!‹ Und dieses Volk, dieses wahre Volk, antwortete ihm: ›Wir haben alles verstanden.‹«

MANGURUG, ÄLTESTE DER GUNWINGGU

DER TRICKREICHE MAUI

Die polynesische Mythologie schreibt die Erschaffung der Welt dem Himmelsvater Rangi und der Erdmutter Papa oder dem Meeresgott Tangaroa (rechts) zu. Doch die Inseln Polynesiens zog der Held Maui mit seinem Angelhaken vom Meeresgrund herauf. Seine Mutter Hina (»Mädchen«, ebenso werden auch seine Frau, Schwester und Großmutter genannt) wurde durch Anlegen des Lendenschurzes eines Mannes schwanger und brachte Maui als Fötus zur Welt. Er wuchs zu einer heldenhaften Gestalt heran, war klug und stark und erwarb sich den Namen »Maui der tausend Listen«. Er konnte alles außer den Tod besiegen (s.u.) und machte die Welt für die Menschen lebenswerter. So schob er den Himmel höher, stahl das Feuer aus der Unterwelt und fing die Sonne ein. Sie zog seiner Ansicht nach zu schnell über den Himmel, und so band er sie an eine Leine aus Kokosfasern, um sie zu bremsen. Doch die Leine verbrannte. Daher fertigte Maui eine neue aus dem heiligen Kopfhaar seiner Schwester und wartete am Ostrand des Meeres. Im Morgengrauen schwang er sein Seil und erwischte die Sonne am Hals. Obwohl sie bettelte und jammerte, ließ Maui sie nicht los, bis sie sich bereit erklärt hatte, im Sommer lange und im Winter kurze Tage zu schenken.

»Aus der Empfängnis das Wachstum, Aus dem Wachstum die Gedanken, Aus den Gedanken die Erinnerung, Aus der Erinnerung das Bewußtsein, Aus dem Bewußtsein das Begehren.«

SCHÖPFUNGSLIED DER MAORI

Maui wollte den Tod besiegen. Er drang in die Scheide der schlafenden Todesgöttin Hine-nui-te-Po ein, um aus ihrem Mund wieder auszutreten. Als nur noch seine Beine herausschauten, lachten die Vögel in den Bäumen und weckten damit die Göttin, die Maui zerquetschte.

DUTT
Viele Polynesier nennen den Helden Maui-tikitiki-a-Taranga. Dieser Name geht auf einen Mythos zurück, in dem seine dort Taranga genannte Mutter den unreifen Fötus in ihren Dutt legte und aufs Meer hinausschickte. Da in Polynesien nur Männer einen Dutt tragen und Mauis Vater nach anderen Quellen Ataraga heißt, wird Mauis Geburt durch diese Sage noch geheimnisvoller.

TÄTOWIERUNGEN
Mauis Tätowierungen sind kennzeichnend für die polynesische Kultur. Eine Maui-Sage aus Manihiki erzählt, daß sein Vater Manu-ahi-whare und seine Mutter Tongo-i-whare hießen und beide Nachkommen des Gottes »Tangaroa mit dem tätowierten Gesicht« waren. Auf Rataronga galt Maui als Sohn des Tangaroa.

MUSCHELGEBORENER GOTT
Tangaroa war der erste Gott; er lebte in einer eirunden Muschelschale. Es gab nichts außer der Muschel und der Leere. Schließlich zerbrach Tangaroa die Schale und rief: »Wer ist da?« Aber da war nichts.

SCHÖPFER ALLER DINGE
In die Leere geboren, schuf Tangaroa aus der Muschelschale und seinem Körper die Welt. Die obere Hälfte der Muschel wurde zum Himmel, die untere zu Felsen und Sand. Aus seiner Wirbelsäule bildete er eine Bergkette, aus seinen Innereien Wolken und aus seinem Fleisch die Erde. Finger- und Zehennägel fanden als Schuppen und Schalen für die Meerestiere Verwendung.

VATER DER GÖTTER
Tangaroa schuf aus sich selbst eine Götterfamilie. Hier krabbeln die Neugeborenen über seinen Körper.

Tangaroa gebiert die Götter
Diese Holzstatue stellt Tangaroa mit den von ihm geschaffenen Göttern auf dem Leib dar. Am Rücken hat die Statue eine Öffnung, und in ihrem Inneren befinden sich noch mehr Götterfiguren. Der Mutterleib wurde mit der Muschelschale des Tangaroa verglichen.

Häufiger hört man eine andere Schöpfungsgeschichte: Himmelsgott Rangi und Erdgöttin Papa lagen in enger Umarmung und zeugten die Götter. Den Götterkindern aber wurde es zu eng in der Wärme der Umarmung ihrer Eltern, und so trennte Tangaroas Bruder Tane sie. Manche polynesischen Schöpfungslieder sind so detailliert, daß sie selbst die Erschaffung des Staubes in der Luft aus der Vereinigung von »Kleinem Ding« und »Nicht wahrnehmbarem Ding« loben.

Tane, der Gott des Waldes

Tane und seine Brüder Rongo (Gott der Nutz- und Kulturpflanzen), Tangaroa (Gott der Fische und Reptilien), Haumia (Gott der Wildpflanzen), Kriegsgott Tu und Sturmgott Tawhiri entstanden aus der Vereinigung von Rangi und Papa, Himmel und Erde. Doch Rangi und Papa lagen so eng umschlungen, daß Tane die beiden trennen mußte, damit die Kinder den Schoß der Erde verlassen konnten. Der eigentlich friedliche Gott Tane lag mit seinem Bruder, dem Meeresgott Tangaroa, im Streit, weil er den Menschen Holz und Pflanzenfasern zur Herstellung von Fischereigerät geschenkt hatte. Tane (»Mensch«, »Mann«) spielt eine Rolle bei der Erschaffung der Menschen – und bei ihrem Tod. Er bildete seine Frau Hine-hau-one aus Sand und hauchte ihr seinen Atem ein. Später heiratete er ihre Tochter Hinetitama (»Jungfrau der Morgendämmerung«). Als sie erfuhr, daß ihr Gatte auch ihr Vater war, floh sie und wurde zur Totengöttin Hine-nui-te-Po (»Große Göttin der Finsternis«).

Maui fischt die Inseln

Diese Schnitzerei – wahrscheinlich ein Hauspfosten, der Wände und Decke einer Hütte aus Gras und anderen verwobenen Pflanzenmaterialien stützen sollte – stellt den Mythos dar, in dem Maui die Inseln Polynesiens (hier als Fisch dargestellt) aus dem Meer zieht. Maui hat hier drei Finger (und einen Daumen) an jeder Hand. Die erste derartige Schnitzerei soll von einem Ahnen, dem ein Finger fehlte, aus Tangaroas Haus am Meeresgrund geholt worden sein.

Angelhaken
Mauis Angelhaken heißt Manai-a-ka-lani, was soviel wie »Komm aus den Himmeln« bedeutet. Der magische Haken war ein Geschenk von Mauis Mutter Hina. Zuvor gehörte er Kuula, dem Gott der Fischerei.

Inselfischerei
Hier fischt Maui Polynesien aus dem Meer. Als er an der Angelschnur zog, neckte er seine Brüder, indem er sie raten ließ, welchen Fisch er wohl gefangen habe.

Grosser Fisch
Mauis Fang wird als Fisch beschrieben, manchmal als *ulua*, manchmal als *haha kahaki*. Auf jeden Fall war der Fang zu schwer für Mauis dünne Angelschnur, so daß er ihn nicht ganz aus dem Meer ziehen konnte. Daher besteht Polynesien aus vielen Inseln, statt aus einer großen Landmasse: Der Fischkörper tauchte an mehreren Stellen aus dem Wasser auf, andere Bereiche blieben im Wasser.

Wachsame Augen
Die Augen stellen die Eule Koururu dar, die vom Landwirtschaftsgott Rongo (auf Hawaii: Lono) geopfert und unter einer Wand seines Hauses begraben wurde. Seither blicken Koururus Augen wachsam von vielen Hauspfosten.

Die Osterinsel

Geheimnisvolle Steinköpfe an den Hängen der Osterinsel

Die Osterinsel gilt als mythischer Nabel der Welt. Nach einer Sage träumte im fernen Westen ein Tätowierer namens Haukama, daß er über das Meer in ein Land mit weißen Sandstränden reiste. Er berichtete dies seinem Meister Hotu-matua, und dieser schickte sechs Männer auf die Suche nach dem Traumland. Sie nahmen Brotfrucht, Yams, Kokosnüsse und andere Nutzpflanzen mit. Nach langer Reise erreichten sie die Osterinsel mit ihren Gräsern, die wie das Meer im Wind wogten. Sie erkundeten das Land, hielten es jedoch für unbewohnbar, weil es dort kein Süßwasser gab. Als sie wieder an den Strand kamen, sahen sie zwei Kanus, eines gehörte Hotu-matua, das andere dem Priester Tu'u-ko-ihu. Hotu-matua landete zuerst, und sein Sohn Tu'u-ma-heke wurde am Strand geboren. Der Priester durchtrennte die Nabelschnur des Jungen mit seinen Zähnen, packte sie in einen Kürbis und schickte sie aufs Meer hinaus. Daraufhin kamen die Menschen zu Hunderten an Land, um es mit Hotu-matua als ihrem König zu besiedeln.

DAS QUIRLEN DES OZEANS

Die indischen Götter versammelten sich auf dem Berg Meru, dem Nabel der Welt, und berieten, wie sie an das in den Tiefen des Meeres verborgene Amrita, das Elixier der Unsterblichkeit, gelangen könnten. Auf Vorschlag des Vishnu (S.110–111) beschlossen sie, es herauszuquirlen. Die Schlange Vasuki diente als Zugseil, der Berg Mandara auf einer Riesenschildkröte als Quirl. Die menschenfreundlichen Devas packten Vasuki an einem Ende, die Asuras (Antigötter) am anderen. Dann zogen beide Seiten. Der Quirl wühlte das Meer auf, es wurde milchig und schließlich zu Butter. Die Götter quirlten weiter, bis nach und nach 14 wertvolle Dinge auftauchten, darunter Sonne, Mond, Vishnus Frau Lakshmi und schließlich der Götterarzt Dhanvantari mit dem Amrita. Alle wollten davon kosten, doch Vishnu überlistete die Asuras, und nur das dämonische Ungeheuer Rahu, »der Greifer«, konnte einen Schluck ergattern. Damit er nicht ganz unsterblich wurde, hackte Vishnu ihm den Kopf ab. Dieser blieb unsterblich und erklärte dem Mondgott Soma den Krieg. Er schluckte den Mond und spie ihn wieder aus, um mehr von dem Elixier der Unsterblichkeit (auch Soma genannt) zu bekommen.

GABEN DES OZEANS
Der Ozean gab viele gute Gaben frei, u.a. den heiligen Parijati-Baum, der die ganze Welt mit dem Duft seiner Blüten erfüllte, und Airavata, den kolossalen weißen Elefanten (links), das Reittier des Gottes Indra.

KOSMISCHER OZEAN
Nach dem heiligen Buch *Rig Veda* gab es am Anfang weder »Nichtseiendes« noch existierte »Seiendes«: »Finsternis war verborgen durch Finsternis.« Dieser Anfang wird meist als Urmeer verstanden, auf dem das Weltenei schwamm.

LAKSHMI
Lakshmi ist schon aus dem Meer gezogen worden. Sie sitzt in der Nähe einer Meeresschnecke, die ein Symbol des Vishnu ist. Die Frau vor ihr zieht gerade Chandra (Soma), den Mond, heraus.

DEVAS
Die Devas, die den Schwanz der Schlange Vasuki festhalten, sind die Götter, in der Regel 33 an der Zahl. Ihr Wohnsitz ist der Berg Meru.

BRAHMA
Brahma, einer der vier Hauptgötter, besitzt vier Köpfe. Einst hatte er fünf, doch Shiva schlug ihm einen davon ab, als Brahma überheblich wurde.

SCHILDKRÖTE
Vishnu half als Schildkröte Kurma bei der Bergung der verlorenen Schätze aus dem Ozean. Daher sitzt er sowohl oben als auch unten am Quirl. Brahma nahm Schildkrötengestalt an, um die Welt zu schaffen. Auch der Name des Asura-Vaters Kasyapa bedeutet »Schildkröte«. Und in der Hindu-Mythologie ruht die Welt auf einer riesigen Schildkröte.

DURGA UND DER BÜFFEL

Durga tötet den Büffeldämon (indische Elfenbeinschnitzerei)

Die Kriegerin Durga ist eine Manifestation der Muttergöttin Mahadevi, ebenso wie die sanfte Parvati, die Frau des Shiva (S.112–113). Als die Asuras die Götter vom Berg Meru vertrieben hatten, stieg Durga aus den Flammen des Zorns der Götter auf, ritt auf einem Löwen in die Schlacht und tötete alle Dämonen. Schließlich besiegte sie auch ihren Anführer Mahisha, den Büffeldämon, zwang mit ihrem Fuß auf seinem Hals den Geist aus seinem Mund und schlug ihm den Kopf ab. Als er starb, jubelten alle Götter und alle Wesen der Welt, die Dämonenheere aber erhoben eine große Klage.

Vishnu

Vishnu (Wischnu) ist an seinen vier Händen zu erkennen, in denen er seine goldene Keule* (kaumodaki)*, seinen Diskus* (sudarshana)*, seinen Wasserlotos* (padma) *und sein Schneckenhaus* (shankha) *hält. Seine Gattin Lakshmi ist die Göttin des Glücks und auch unter dem Namen Padma (»Lotos«) bekannt. Sie ist eines der ersten Wesen, die aus dem gequirlten Ozean geboren wurden. Zu den anderen zählen der Mondgott Chandra und die Weingöttin Varuni.

SCHÖPFUNGSZYKLEN

In hinduistischen Mythen werden vielfach Dinge durch Akte des Inzests zwischen Vater und Tochter erschaffen. So entsteht durch die Vereinigung des Gottes Brahma mit seiner Tochter Vak (»Wort«) der erste Mensch, Manu (S.110). Brahma ist alle 4.320.000.000 Menschenjahre (1 *Kalpa*) für die Erschaffung der Welt zuständig. Jedes *Kalpa* ist für Brahma ein Tag und eine Nacht. Am Tage erschafft Brahma das Universum, in der Nacht verfällt es wieder in Chaos. Nachts schläft Vishnu auf der Schlange Ananta auf dem kosmischen Ozean. In der Morgendämmerung wächst aus seinem Nabel ein Lotos, in dem Brahma sitzt, der die Welt wieder neu erschafft.

TAUSEND MÄULER
Selbst die endlose Energie der Asuras wurde von der Hitze und den Flammen aus Vasukis 1000 Mäulern übertroffen. Wenn eines der Mäuler gähnt, gibt es Erdbeben. Am Ende der Welt wird die Schlange Gift ausspeien, das die Schöpfung vernichtet.

ASURAS
Die Asuras sind Antigötter, Feinde der Götter (Devas). Die beiden Gruppen führen ständig Krieg, doch keine Seite kann gewinnen. Ursprünglich waren die Asuras eine Göttergruppe, die über die Lebenskraft (sanskrit. *asu*) verfügte. Später wurden sie von den Brahmanen zu Dämonen deklassiert.

Im *Rig Veda* heißt es vom Lebenselixier Amrita (oder Soma): »Wir haben Soma getrunken, wir sind unsterblich geworden, wir sind ins Licht eingegangen, wir kennen die Götter.« Soma war ein pflanzliches Halluzinogen.

WELTENSCHLANGE
Die Schlange Vasuki, mit der die Götter den Ozean quirlten, ist der König der Schlangen oder Nagas. Er ist auch unter den Namen Shesha und Ananta bekannt. Er lebt um die Erde gewunden im Urmeer und dient dem Gott Vishnu als Bett.

DIE SONNE
Uccaihsravas, das weiße Pferd der Sonne, wurde aus dem Milchozean geboren.

ARZT DER GÖTTER
Dhanvantari, der göttliche Arzt, wird als letzter aus dem Ozean geboren. Er bringt einen Krug voll Amrita mit, eines der wertvollen Dinge, die zu Beginn des neuen Weltzeitalters nicht automatisch neu erschaffen werden.

UMGEDREHTER BERG
Die Götter entwurzelten den Berg Mandara und benutzten ihn als Quirl. Später brachten sie den Berg wieder an seinen Platz im Himalaja zurück.

HEILIGE KUH
Surabhi, die »Kuh des Überflusses«, ist die Mutter aller Rinder, die den Hindus heilig sind. Als Purusha, das erste Wesen, das oft mit Brahma gleichgesetzt wird, die Form einer jeden Tierart annahm, um sie zu schaffen, wurde er zuerst ein Bulle und eine Kuh.

Betrogene Dämonen

Die Devas versprachen den Asuras, für ihre Hilfe beim Quirlen des Ozeans den Trank der Unsterblichkeit mit ihnen zu teilen. Doch nur einer der Asuras, Rahu, bekam einen kleinen Schluck ab. Dafür köpfte ihn Vishnu mit seinem Diskus.

Dhanvantari taucht aus dem Ozean auf.

Der Asura Rahu zieht den göttlichen Arzt Dhanvantari aus dem Ozean.

DIE *AVATARAS* VISHNUS

Vishnu (Wischnu) ist einer der drei indischen Hauptgötter. Die beiden anderen sind Brahma und Shiva (Schiwa). Jeder hat seine Rolle: Vishnu ist der Erhalter und Erneuerer der Welt, Brahma der Schöpfer und Shiva der Zerstörer. Etwas verwirrend ist, daß Brahma zwar die Welt schuf, er und Shiva aber von Vishnu geboren wurden. Brahma entsprang Vishnus Nabel, Shiva seiner Stirn. Die wichtigsten Geschichten über Vishnu handeln von seinen Inkarnationen *(Avataras)* in Menschen- oder Tiergestalt als Helfer der Menschen in Zeiten der Bedrängnis. Theoretisch gab es neun *Avataras*, eine zehnte wird noch kommen. Allerdings gibt es viele Geschichten von anderen Erscheinungsformen Vishnus. Mit ihm wurde auch immer seine Gattin Lakshmi inkarniert – so als Prinz Ramas Frau Sita (S.114–115) oder als Krishnas Geliebte Radha und seine Frau Rukmini. Daß Lakshmi in einer Geschichte zweimal inkarniert werden kann und daß noch andere *Avatara*-Geschichten existieren, verdeutlicht, wie Mythen wachsen: Elemente aus verschiedenen Quellen werden zu verschiedenen Zeiten aufgegriffen, so daß oft unterschiedliche Variationen eines Themas entstehen.

VISHNU UND LAKSHMI

Vishnu und Lakshmi reiten auf dem heiligen Vogel Garuda, der Verkörperung des Lichts (Feuer und Sonne), in ihren Himmel der Liebe. Lakshmi zieht sich durch alle Inkarnationen Vishnus. Sie wurde aus dem Milchozean (S.108–109) geboren, der sie jeden Tag mit einer frischen Blumengirlande ausstattet. Einer ihrer Namen, Padma, setzt sie mit der Perfektion des Lotos gleich. Der heilige Fluß Ganges ist ihr zu Diensten, und zwei Elefanten besprühen sie mit Wasser, wenn sie badet. Auch unter dem Namen Shri bekannt, ist Lakshmi die Göttin des Glücks, des Wachstums und der Fruchtbarkeit.

Vishnu und Lakshmi auf Vishnus Vahuna *(Reittier) Garuda (Buchmalerei, 1770)*

MATSYA, DER FISCH
Vishnus erste *Avatara*, der Fisch Matsya, beschützte Manu, den ersten Menschen, vor der Sintflut. Als Manu sich einmal die Hände wusch, kam ein winziger Fisch (Matsya) in seine Hand und sprach: »Zieh mich auf, dann will ich dich retten!« Als der Fisch zu groß für ein Becken geworden war, entließ Manu ihn ins Meer. Der Fisch warnte ihn vor einer kommenden Sintflut und gebot ihm, eine Arche zu bauen. Als die Flut kam, schwamm Matsya zu Manu, und dieser vertäute sein Schiff mit der Schlange Ananta an einem Horn des Fisches, der ihn in Sicherheit brachte.

NARASIMHA, DER MANNLÖWE
Einst regierte der grausame Dämonenkönig Hiranya-Kashipu die Welt. Er war unverwundbar durch Menschen, Tiere oder Götter, in seinem Haus und im Freien, bei Tag und bei Nacht. Eines Tages schlug er aus Spaß an eine Säule in seinem Palast und fragte, ob Vishnu darin sei. Zu seiner Überraschung kam Vishnu als brüllender Mannlöwe (4. *Avatara*) heraus und riß den Dämon in der Dämmerung auf der Veranda seines Hauses ins Stücke.

VARAHA, DER WILDE EBER
Als wilder Eber Varaha (3. *Avatara*) rettete Vishnu die Welt, als sie durch die Sintflut in einen Sumpf verwandelt worden war und von dem Dämon Hiranyaksha regiert wurde. Varaha tötete ihn und hob die Erde mit seinem Hauer aus der Flut.

KURMA, DIE SCHILDKRÖTE
Die Schildkröte Kurma (2. *Avatara*) trug den Berg Meru und half den Göttern, die 14 wertvollen Schätze aus dem Milchozean zu bergen (S.108–109).

VAMANA, DER ZWERG
Der Zwerg Vamana (5. *Avatara*) wurde geboren, um die Macht des Dämonenkönigs Bali zu brechen. Als er Bali um gerade soviel Land bat, wie er mit drei Schritten abschreiten konnte, lachte der König und erfüllte den Wunsch. Vamana aber durchmaß die ganze Welt mit drei Schritten. So blieb Bali nur noch das unterirdische Reich Patala.

DER SANFTE RAMA
Rama (7. *Avatara*) kam auf die Welt, um den Dämon Ravana zu töten. König Dasharatha betete um einen Sohn, und Vishnu gab ihm eine Schale göttlichen Nektars, den sich die drei Frauen des Königs teilen sollten. Daraufhin wurden vier Söhne geboren: Rama erhielt die Hälfte der göttlichen Essenz, Bharata ein Viertel, Lakshmana und Satrughna bekamen jeweils ein Achtel. Daher waren alle Brüder göttlicher Natur.

PARASHU-RAMA MIT DEM BEIL
In seiner sechsten Inkarnation wurde Vishnu in eine Familie aus der Kaste der Brahmanen (Gelehrten) hineingeboren. Zu jener Zeit beherrschte die Kriegerkaste (Kshatriyas) die Welt, doch die Götter erachteten die Brahmanen für die besseren Herrscher. So vernichtete Parashu-Rama die Krieger mit seinem Beil und tötete ihren 1000armigen König Kartavirya.

KRISHNA
Krishna (8. *Avatara*) ist vor allem Vishnu in seiner Rolle als Liebhaber. Er liebte Radha, und die Geschichte ihrer Liebe ist ein beliebtes Thema der indischen Literatur und Kunst. Krishna zog jedoch auch in den Krieg, und die philosophische Diskussion, die er als Wagenlenker mit Prinz Arjuna führt, ist in Gedichtform in der *Bhagavadgita* festgehalten.

KALKIN, DAS WEISSE PFERD
Am Ende dieses Weltzeitalters, wenn die Menschheit völlig degeneriert ist, wird Vishnu in seiner zehnten Inkarnation erscheinen. Er reitet auf einem weißen Pferd, vernichtet mit seinem Flammenschwert das Böse und erneuert die Welt.

Der Buddha
Der Buddha (9. Avatara des Vishnu) lehrte die Menschheit den Weg der Befreiung von der Begierde, der Illusion der Welt und dem endlosen Kreislauf der Wiedergeburten. Frühere Inkarnationen des Buddha sind in den Jataka (»Geburtsgeschichten«) aufgeführt.

Krishna und die Gopis
Krishna (Krischna) spielt auf seiner Flöte. Neben ihm sieht man seine geliebte Hirtin Radha. Es gibt so viele Geschichten von Krishna, daß man ihn wie Rama als eigenständige Gottheit betrachten kann, wenngleich er nur eine Manifestation Vishnus ist. Sein Name bedeutet »der Schwarze« und deutet ebenso wie seine Flöte auf eine Herkunft als Stammesgottheit hin.

DIE *AVATARAS VISHNUS*
Dieses Bild aus Rajasthan/Nordindien (18. Jh.) zeigt die zehn offiziellen Avataras Vishnus. In der Bildmitte sieht man Vishnu als Krishna mit seiner Geliebten Radha und zwei Kuhhirtinnen. Die anderen neun Inkarnationen – fünf Menschen, vier Tiere und ein Mischwesen – sind um dieses Bild herum angeordnet.

KRISHNA

Während ihrer achten Schwangerschaft wurde Krishnas Mutter Devaki von ihrem bösen Bruder, König Kamsa, eingekerkert, weil ihm prophezeit worden war, daß ihr achtes Kind ihn töten werde. Doch Devaki schmuggelte das Baby Krishna (Krischna) aus dem Kerker, und eine Familie von Kuhhirten adoptierte es. Schon als Baby vernichtete Krishna die Dämonin Putana, die ihn mit vergifteter Milch töten wollte. Doch Krishna war auch verspielt und schelmisch. Er stahl Butter und flirtete mit den Mädchen. Mit seinem älteren Halbbruder Balarama bestand er viele Abenteuer, tötete König Kamsa und gewann seine Braut Rukmini. Balarama erscheint als *Avatara* der Weltenschlange Ananta. Als er stirbt, schlüpft die Schlange aus seinem Mund. Krishna wurde nach einem langen Leben von einem Jäger getötet, der ihn aus Versehen in die Fußsohle schoß, seinen einzigen verwundbaren Fleck.

SHIVA UND SEINE FAMILIE

Der Gott Shiva (Schiwa) lebte mit seiner Frau, der sanften Göttin Parvati, und seinen beiden Söhnen Skanda (Karttikeya) und Ganesh auf dem Berg Kailasa. Skanda waren ursprünglich sechs Kinder, doch eines Tages drückte Parvati sie zu sehr, und sie verschmolzen zu einem einzigen Körper mit sechs Köpfen und sechs Armen. Der Kriegsgott Skanda wuchs zu einem stattlichen Mann heran und tötete den Dämon Taraka, der die Götter unterdrückt hatte. Der kleine, dickbäuchige Ganesh dagegen wurde aus dem Schmutz von Parvatis Badewasser geboren. Darüber, wie er zu seinem Elefantenkopf kam, gibt es mehrere Geschichten. Einmal bittet Parvati ihn, jeden daran zu hindern, sie beim Baden zu stören. Als er auch Shiva abweist, verbrennt dieser ihm den Kopf mit seinem dritten Auge. In einer anderen Fassung erkennt Shiva nach längerer Abwesenheit seinen Sohn nicht wieder, sondern hält ihn für einen Verehrer Parvatis und enthauptet ihn. Wieder eine andere Geschichte erzählt, der Planet Saturn habe versehentlich mit seinem Blick den Kopf des Jungen verbrannt. In jedem Fall wird der Kopf durch den eines Elefanten ersetzt.

FEUERGOTT AGNI

Der Feuergott Agni wird immer wieder neu geboren, wo ein Feuer entzündet wird. Er war einer der wichtigsten vedischen Götter, doch mit der Zeit ließ seine Bedeutung nach, und viele seiner Attribute wurden von Shiva oder Skanda übernommen. Während Shivas Feuer am jüngsten Tag die Welt verbrennen wird, verschlingt Agnis Feuer den Schmutz und die Sünden der Welt. Daher verbrennen die Hindus ihre Toten. Die reinigende Kraft des Feuers erhielt Agni vom Weisen Bhrigu. Dieser hatte die Frau eines anderen entführt, und ihr Ehemann fragte Agni, der alle Häuser kannte, wo er den Entführer finden könne. Agni erzählte es ihm, und Bhrigu verdammte Agni dazu, alles auf seinem Weg essen zu müssen, sei es rein oder unrein. Agni machte geltend, daß er als Gott die Wahrheit sagen müsse, daher gewährte ihm Bhrigu die Gabe, alles zu reinigen, was er verbrannte. Agni hat zwei Köpfe, einen feuerroten Körper und sieben Zungen, die Butteropfer auflecken.

Gefährliches Kind
Parvati wiegt den Kriegsgott Skanda (Planet Mars) in ihren Armen, der später den Dämon Taraka besiegt und den Frieden im Himmel und auf der Erde wiederherstellt.

PFAU
Der Pfau ist das Reittier des Skanda, des Kindes auf Parvatis Schoß.

SHIVAS FRAU PARVATI
Parvati ist die Tochter des Himalaja. Wie Durga und Lakshmi (S.108) ist sie ein Aspekt der großen Muttergöttin Mahadevi.

DER STIER NANDI
Nandi, Shivas milchweißer Stier, ist der Hüter aller vierbeinigen Lebewesen. Rudra – so heißt Shiva in den ältesten Büchern des Hinduismus – war der Herr der Tiere.

GANESH
Ganesh gilt als Beseitiger von Hindernissen. Er ist auch der Gott der Weisheit und war der Schreiber des heiligen Buches *Mahabharata*, wofür er einen Stoßzahn als Stift benutzte.

MONDSICHEL
Shiva trägt den Mond der Weisheit in seinem Haar.

DRITTES AUGE
Das dritte Auge auf Shivas Stirn brennt mit dem Feuer von zehn Millionen Sonnen und kann jedes Wesen mit seiner Flamme vernichten. Als der Liebesgott Kama ihn mit seiner Liebe zu Parvati durchdrang, während er meditierte, wurde Shiva so wütend, daß er sein Auge öffnete und Kama zu Asche verbrannte. Seither ist Kama *ananga*, »körperlos«.

SHIVA
Shiva trägt zum Ausdruck seiner Beherrschung von Aggression und Begierde ein Leopardenfell (oft ein Tigerfell). Die Kobra Vasuki (S.109) ist um seinen Hals geschlungen.

GANESHS *VAHANA*
Das Symbol- und Reittier des trägen Ganesh ist eine Ratte. Einmal wettete er mit Skanda: Derjenige, der als erster seine Weltreise abschließe, dürfe Siddhi (Erfolg) und Buddhi (Intelligenz) heiraten. Skanda machte sich sofort auf die lange Reise, doch Ganesh blieb zu Hause und las. Als Skanda zurückkehrte, wartete Ganesh schon auf ihn. Er erzählte dem Bruder von den Wundern der Welt und gewann so die Wette.

»Der Brahmane sah Rudra (Shiva) am Himmel tanzen, jenen höchsten Befreier, der die Menschen augenblicklich von Unwissen befreit, der freundlich und gütig zu seinen Anhängern ist.«
KURMA PURANA

SURYA
Surya ist der Sonnengott. Er fährt in einem von sieben Stuten gezogenen Wagen über den Himmel.

CHANDRA
Mondgott Chandra (Soma) heiratete 27 Schwestern, zog dann aber doch seine erste Frau vor. Der Vater der Schwestern schlug Chandra zur Strafe mit Lepra. Entsetzt baten sie ihn, den Fluch rückgängig zu machen, doch er konnte die Krankheit nur mildern. Daher wird der Mond in einem endlosen Kreislauf immer grauer, um schließlich seine silberne Farbe wiederzuerlangen.

»Großer Gott, höchster Herr, was tust du dort drinnen? Wir Götter suchen alle bei dir Zuflucht, den wir werden von Taraka gequält; beschütze uns ...«
SHIVA PURANA

BRAHMA
Brahma, der Schöpfer, schuf Sonne und Mond und setzte sie an den Himmel; er schuf Agni (Feuer), Vayu (Wind) und Varuna (Wasser).

VISHNU
Vishnu, der Erhalter, führte die Götter zu Shiva. Sie baten Shiva um Hilfe gegen den Dämon Taraka, und Skanda wurde geboren, um den Dämon zu vernichten.

SHIVAS TIGER
Als Rudra (»der Brüller«) wird Shiva als Herr der Tiere verehrt. Oft wird er mit Tigerfellkleidung dargestellt. Er gilt als Gott der Wälder und der Jagd.

DER BERG KAILASA
Am Kailasa (»Silberberg«) entspringt der große Fluß Brahmaputra, der durch Tibet fließt, ehe er sich nach Süden wendet und in Bengalen und Bangladesch in den heiligen Fluß Ganges mündet.

SHIVA UND SEINE FAMILIE AUF DEM BERG KAILASA

Shiva und seine Familie sind hier auf dem Berg Kailasa dargestellt. Am Fuße des Berges sieht man eine Abordnung von Göttern und eine Gruppe von heiligen Männern. Sie ehren Shiva oder bitten ihn um Hilfe bei der Vernichtung des Dämons Taraka. Daraufhin wurde Skanda geboren.

ANHÄNGER
Rishis (»Seher«, »Weise«) versammeln sich am Fuße des Berges Kailasa, um Shivas Lehren zu lauschen.

Der loyale Affengeneral Hanuman

Hanuman, der Affengott

Abseits der anderen Götter steht der Affengott Hanuman, der Feldherr Ramas im* Ramayana *(S.114–115). Er war der Sohn des Windgottes Vayu, konnte seine Gestalt verändern und war unglaublich stark. Er gilt als Inbegriff der Loyalität.

HERR DES TANZES

Shiva (»der Zerstörer«) wird als Familienvater dargestellt, als heiliger Asket, als Bhuteswara, Herr der Geister, mit einer Schädelhalskette oder, wie hier, als Herr des Tandava. In diesem kosmischen Tanz tanzt Shiva die Erschaffung und Zerstörung der Welt und zertritt den zwergenhaften Dämon des Unwissens. Er bewegt sich in einem Flammenrad; dabei hält er in einer Hand die Flamme der Zerstörung und in der anderen die Trommel der Schöpfung. Die heiligen Männer, die ihn tanzen sahen, grüßten ihn: »Wir sehen dich tanzen, Quelle der Welt ...! Durch dich dreht sich das Rad des Brahma. Du, einziger Hüter der Welt, bist mit Maya erfüllt. Bei dir nehmen wir unsere Zuflucht! Dich beten wir an! Du bist die Seele des Yoga, der Meister des Bewußtseins, der den göttlichen Tanz tanzt!«

Diese Bronzestatue (11.Jh.) zeigt Shiva als Herrn des Tanzes.

RAMA UND SITA

Der kinderlose König Dasharatha von Ayodya bat die Götter, ihm Söhne zu schenken. Zur gleichen Zeit baten die Götter ihren Herrn Brahma, ihnen gegen den Dämonenkönig Ravana beizustehen. Vishnu erklärte sich bereit, den Dämon zu vernichten, und wurde in seiner siebten Inkarnation als Rama und seine drei Brüder Bharata, Lakshmana und Shatrughna geboren. Ohne sich ihrer Göttlichkeit bewußt zu sein, wuchsen die Brüder als Söhne des Königs Dasharatha und seiner drei Frauen auf. Rama heiratete Sita, eine Inkarnation von Vishnus Gemahlin Lakshmi, und wurde von seinem Vater als Erbe eingesetzt. Aufgrund von Intrigen einer der Frauen seines Vaters mußte er aber den Palast verlassen. Zehn Jahre führte er mit Sita und seinem Bruder Lakshmana ein ruhiges Leben im Wald, bis Ravana eines Tages Sita entführte. Unterstützt von Hanuman, dem General des Affenkönigs Sugriva, suchten die Brüder überall. Schließlich entdeckte Hanuman Sita auf der Insel Lanka. Mit einer Armee aus Affen und Bären tötete Rama Ravana in einer gewaltigen Schlacht. Nach der Wiedervereinigung mit Sita kehrte er nach Ayodya zurück, wo er 11.000 Jahre regierte.

WALDEXIL
Rama wurde 14 Jahre in den Wald verbannt, weil die Mutter seines Stiefbruders Bharata ihren Sohn auf dem Königsthron sehen wollte. König Dasharatha erklärte sich einverstanden, weil sie einmal sein Leben gerettet und er ihr dafür zwei Wünsche gewährt hatte. Doch er starb aus Gram, und Bharata bat Rama zurückzukehren. Rama lehnte ab, und so übertrug Bharata bis zu Ramas Rückkehr die Herrschaft auf dessen goldene Sandalen.

LAKSHMANA
Lakshmana (»der Glückliche«) besaß ein Achtel der göttlichen Essenz Vishnus und war immer an Ramas Seite. Er heiratete sogar Sitas Schwester Urmila.

SITA
Der Name Sita bedeutet »Ackerfurche«. Als König Janaka von Mithila seine Felder pflügte, entsprang sie einer Ackerfurche, und er nahm sie als seine Tochter an.

Himmelsreise
Als Sita von Ravana über den Himmel getragen wurde, warf sie ihren Schmuck und ihren goldenen Schleier hinab, in der Hoffnung, Spuren für Rama zu hinterlassen.

SZENEN AUS DEM *RAMAYANA*
Diese Illustration (19. Jh.) zeigt Szenen aus dem Ramayana. Man sieht, wie Rama magische Hirsche jagt und Sita in der Obhut Lakshmanas zurückläßt. Ravana aber bringt Lakshmana mit einem Trick dazu, Sita allein zu lassen. Dann entführt er sie und kämpft gegen jedes Wesen, das ihn daran hindern will.

STILLE ZEUGEN
Als Sita entführt wurde, rief sie den Wald und die Bäume als Zeugen an. Sie sollten Rama sagen, daß sie gegen ihren Willen weggebracht worden war.

DER DÄMON RAVANA
Ravana entführte des öfteren die Frauen anderer. Um Sita zu bekommen, verkleidete er sich als Wanderyogi, als heiliger Mann. Als er sie bat, mit ihm zu gehen, und sie sich weigerte, zeigte er sich in seiner wahren grotesken Gestalt und entführte sie.

FÜNF AFFEN
Sita sah diese Affen – den verbannten Affenkönig Sugriva und seine Generäle –, als sie mit Ravana über den Himmel flog. Rama half Sugriva später, seinen Thron wiederzuerlangen. Als Gegenleistung halfen Sugriva und seine Affen Rama bei der Suche nach Sita.

DIE BELAGERUNG LANKAS

Bei der Belagerung Lankas kämpften Rama und Hanumans Affenheer gegen die *Rakshasas*, die Dämonen, die von ihrem König Ravana geführt wurden. Zu diesen Gegnern gehörten so schreckliche Gestalten wie Blitzzunge, Rauchauge, Menschentod und Dickbauch. Sie alle wurden vernichtet, doch um Ravana zu besiegen, mußte Rama die Sonne anbeten und Wagen und Wagenlenker des Himmelsgottes Indra ausleihen. Mit dieser himmlischen Hilfe verfolgte Rama seinen Feind, doch jedesmal, wenn er ihm einen Kopf abschlug, wuchs Ravana ein neuer. Schließlich erschoß Rama den Dämon mit einem Pfeil, den Brahma geschmiedet hatte – er flog wie der Wind, traf wie die Sonne, durchbohrte Ravana, reinigte sich im Meer und kehrte in Ramas Köcher zurück. Die Götter jubelten.

Diese Illustration (19. Jh.) zeigt Ravana und Rama im Kampf um Lanka.

TRAURIGES ENDE

Rama wollte Sita nach ihrer Rettung verstoßen, weil er glaubte, sie sei geschändet worden. Sita wollte sterben, doch die Götter bezeugten ihre Unschuld und erzählten Rama, daß er eine *Avatara* Vishnus sei (S.110–111). Rama und Sita lebten daraufhin 10.000 Jahre glücklich, bis Rama zugetragen wurde, seine Untertanen hielten Sita noch immer für unrein. Er schickte sie in die Verbannung, wo sie seine Zwillingssöhne gebar. Jahre später sah Rama seine Söhne und bat Sita, zurückzukommen. Doch ihr Herz war gebrochen, und sie sank in die Erde. Rama regierte traurig weitere 1000 Jahre, ehe er zu den Göttern zurückkehrte.

RAMA, *AVATARA* VISHNUS
Ramas blaue Haut kennzeichnet ihn als Inkarnation Vishnus. Rama oder Rama-Chandra ist »Mond Rama« oder »sanfter Rama« im Gegensatz zu Vishnus früherer *Avatara*, dem Krieger Parashu-Rama. Rama teilt seine göttliche Essenz mit seinen Brüdern, übernimmt aber mit der Hälfte von Vishnus Göttlichkeit die Hauptrolle.

AUF RAMAS SPUREN
Ravana machte Lakshmana glauben, er habe Rama um Hilfe rufen gehört. So ließ Lakshmana Sita (auf eigenen Wunsch hin) allein.

GEFANGENE PRINZESSIN
Sita wurde zur goldenen Stadt auf der Insel Lanka gebracht. Als Hanuman sie fand – nachdem er mit einem Satz über das Meer gesprungen war –, zeigte er ihr Ramas Ring als Beweis seiner Redlichkeit und versprach zurückzukehren. Als er sie verließ, wurde er gefangengenommen, konnte aber fliehen und setzte die Stadt in Brand.

JATAYU
Jatayu, König der Geier und Sohn des sagenhaften Vogels Garuda, greift Ravana an und verwundet ihn mit seinem Schnabel. Doch Ravana tötet ihn, und Jatayus Seele steigt auf Bitten Ramas zum Himmel auf.

Rama tötete den magischen Hirsch mit einem Pfeil.

Verkleideter Dämon
Der Dämon Maricha hatte auf Ravanas Geheiß Hirschgestalt angenommen, um Rama und seinen Bruder von Sita wegzulocken. Ravana wollte Rache für seine Schwester Surpanakha. Diese hatte, von Rama zurückgewiesen, Sita angegriffen, worauf Lakshmana ihr Nase und Ohren abgeschnitten hatte.

DIE ZEHN SONNEN

Am Anfang gab es zehn Sonnen, die Söhne von Di Jun, des chinesischen Kaisers des östlichen Himmels, und seiner Frau, der Sonnengöttin Xi He. Sie lebten in einem gewaltigen Maulbeerbaum, der aus den kochenden Wassern des Himmelstals emporwuchs. Jeden Morgen übernahm eine andere Sonne das Scheinen, die anderen blieben im Baum zurück. Eines Tages jedoch stiegen sie alle zusammen zum Himmel auf und spielten dort. Die zehnfache Sonnenkraft aber begann die Erde zu verbrennen, und als ihre Eltern ihnen Einhalt geboten, hörten sie nicht. Deshalb beauftragte Di Jun seinen Bogenschützen Hou Yi, seinen Söhnen eine Lektion zu erteilen. Dieser aber schoß neun der zehn Sonnen ab. Zornig nahm Di Jun dem Bogenschützen und seiner Frau Chang E ihre Unsterblichkeit und verbannte die beiden.

BEGRÄBNISBANNER DER DAME DAI
(China, 2.Jh.v.Chr.)
Das obere Rechteck zeigt Gottheiten im Himmel. Der Abschnitt darunter (von den Toren des Himmels bis zur Dame Dai) zeigt, wie Sterbliche in den Himmel aufsteigen und zu Unsterblichen werden. Der dritte Abschnitt (unter der Glocke) zeigt um die Verstorbene trauernde Menschen, der vierte, unter Altären voller Speisen, ist eine Darstellung des Jenseits.

HASE IM MOND
Als Chang E im Mond ankam, war schon ein Hase da. Er sitzt unter einem Gewürzrindenbaum (Baum der Unsterblichkeit) und zerstößt in einem Mörser Kräuter für das Lebenselixier. Auch ein alter Mann soll im Mond leben. Er versucht vergebens, den Gewürzrindenbaum abzuhacken.

IN EINE KRÖTE VERWANDELT
Als Chang E das Elixier schluckte, das Hou Yi von der Königinmutter des Westens erhalten hatte, schwebte sie hinauf zum Mond. Sie versuchte zu schreien, konnte aber nur quaken. Zu ihrem Entsetzen war sie zwar unsterblich geworden, aber in eine Kröte verwandelt.

HIMMELSTOR
Die Tore des Himmels werden von zwei Soldaten bewacht. Über ihnen läuten zwei himmlische Tiere eine Glocke, um anzukündigen, daß die Seele eines Verstorbenen hindurchschreitet.

Chang E flieht zum Mond
Chang E hatte ihre Unsterblichkeit zusammen mit ihrem Mann Hou Yi verloren. Als er in Ungnade gefallen war, reiste Hou Yi in die Berge von Kun Lun und holte einen Unsterblichkeitstrank – genug, daß ein Mensch in den Himmel aufsteigen und dort als Unsterblicher leben konnte oder daß zwei Menschen unsterblich wurden. Hou Yi wollte den Trank mit Chang E teilen, doch sie stahl ihn und schwebte zum Tempel des Mondes.

PAN GU ERSCHAFFT DIE WELT

Am Anfang befand sich das Universum in einem Ei, in dem die Lebenskräfte Yin (dunkel, weiblich, kalt) und Yang (hell, männlich, heiß) zusammenspielten. Im Ei schlief der von diesen Kräften geschaffene Pan Gu 18.000 Jahre. Als er erwachte, sprengte er die Eischale. Die schwereren Elemente im Ei sanken ab und bildeten die Erde, die leichteren trieben nach oben und bildeten den Himmel. In den nächsten 18.000 Jahren wichen Himmel und Erde auseinander, und in gleichem Maße wuchs Pan Gu, so daß er stets den Raum dazwischen ausfüllte. Als Himmel und Erde ihre endgültige Lage erreicht hatten, starb Pan Gu vor Erschöpfung. Sein Rumpf und seine Gliedmaßen wurden zu Bergen, seine Augen zu Sonne und Mond, sein Fleisch zum Land, seine Haare zu Bäumen und anderen Pflanzen, seine Tränen speisten Flüsse und Meere. Sein Atem wurde zum Wind, seine Stimme Donner und Blitz. Schließlich entwickelten sich Pan Gus Flöhe zu Menschen.

Pan Gu mit dem Yin-Yang-Symbol

NÜ WA
Die Göttin Nü Wa erschien als erste Gottheit, als Pan Gu die Welt erschaffen hatte (rechts). Sie besaß einen Schlangenkörper und konnte ihre Gestalt 70mal am Tag wechseln. Sie formte die ersten Menschen aus Lehm, lehrte sie Kinder zu haben und wurde die Göttin der Ehe. Ihr zur Seite stehen Kraniche – Symbole der Langlebigkeit. Unter ihnen befinden sich Himmelsdrachen.

Ausschnitt aus dem Begräbnisbanner der Dame Dai

DIE SAGE VON HOU YI UND DEN ZEHN SONNEN
Als die zehn Sonnen (S.116) nicht nach Hause zurück wollten, gab ihr Vater Hou Yi einen roten Bogen und einen Köcher mit zehn weißen Pfeilen und befahl ihm, seinen Söhnen damit zu drohen. Doch Hou Yi wurde angesichts der verbrannten Menschen so wütend, daß er neun Sonnen vom Himmel schoß. Als sie herabfielen, sahen die Menschen von einem Pfeil durchbohrte goldene, dreibeinige Krähen (hier mit nur zwei Beinen). Beinahe hätte Hou Yi auch noch die letzte Sonne abgeschossen.

FUSANG-BAUM
Die zehn Sonnen lebten im sagenhaften Fusang-Baum in Tang Gu jenseits des östlichen Meeres. Der Baum hatte neun Seitenäste und einen Spitzenzweig. Von letzterem stieg jeden Tag eine der Sonnen in einem von sechs Drachen gezogenen Wagen zum Himmel auf; eine kurze Strecke in Begleitung der Mutter. Der Baum findet sich in vielen alten Mythen, in denen der Sonnenaufgang eine Rolle spielt.

KINDER DES KAISERS DES ÖSTLICHEN HIMMELS
Im täglichen Wechsel nahm jeweils eines der zehn Kinder die Aufgabe als Sonne wahr und beleuchtete nach einem Bad im kochenden Meer die Erde. Jede Nacht holte die Mutter das Kind ab und brachte es nach Hause.

DRACHEN
Drachen sind in der chinesischen Mythologie synonym mit Schlangen und stehen für Weisheit, gute himmlische Macht und fruchtbare Erdströme. In den Wolken leben vier Drachenkönige. Sie spenden Regen, wenn er nötig ist. Lokale Drachenkönige herrschen über Bäche, Flüsse und Brunnen. Die hier abgebildeten Drachen ziehen Sonne und Mond über den Himmel.

SCHÖPFUNGSMYTHEN VON NÜ WA

Die Menschen wurden von der Göttin Nü Wa geformt oder mit ihrem Bruder Fu Xi gezeugt. Nü Wa und Fu Xi entzündeten zwei Feuer und sagten: »Wenn der Himmel wünscht, daß wir heiraten, soll der Rauch der Feuer sich vermischen.« Der Rauch vermischte sich, und so heirateten sie; doch Nü Wa war schüchtern und bedeckte ihr Gesicht mit einem Fächer – wie Bräute es noch heute tun. Nü Wa fühlte sich für die Menschen verantwortlich. Als der Wassergott Gong Gong bei seinem Kampf mit dem Feuergott Zhu Rong den Himmel durchlöcherte, geriet die Welt ins Wanken und wurde von Feuer und Überschwemmungen heimgesucht. Nü Wa schmolz Steine, um die Löcher zu stopfen, und reparierte den Himmel. Zur Sicherheit tötete sie außerdem eine Riesenschildkröte und verwendete deren Beine als Säulen des Himmels.

DIE ACHT UNSTERBLICHEN

Die Taoisten verehren acht Heilige, die durch Frömmigkeit und Tugendhaftigkeit Unsterblichkeit erlangten. Außer ihrer Unsterblichkeit haben sie nichts gemeinsam. Sie lebten zu verschiedenen Zeiten, werden jedoch meist als Gruppe dargestellt, wenngleich jeder seine eigenen Legenden hat. Die acht Unsterblichen leben mit den Göttern in den Bergen von Kun Lun im Mittelpunkt der Erde. Hier feiern sie in den Gärten des Jadekaisers, des höchsten Himmelsherrschers. Alle 1000 Jahre sind sie zusammen mit den Göttern eingeladen, beim Pfirsichfest der Frau des Jadekaisers, der Kaiserin Xi Wang Mu, die Pfirsiche der Unsterblichkeit zu essen.

***Hsien* ist das chinesische Wort für »Unsterblicher«. Das Schriftzeichen für *Hsien* setzt sich aus den Zeichen für »Mensch« und »Berg« zusammen. Die acht Unsterblichen sind die bekanntesten der *Hsien*. Unsterblichkeit bedeutet nicht nur langes Leben auf Erden, sondern auch ewiges Leben im Himmel.**

DIE GESCHICHTE VOM KÜCHENGOTT

Der Maurer Tsao-wang war so arm, daß er seine Frau einen anderen heiraten lassen mußte. Eines Tages arbeitete er für den neuen Ehemann. Seine Ex-Frau backte Kuchen für ihn und steckte heimlich in jeden eine Münze. Doch weil sein Schicksal die Armut war, verschenkte der Maurer die Kuchen. Als er merkte, was er getan hatte, beging er aus Verzweiflung Selbstmord. Die Bitten der Ex-Frau aber erbarmten den Herrscher des Himmels, und er machte Tsao-wang zum Küchengott. Nun hängt sein Bild in jeder Küche, und einmal im Jahr erstattet er im Himmel über das Verhalten einer jeden Familie Bericht. Viele Menschen bestreichen seinen Mund mit Honig, damit er nur Süßes berichtet.

HEILIGER HIRSCH
Der Hirsch ist ein Symbol für langes Leben und Glück.

BERGPARADIES
Die Götter und Unsterblichen leben in den Bergen von Kun Lun, dem auch Shou Shan (»Hügel der Langlebigkeit«) genannten Paradies.

TS'AO KUO-CHIU
Ts'ao Kuo-chiu (mit Hofschreibtafel) verließ sein Heim voller Scham, als sein Bruder wegen Mordes hingerichtet wurde, und widmete sich der Nachfolge des Tao (»der Weg«). Als er die Unsterblichen Chung Li Ch'uan und Lu Tung-pin traf, fragten sie ihn, wo der Weg sei, und er wies zum Himmel. Sie fragten ihn, wo der Himmel sei, und er wies auf sein Herz. Daraufhin lehrten sie ihn die Geheimnisse der Vollkommenheit, und er wurde unsterblich.

CHUNG LI CH'UAN
Chung Li Ch'uan ist von korpulenter Gestalt und respektlosem Auftreten.

HO HSIANG-KU
Ho Hsiang-ku (mit Lotosblume), die einzige Frau unter den Hsien, war eine taoistische Asketin zur Regierungszeit der Kaiserin Wu. Sie hatte Jungfräulichkeit gelobt und lebte allein in den Bergen, wo ihr die Geheimnisse der Unsterblichkeit in einem Traum enthüllt wurden. Sie ist die Schutzpatronin der unverheirateten Mädchen.

Spazierstock

Shou Hsing, Gott der Langlebigkeit
Shou Hsing (Shou Lao) ist einer der drei Sternen- oder Glücksgötter. Er wird als alter Mann mit Stock und einem hoch aufragenden Glatzkopf dargestellt. Er bestimmt den Todeszeitpunkt eines jeden Menschen und notiert ihn bei der Geburt auf einer Tafel. Gelegentlich ändert er ihn. Als ihm ein junger Mann einen Krug Wein opferte, war Shou Hsing so erfreut, daß er die Zahlen 1 und 9 vertauschte und ihm 91 statt 19 Jahre gewährte.

Chang Kuo-lao
Chang Kuo-lao war ein Einsiedler, der allen Versuchungen widerstand, ihn in die Hauptstadt zu locken. Schließlich unternahm er die Reise auf Wunsch der Kaiserin Wu doch, fiel jedoch tot zu Boden, als er einen Tempel erreichte. Sein Körper verweste und wurde von Würmern gefressen, doch er erholte sich. Er reiste auf einem Esel, den er auf magische Weise zu einem Blatt Papier zusammenfalten konnte – das er hier in der Hand hält.

Seele
Li T'ieh-kuais Seele steigt als Dampf aus seinem Kürbis mit lebenserhaltender Medizin auf und schwebt über dem Körper des Bettlers.

Li T'ieh-kuai
»Li mit der Eisenkrücke« kümmert sich um die Kranken. Als er in den Himmel gerufen wurde, um von Lao Tzu (Lao-tse) im Taoismus unterwiesen zu werden, bat er einen seiner Schüler, seinen Körper zu verbrennen, wenn er nicht in sieben Tagen wieder zurück sei. Der Schüler wurde ans Totenbett seiner Mutter gerufen und verbrannte den Körper schon nach sechs Tagen. Deshalb mußte Li, als er zurückkehrte, in den Körper eines soeben verstorbenen Bettlers fahren.

Lu Tung-pin
Lu Tung-pin war ein Moralphilosoph. Eines Tages traf er Chung Li Ch'uan. Während dieser Reiswein erwärmte, schlief Lu ein und träumte von der Zukunft, von Erfolg und Glück, das er jedoch wieder verlor. Beim Erwachen war er davon überzeugt, daß alle weltlichen Ambitionen eitel sind, und wurde Chung Lis Schüler. Er reiste durch die Welt, kämpfte gegen das Böse und half den Menschen. Sein Kennzeichen ist ein Zauberschwert, das ihm ein Feuerdrache gab.

Lan Ts'ai-ho
Lan Ts'ai-ho, der Schutzpatron der Armen, war ein Wandermusikant und wird oft mit einer Laute abgebildet. Er war eine Art heiliger Narr, der im Sommer warme Kleidung trug und im Winter im Schnee nächtigte. Eines Tages schlief er betrunken vor einem Gasthaus ein, starb und stieg in einer Wolke zum Himmel auf.

Han Hsiang-tzu
Han Hsiang-tzu, Schutzpatron der Kultur, war ein Schüler des Lu Tung-pin. Er ist ein Meister des Flötenspiels und kann Blumen zum Erblühen bringen. Er bestieg den Baum mit den Pfirsichen der Unsterblichkeit, fiel herab und wurde unsterblich, ehe er den Boden berührte.

Die acht Unsterblichen besuchen Shou Hsing
Dieser Teller zeigt die acht Unsterblichen bei Shou Hsing, dem Gott der Langlebigkeit, in den Bergen von Kun Lun. Alle sind von Wolken umwirbelt. Die Seelen guter Menschen, die nicht mehr wiedergeboren werden, können ebenfalls in den Bergen von Kun Lun wohnen, meist aber kommen sie ins Land des äußersten Glücks im Westen.

Li Hai und die Kröte

Der Staatsbeamte Li Hai erhielt eines Tages Besuch von dem Unsterblichen Chung Li Ch'uan (s.u.). Der Unsterbliche balancierte zehn Eier, eines auf dem anderen, mit jeweils einer Goldmünze dazwischen. »Ist das nicht etwas riskant?« fragte Li Hai. »Nicht riskanter als deine Stellung«, antwortete der Unsterbliche. Li Hai verstand, nahm seinen Abschied und machte sich auf die Suche nach Vollkommenheit. Auf seinem Weg traf er den Unsterblichen Lu Tung-pin, der ihn lehrte, Gold in Unsterblichkeitspillen zu verwandeln. So wurde auch Li Hai unsterblich. Er reiste in Begleitung einer dreibeinigen Kröte durch die Welt, die er an einer Kette aus Goldmünzen hielt, damit sie nicht ständig in Brunnen sprang. Li Hai gilt als ein Gott des Wohlstandes und ist der Schutzpatron der Nadelmacher.

Chinesisches Geld

Li Hai auf seiner dreibeinigen Kröte mit Geld in der Hand

Es gibt drei chinesische Glücksgötter: Shou Hsing (Gott der Langlebigkeit), Lu Shen (Gott des – finanziellen – Glücks) und Fu Shen (Gott des Glücksgefühls, der Zufriedenheit). Lu Shen wird manchmal von Tsai Shen, dem Gott des Reichtums, ersetzt.

Pfirsich der Unsterblichkeit

Chung Li Ch'uan
Chung Li Ch'uan (mit Pfirsich der Unsterblichkeit) lebte in der Han-Dynastie. Er entdeckte, wie man aus Kupfer Silber machen konnte, doch statt seinen Reichtum zu behalten, gab er ihn den Armen.

Der heilige Berg

Die Shinto-Religion, »der Weg der Götter«, erkennt in allen Naturerscheinungen göttliche Geister, die *Kami*. Besonders heilig ist Sengen-Sama, die Göttin des Berges Fuji (Fujiyama, Fudschijama). Der Fujiyama soll auch Wohnsitz des Kunitokotachi sein, der unsichtbaren, alles durchdringenden Schöpfergottheit, die als Schilf aus dem Urozean des Chaos entsprang. Die unten dargestellte Sage erzählt, wie Tadatsune, ein berühmter Krieger des 12. Jahrhunderts, zum Fujiyama zog, um dort gegen Ungeheuer zu kämpfen, die die Anwohner in Angst und Schrecken versetzten. Mit zwei Kampfgenossen betrat er die große Höhle am Fuße des Berges und folgte dem Lauf eines unterirdischen Flusses. Plötzlich erschien am anderen Ufer Sengen-Sama mit einem Drachen an ihrer Seite. Tadatsunes Begleiter wollten über den Fluß zu ihr, doch sie entledigte sich ihrer innerhalb von Sekunden. Die Göttin beglückwünschte Tadatsune zu seinem Mut, verbot ihm aber, den Fluß zu überqueren, da ihn sonst das gleiche Schicksal wie seine Begleiter ereilen werde. Tadatsune verbeugte sich und zog sich zurück.

Berggöttin
Aus ganz Japan kommen Pilger und erklimmen den Gipfel des Fujiyama, um Sengen-Sama, die gütige Göttin des Berges, in den Strahlen der aufgehenden Sonne zu verehren.

Heiliger Baum
Sengen-Sama hält einen heiligen Sakaki-Zweig in einer Hand, ein Zauberjuwel in der anderen. Der Sakaki-Baum *(Cleyera japonica)* ist eines der wunderbaren Dinge, mit denen die Sonnengöttin Amaterasu aus ihrer Höhle gelockt wurde (S.122–123).

Juwel
In ihrer rechten Hand hält Sengen-Sama ein magisches Juwel.

Der Fujiyama und sein Nachbarberg Hakuyama stritten einst darum, wer der höchste Berg sei. Um den Streit zu schlichten, legte der Buddha des unendlichen Lichts ein Rohr vom Gipfel des Hakuyama zum Gipfel des Fujiyama. Als über den Gipfel des Fujiyama Wasser floß, wurde die Göttin so wütend, daß sie Hakuyama auf den Kopf schlug und den Schädel an acht Stellen einkerbte, so daß der Berg heute acht Gipfel hat. Der Fujiyama ist seither der höchste Berg Japans.

Mythen der Ainu

Am Anbeginn der Zeit war die Erde ein unbelebter Sumpf. Darüber gab es sechs Himmel, darunter sechs Welten. Da schickte der Schöpfer Kamui eine Bachstelze aus, Land zu schaffen. Sie wußte nicht, was sie tun sollte, schlug in Panik mit dem Schwanz auf das Wasser (wie es Bachstelzen noch heute tun), und trockenes Land kam zum Vorschein. Als die Tiere im Himmel die schöne Erde sahen, baten sie Kamui, dort leben zu dürfen. Er gestattete es und erschuf das Volk der Ainu: den Körper aus Erde, ihr Haar aus Sternmiere, ihr Rückgrat aus Weidenruten (deshalb krümmt es sich im Alter). Der göttliche Aioina lehrte die Ainu jagen und kochen. Dann kehrte er in den Himmel zurück.

Drache
Drachen sind Symbole des fruchtbaren Regens. Taka-okami, der Drache des Berggottes, und Kura-okami, der Drache des Talgottes, entstanden aus dem Blut, das vergossen wurde, als Izanagi den Feuergott tötete ***(S.121)******. Sie waren für Regen und Schnee zuständig.***

Vor langer Zeit fand ein alter Mann an den Hängen des Fujiyama einen weiblichen Säugling. Er nannte das Mädchen Kaguya-hime. Sie wuchs zu einer schönen Frau heran und heiratete den Kaiser. Nach siebenjähriger Ehe sagte sie ihrem Mann, daß sie keine Sterbliche sei und in den Himmel zurückkehren müsse. Um ihn zu trösten, gab sie ihm einen Spiegel, in dem er sie immer sehen konnte. Er schwor, ihr in den Himmel zu folgen, und bestieg, den Spiegel in der Hand, den Fujiyama. Doch dann konnte er nicht weiter. Seine enttäuschte Liebe setzte den Spiegel in Brand, und seither steigt vom Gipfel des Berges Rauch auf. Der letzte große Ausbruch des Fujiyama war im Jahr 1707.

Izanami und Izanagi

Auf dem Regenbogen stehend, wühlten Izanami und Izanagi den Ozean mit einem juwelenbesetzen Speer auf und schufen Onogoro, die erste Insel. Sie wurden ein Paar, und Izanami gebar die japanischen Inseln sowie eine Reihe von Göttern und Göttinnen. Bei der Geburt des Feuergottes Kagutsuchi aber erlitt sie schwere Verbrennungen und starb. Izanagi tötete den Feuergott und eilte in die Unterwelt, um seine Frau zurückzuholen. Sie wollte mit ihm gehen, allerdings durfte er sie nicht ansehen. Doch er brach einen Zinken aus seinem Kamm und entfachte ihn als Fackel. Dabei sah er, daß Izanami schon von Maden zerfressen war, und floh. Verfolgt von seiner dämonischen Frau, erreichte er den Ausgang und konnte ihn gerade noch mit einem großen Felsen verschließen. Die eingeschlossene Izanami schwor in ihrem Zorn, täglich 1000 Menschen zu töten. Izanagi konterte damit, daß er täglich 1500 Menschen zur Welt kommen ließ.

Izanami und Izanagi
Izanami und Izanagi, die letzte von sieben Göttergenerationen, wühlen den Ozean mit einem Zauberspeer auf, um die Inseln Japans zu schaffen.

GÖTTLICHER BLICK
Der Blick, den die Göttin auf Eindringlinge richtet, kann Segen oder Tod bringen.

FLUSSHEIMAT
Jeder Fluß hat seine Gottheit, ist aber auch Wohnsitz böser Zwergvampire *(Kappa)*. Sie ertränken ihre Opfer und saugen ihnen das Blut aus. Um einen *Kappa* zu überlisten, muß man ihn dazu bringen, sich zu verbeugen, damit Wasser und somit seine Macht aus dem Schädel läuft.

TADATSUNE
Tadatsune war ein Vasall des Kaisers Minamato no Yoritomo, der nach seinem Sieg in der Schlacht von Dannourra im Jahr 1185 der erste *Shogun* wurde. Sein Bruder Yoshitsune war ein sagenhafter Held, der in vielen No-Dramen eine Rolle spielt.

TADATSUNE UND DIE GÖTTIN DES FUJIYAMA
Utagawa Kuniyoshi (um 1844)
Dieses japanische Triptychon zeigt Tadatsune starr vor Entsetzen, nachdem die Göttin gerade seine Begleiter getötet hat.

GEFALLENE KRIEGER
Tadatsunes Begleiter – Samurai wie er – liegen tot am Boden. Sie wurden Opfer der erzürnten Göttin, deren heiligen Boden sie zu betreten versucht hatten.

AMATERASU VERSTECKT SICH

Die japanische Sonnengöttin Amaterasu, der Mondgott Tsukiyomi und der Sturmgott Susanoo wurden dem Urmann Izanagi geboren, als er aus der Unterwelt entkommen war (S.121). Izanagi übergab Amaterasu die Herrschaft über den Himmel, Tsukiyomi über die Nacht und Susanoo über das Meer. Doch Susanoo wollte lieber ins dunkle Land seiner Mutter Izanami gehen als über das Wasser herrschen. So forderte er Amaterasu zu einem Wettstreit heraus – wer den mächtigsten Göttern das Leben schenkte, dem sollte der andere seine Macht abtreten. Doch Amaterasu gewann, und Susanoo war so wütend, daß er die heilige Webhalle angriff, in der Amaterasu und ihre Hofdamen den Stoff des Universums webten. Er beleidigte Amaterasu so sehr, daß sie sich in eine Höhle zurückzog und Himmel und Erde in Dunkelheit stürzte. Die anderen Götter waren besorgt. Sie mußten Amaterasu aus der Höhle lokken. Lange und ausgiebig dachten sie nach und beschlossen schließlich, ihre Neugier zu wecken, indem sie vor der Höhle einen mächtigen Aufruhr veranstalteten. Sie sollte glauben, sie begrüßten eine noch mächtigere Göttin als sie selbst. Diese Göttin aber war Amaterasus Spiegelbild.

Hahn
Um Amaterasus Neugier zu wecken, wollten die Götter zunächst einen Hahn zum Krähen bringen, um Morgenfrühe vorzutäuschen.

OMOHI-KANE
Dies ist möglicherweise Omohi-kane, der weise, »Gedanken kombinierende« Gott. Er war der tiefsinnige Sohn des Takamimusubi, eines der fünf Urgötter. Er dachte sich den genialen Plan aus, der Amaterasu aus der Höhle lockte.

MUSIK DER GÖTTER
Die Götter schlugen auf einer großen Trommel den Rhythmus für den provokativen Tanz der Ama-no-Uzume. Damit begründeten sie die Musik- und Tanztradition im Shinto-Ritual, die unter dem Namen *Iwato Kagura*, Musik der Götter, bekannt ist.

Ohne die lebenspendende Wärme der Sonne verfiel die Welt ins Chaos, nichts wuchs, und böse Geister probten den Aufstand. Amaterasus Wiederkehr sicherte die Zukunft der Erde. Fortan zog sich Amaterasu nur noch nachts zurück.

AMATERASU ERSCHEINT
Dieses Triptychon zeigt den Augenblick, in dem Amaterasu aus ihrer Höhle tritt, verwundert über den Lärm draußen in der Dunkelheit. Als sie erscheint, wird die Erde von Licht erfüllt. Ta-jikawawo, der den Stein am Eingang wegschiebt, packt ihre Hand und führt sie ganz heraus.

STARKER GOTT
Die »Hand-Kraft-Mann«-Gottheit Ta-jikawawo hebt das Felsentor der Höhle weg, damit Amaterasu heraustreten kann. Er nimmt sie bei der Hand und führt sie heraus. Eine andere Göttin spannt ein magisches Seil vor die Höhlenöffnung, damit Amaterasu nicht zurück kann.

SAKEFASS
Die Göttin Ama-no-Uzume tanzt auf einem umgedrehten Sakefaß. Sake kommt in mehreren Mythen vor, darunter auch in dem, wie Susanoo seine Frau bekam (S.123). Hier spiegelt der Tanzboden die Laszivität des Tanzes wider.

»Da du die Herrschaft des Regenten gesegnet hast, sie lang und dauerhaft gemacht hast, beuge ich meinen Hals wie ein Kormoran auf Fischfang, dich zu ehren und dich zu preisen durch diese Fülle von Gaben für ihn.«
ERNTEFESTGEBET ZU AMATERASU IN ISE

Susanoo ist kein böser Gott, aber er ist unbeherrscht. So tötete er in einem Zornausbruch die Nahrungsgöttin Ogetsu-no-hime, weil diese ihm Essen gegeben hatte, das aus ihrem eigenen Körper stammte. Aus ihrem Körper wuchsen die Grundnahrungsmittel Japans: Reis, Hirse, Weizen, rote Bohnen und Sojabohnen. In einer anderen Fassung der Geschichte tötet Susanoos Bruder, der Mondgott Tsukiyomi, die Nahrungsgöttin, doch diese Tat paßt eher zu Susanoos gewalttätiger Natur.

SUSANOO, DER STURMGOTT

Sobald Amaterasu in die Welt zurückgekehrt war, bestraften die Götter Susanoo: Sie schnitten ihm Finger- und Zehennägel ab und verbannten ihn in die Menschenwelt. Hier traf er auf ein verzweifeltes altes Ehepaar, das sieben seiner Töchter an einen achtköpfigen Drachen verloren hatte. Nun wollte der Drache auch noch ihre letzte Tochter, die Reisprinzessin Kusanadahime, verspeisen. Susanoo verbarg das von ihm in einen Kamm verwandelte Mädchen in seinem Haar und brachte dem Drachen acht Fässer mit Sake. Betrunken vom Reiswein, schlief der Drache ein. Da schlug ihm Susanoo mit dem magischen Schwert Aine mo murakomo (»Wolken des Himmels«), das er im Drachenschwanz gefunden hatte, die Köpfe ab. Dann schickte er Amaterasu das Schwert als Zeichen seiner Unterwerfung. Es bildet zusammen mit Amaterasus Spiegel und Juwelen die kaiserlichen Insignien Japans. Susanoo aber heiratete die wieder Mensch gewordene Reisprinzessin.

Keisei (1832): SUSANOO NO MIKOTO TÖTET DEN ACHTKÖPFIGEN DRACHEN

AMATERASU
Verwirrt über den Lärm und das Gelächter, wagt Amaterasu einen Blick aus der Höhle und bringt damit wieder Licht in die Welt.

Amaterasus Vater Izanagi gab jedem seiner Kinder einen Spiegel mit der Anweisung, jeden Morgen und jeden Abend davorzuknien und sich im Spiegel zu betrachten. Wenn die Kinder böse Gedanken hatten, wurde der Spiegel trübe. Ein japanisches Sprichwort sagt: »Ist der Spiegel trübe, ist die Seele unrein.«

SPIEGEL
Ein eigens von den himmlischen Schmieden gefertigter heiliger Spiegel hängt vom Sakaki-Baum herab. Als Amaterasu aus der Höhle tritt, wird sie von ihrem eigenen Spiegelbild geblendet und glaubt, die Götter feierten die Ankunft einer neuen Gottheit, die noch größer und strahlender ist als sie selbst.

AMA-NO-UZUME
Ama-no-Uzume führt vor der Höhle eine Art Striptease auf und erregt damit unter den Göttern große Heiterkeit sowie bei Amaterasu Neugier. Wegen ihrer Rolle in diesem Mythos gilt Ama-no-Uzume oft als Göttin der Morgendämmerung, ihr Name aber bedeutet »abschreckende Frau des Himmels«.

LAUTE VERSAMMLUNG
Die »800 Myriaden« Götter versammeln sich und erheben ein fröhliches Geschrei. Als Amaterasu fragt, warum sie trotz all der Dunkelheit lachen, antworten sie ihr, sie jubelten zur Begrüßung einer Göttin, die noch heller scheine als sie.

SAKAKI-BAUM
Dieser Baum ist der 500ästige heilige Sakaki-Baum, den die Götter am himmlischen Berg Kagu ausgegraben haben. Sie stellten ihn vor Amaterasus Höhle auf und behängten ihn mit weißen Stoffwimpeln als Gabe für die Göttin.

Sonnengöttin
Als Hauptgöttin des Shintoismus gilt Amaterasu den Japanern als Ahnfrau der Kaiserfamilie. Sie wird seit frühester Zeit in Ise verehrt.

DIE GRIECHISCHEN GÖTTER

Dieser Familienstammbaum, beginnend mit der Vereinigung von Himmel und Erde, Uranos und Gaia, zeigt die verwandtschaftlichen Beziehungen der Götter und Göttinnen des alten Griechenland. Die vierte Generation sind die Götter des Olymp. Bei ihnen kam es erstmals zur Vermischung der menschlichen und der göttlichen Linie. Führer der olympischen Götter war Zeus, im Grunde ein Himmelsgott. Seine Brüder Hades und Poseidon beherrschten die Unterwelt bzw. das Meer – die Erde war gemeinsames Terrain. Zeus' Liebesaffären – zu viele, um sie alle hier aufzulisten – führten zur Geburt zahlreicher Götter und Helden.

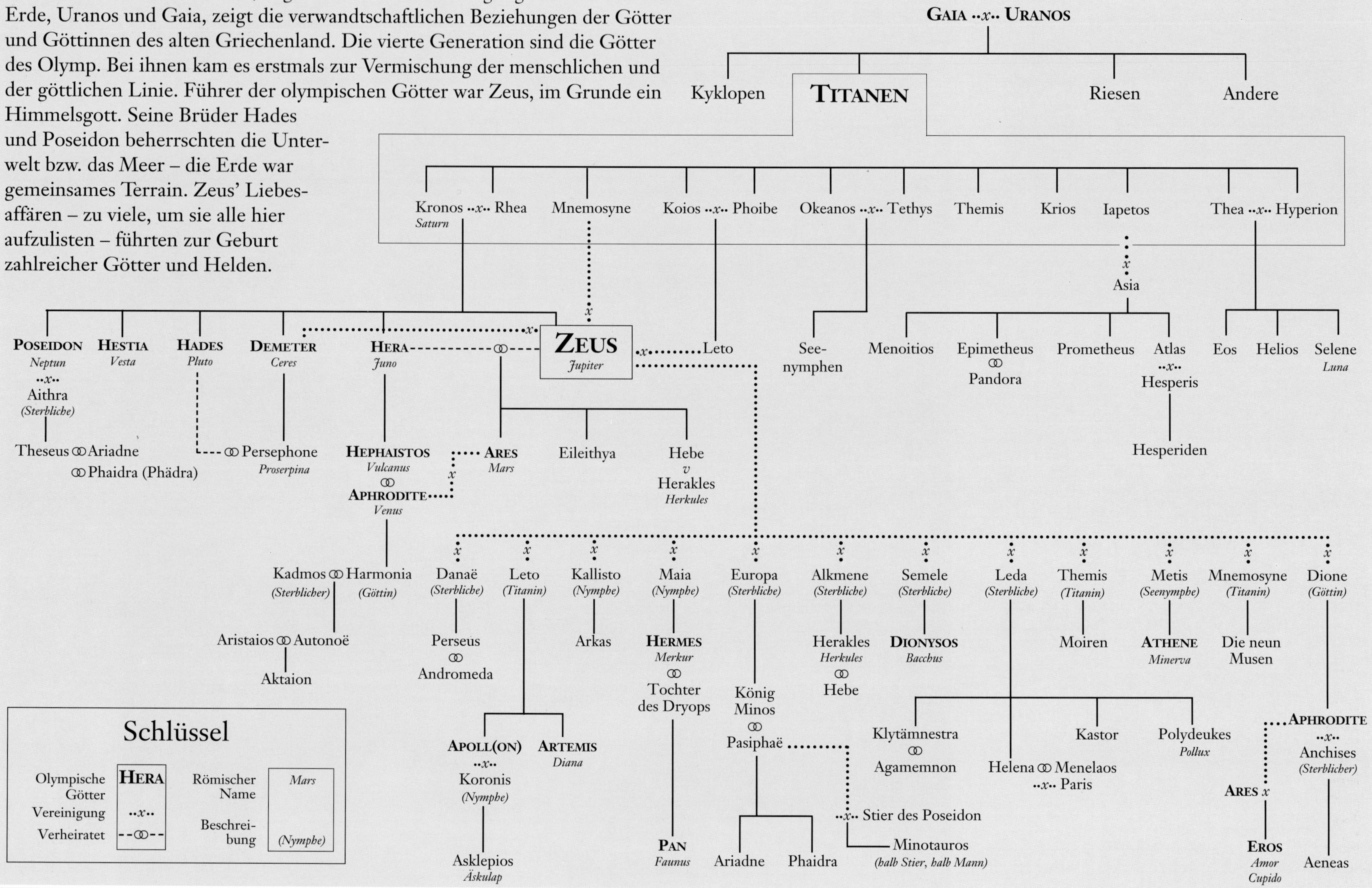

REGISTER

A

B

C, D

E

F, G

H

I, J

K

L

M

N, O

P

Q, R

S

T, U

V, W

BILDNACHWEIS

Afrique en Créations/Dirk Bakker 5 oben, 90 oben links, 90–91 Mitte, 91 unten links; Akademische Druck- und Verlagsanstalt 98–99 Mitte, 98 oben links, 99 unten rechts; AKG LONDON 78 oben links, 78–79 Mitte, 79 unten rechts/Alte Pinakothek, München 24–25 Mitte, 24 links, 25 oben rechts/Bibliothèque Nationale, Paris 81 oben rechts/Erich Lessing/Musée du Louvre 38 oben links/ Erich Lessing/Musée du Louvre, Paris 38–39 Mitte, 38 oben rechts/Gallerie Naz. di Capodimonte, Neapel 57 oben /Moskau, Sammlung Familie Serow 45 unten links/Musée du Louvre, Paris 20 oben links, 48–49 Mitte, 48 oben, 49 unten rechts/Musée du Louvre, Paris/Erich Lessing 58 unten, 58–59 Mitte, 59 oben/Museo Capitolino/Erich Lessing 67 unten rechts/Museo del Prado, Madrid/ Erich Lessing 23 oben rechts/National Gallery of Scotland, Edinburgh 36–37 Mitte, 36 oben links, 37 oben rechts/Staatl. Antikensammlung & Glyptothek, München 3, 59 unten rechts; ANCIENT ART & ARCHITECTURE COLLECTION 13 oben rechts, 13 oben rechts, 41 rechts; Stofnun Arna Magussinar a Islandi 70–71 Mitte, 71 links, 71 rechts; Artothek/Alte Pinakothek, München 26–27 Mitte, 27 unten, 27 oben rechts, 32 links, 32–33 Mitte, 33 oben rechts/Bayer & Mitko/Privatsammlung 66–67 Mitte, 66 links, 67 oben rechts; Birmingham Museums and Art Gallery 80–81 Mitte, 80 unten links, 80 oben links, 81 oben links; BRIDGEMAN ART LIBRARY, LONDON/NEW YORK/Agnew and Sons, London 36 unten links/Bibliothèque Nationale, Paris 85 oben rechts/Bradford Art Galleries and Museums, West Yorkshire, UK 52 oben links, 52–53 Mitte, 53 oben rechts, 82 Mitte links, 82 Mitte rechts, 83 unten links, 83 oben links, 83 oben rechts/ Corbally Stourton Contemporary Art, London/Aboriginal Arts Agency Ltd. 105 oben/ Corbally Stourton Contemporary Art, London/Aboriginal Arts Agency Ltd. 102 oben rechts/Faringdon Collection, Buscot, Oxon, UK 25 oben links/Ferens Art Gallery, Hull, UK 65 unten rechts/Ferens Art Gallery, Hull, UK 64–65 Mitte, 65 oben rechts/Fitzwilliam Museum, Cambridge, UK 34–35 Mitte/Fitzwilliam Museum, Cambridge, UK 28 links, 28–29 Mitte, 29 oben, 34 oben, 35 unten, 56 unten rechts/Galleria degli Uffizi, Florenz 60 oben rechts, 60–61 Mitte, 61 unten/Guildhall Art Gallery, Corporation of London 60 oben rechts/Manchester City Art Galleries, UK 84 links/Manchester City Art Galleries, UK 84–85 Mitte, 84–85 Mitte, 84 links, 85 unten rechts, 85 unten rechts/ Musée du Louvre, Paris 39 unten/Musée du Louvre, Paris/Lauros-Giraudon 42 links/ Musée du Louvre, Paris/Giraudon 30 unten, 31 unten rechts/Musée du Louvre, Paris/ Peter Willi 46–47 Mitte, 46 oben, 47 unten rechts/Musée du Louvre, Paris/Giraudon 30–31 Mitte/Musée du Petit Palais, Avignon/Peter Willi 56 unten, 56–57 Mitte, 57 unten rechts/Museum der Schönen Künste, Budapest 29 rechts/National Gallery, London 42–43 Mitte, 43 unten rechts, 43 oben rechts/National Gallery, London 63 unten rechts/National Gallery, London 62–63 Mitte, 63 oben/Staatl. Museum von Island, Reykjavik 69 unten rechts/Nationalmuséet, Kopenhagen 62 links/Palazzo Sandi Porto (Cipollato) Venedig 4 links, 47 oben/Privatsammlung 7 unten, 113 oben rechts/Roy Miles Gallery, London 35 oben/Royal Library, Kopenhagen 11 rechts/Simon Carter Gallery, Woodbridge, Suffolk, UK 49 unten links/Victoria and Albert Museum, London 78 oben rechts, 115 unten links/Victoria and Albert Museum, London 110–111 Mitte, 111 unten rechts, 111 unten links, 114–115 Mitte, 114 oben rechts; BRITISH LIBRARY 83 unten rechts; BRITISH MUSEUM 4 oben, 16 oben, 17 unten, 18–19 Mitte, 117 oben, 118 unten links, 118–119 Mitte, 119 oben, 119 unten/Peter Hayman 15 rechts; Central Art Archives/Finnische Nationalgalerie/ Atheneum, Helsinki 75 oben/Finnische Nationalgalerie/Ateneum, Helsinki/Antell-Sammlung 74–75 Mitte/Finnische Nationalgalerie/Ateneum, Helsinki/Antell-Sammlung 74 oben rechts, 75 rechts; Jean-Loup CHARMET 52 unten links; mit freundl. Genehmigung der Chester Beatty Library, Dublin 123 oben rechts; Cincinnati Art Museum/Museumserwerbung, 1957.29 20 Mitte links, 20–21 Mitte; C M Dixon 8, 10 links, 71 unten rechts, 110 oben; Cypress Book Company 116–117, 116 unten links, 116 oben; Duncan Baird Publishers 121 oben rechts/The Japanese Gallery 2, 122 oben links, 122–123 Mitte, 123 unten rechts; DK (eigene Fotos) 10–11 Mitte, 96–97 Mitte/ British Museum 50 unten/Glasgow Museums, St. Mungo 108 links, 115 unten rechts/Jerry Young 87 unten rechts/Lynton Gardiner 93 oben/Manchester Museums 4 rechts, 26 links/Michael Zabe 6–7 Mitte/ Mr. & Mrs. CJ Rea 86–87/Musée du Louvre, Paris 33 unten rechts/Universitets Oldsaksamling 5 Mitte links, 72–73 Mitte, 72 oben links, 73 unten Mitte/University Museum of Archaeology and Anthropology, Cambridge 77 oben rechts/University Museum of Archaeology & Anthropology, Cambridge 9 links; Gemäldegalerie Alte Meister, Dresden 40 oben, 40 unten links, 40–41 Mitte; E.T. ARCHIVE/Tate Gallery 31 oben; MARY EVANS PICTURE LIBRARY/Arthur Rackham Collection 68 unten links; EXPLORER/C Regnault 90 oben rechts; WERNER FORMAN ARCHIVE 70 oben Mitte, 70 oben rechts/British Museum, London 99 unten rechts /Field Museum of Natural History, Chicago 95 unten rechts/ Statens Historiska Museum, Stockholm 68–69 Mitte, 68 oben links/Strouhal 9 rechts; FOTOMAS INDEX 72 oben rechts; PHOTOGRAPHIE GIRAUDON/Bridgeman 13 unten rechts/Bridgeman 12 links, 12–13 Mitte/Art Ressource 94–95 Mitte, 94 oben links, 94 unten links/Bridgeman 12–13 Mitte, 12 links, 13 unten rechts;/Mantoue, Palazzo del Te 22 unten, 22–23 Mitte, 23 unten rechts/ Musée Guimet, Paris 112 links, 112–113 Mitte, 113 unten rechts; ROBERT HARDING PICTURE LIBRARY/Geoff Renner 107 rechts; Hamburgisches Museum für Völkerkunde 106–107 Mitte; Michael HOLFORD Photographs 92–93 Mitte, 92 links, 93 unten, 108–109 Mitte, 109 unten rechts; 109 oben/British Museum 6 links, 14 oben Mitte, 14–15 Mitte, 14 oben, 15 unten links, 21 oben, 54 unten, 54–55 Mitte, 55 oben rechts, 87 oben rechts, 88–89 Mitte, 106 rechts/Museum für Völkerkunde, München 1, 101 oben; Musée de l'Homme, Paris/Cl. D. Ponsard 89 unten/Cl. D. Ponsard 88 rechts; Arts Induvik Canda Inc. 96 unten; Barbara und Justin Kerr 100–101 Mitte, 100 oben, 101 unten; Sammlung von Merlin Dailey, Victor, New York 5 Mitte rechts, 120–121 Mitte, 120 oben links, 120 unten links; National Museums & Galleries on Merseyside/Lady Lever Art Gallery 50–51 Mitte, 50 oben, 51 oben rechts; National Gallery of Victoria 5 unten/ Injalak Arts and Crafts Association Inc. 104–105 Mitte, 105 unten rechts/Injalak Arts and Crafts Association Inc. 104 oben links/Warlukulangu Artists Aboriginal Association Inc. of Yuendumu 103 unten links, 103 unten rechts/Warlukulangu Artists Aboriginal Association Inc. of Yuendumu 102–103 Mitte; Staatl. Museum Kopenhagen 76 unten links, 76 oben links, 76–77 Mitte; REUNION DES MUSEES NATIONAUX/H. Lewandowski/Musée du Louvre, Paris 16–17 Mitte, 18 oben links/Musée du Louvre, Paris 19 rechts/Musée du Louvre, Paris 44 oben, 44–45 Mitte, 45 unten rechts; Scala/Palazzo Poggi, Bologna 64 unten links